공시가 처음인 공린이들을 위한 A to Z

소방공무원 기출 챌린지 생활영어

단원별 기출문제집

PREFACE

국가직과 지방직으로 이원화되어 있던 소방공무원이 2020년 4월 1일부터 국가직으로 전환되었다. 총 60,000여명에 달하는 지방직 소방공무원들이 국가직으로 전환되면서, 우리나라는 본격적으로 국가 소방공무원 시대의 문이 열렸다고 할 수 있다. 이로써 그동안 각 지방자치단체별로 차이가 있었던 소방장비 및 소방공무원에 대한 처우가 향상되면서 자연스럽게 소방공무원에 대한 메리트 또한 높아졌다.

소방공무원의 신규채용은 기본적으로 공개경쟁을 원칙으로 하지만, 「소방공무원법」에 따라 경력 등 응시요건을 정하여 경력경쟁으로 소방공무원을 채용할 수 있다. 소방공무원 경력경쟁 채용시험 필수과목 중 하나인 영어는 공개경쟁 채용시험의 영어와 다르게 "소방활동에 필요한 생활영어 등"을 출제 영역으로 하고 있다.

본서는 소방공무원 경력경쟁 채용시험의 필기시험 과목 중 하나인 "생활영어" 과목의 단원별 기출문제집으로, 다음과 같은 합격 포인트로 구성되었다.

합격포인트 1.
소방공무원 기출문제가 공개된 2018년 하반기부터 2021년 시행된 최근 기출문제까지 4회분의 "생활영어" 기출문제를 단원별로 완벽하게 분석하였다.

합격포인트 2.
철저한 경향 파악 및 문제풀이 연습을 위해 소방공무원 공개경쟁 및 9급 일반직(국가직/지방직) 및 소방공무원 기출문제 중 "생활영어" 시험 대비에 도움이 될 만한 문제를 엄선하여 수록하였다.

합격포인트 3.
소방공무원 시험이 처음인 초시생이나 영어 공부에 대한 두려움이 있는 수험생들도 혼자서 공부하기 부족함이 없도록 나노급으로 상세한 해설을 구성하였다.

시험을 준비하는 수험생들의 마음속 답답한 불을 시원하게 꺼줄 수 있는 소방공무원 같은 수험서가 될 수 있기를 기원한다.

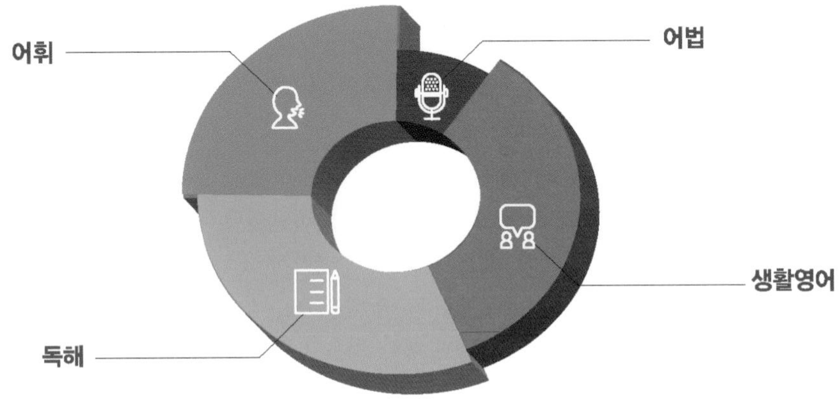

어휘 파트는 크게 빈칸 채우기 유형과 어휘의 쓰임을 묻는 유형 두 가지로 구분할 수 있습니다. 소방공무원 경력경쟁 생활영어 과목만의 독특한 유형인 제시된 설명에 적합한 어휘를 추론하는 유형이난 빈칸에 적절한 단어/숙어/접속부사를 찾는 유형이 높은 빈도로 출제되므로, 빈출되는 어휘를 중심으로 한 단어 암기가 필수적입니다.

지금까지 공개된 기출문제를 보면 어법 문제는 한 시험에서 2문제를 넘지 않았습니다. 하지만 어법 한 두 문제가 시험의 당락을 결정하는 합격 포인트가 될 수 있으므로 포기하지 않고 꾸준히 학습하는 것이 필요합니다. 난도가 높지 않은 편이므로 기본적인 어법 이론을 바탕으로 준비한다면, 어렵지 않게 해결할 수 있을 것으로 생각됩니다.

독해 파트는 가장 다양한 유형으로 문제가 출제되는 영역입니다. 크게는 일곱 가지 정도롤 구분할 수 있으며, 그 중에서도 글의 제목이나 요지(주제)를 찾는 유형과 글의 내용을 파악하는 유형은 매 시험 빠지지 않고 출제되고 있습니다. 충분한 문제풀이 연습을 통해 짧은 시간에 정답을 도출하는 능력을 기르는 것이 좋습니다.

소방공무원 경력경쟁 생활영어 과목은 다른 공무원 영어와 다르게 생활영어 관련 문제의 출제비중이 높습니다. 특히 화재 등의 재난 상황이나 응급상황에 처한 신고자와의 전화 통화는 가장 빈번하게 출제되는 내용이므로 완벽하게 이해하고 넘어가야 합니다. 또한 어색한 대화를 찾는 유형도 매 시험 출제되고 있으므로 유념하여 학습하시길 바랍니다.

특징 및 구성

STRUCTURE

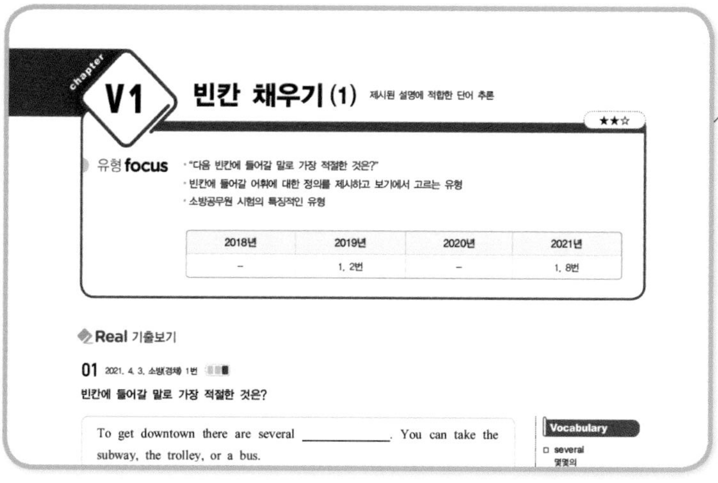

chapter V1 빈칸 채우기 (1) 제시된 설명에 적합한 단어 추론

★★☆

유형 focus
- "다음 빈칸에 들어갈 말로 가장 적절한 것은?"
- 빈칸에 들어갈 어휘에 대한 정의를 제시하고 보기에서 고르는 유형
- 소방공무원 시험의 특징적인 유형

2018년	2019년	2020년	2021년
–	1, 2번	–	1, 8번

Real 기출보기

01 2021. 4. 3. 소방(경채) 1번

빈칸에 들어갈 말로 가장 적절한 것은?

To get downtown there are several ____________. You can take the subway, the trolley, or a bus.

Vocabulary
- several 몇몇의

01

경채시험 유형분석

소방공무원 경력경쟁 "생활영어" 기출문제를 유형별로 상세하게 분석하고 문제해결을 위한 나노급 솔루션을 수록하였습니다. 출제빈도, 중요도, 곤란도 등을 한눈에 파악하기 쉽게 표시하여 체계적인 학습이 가능합니다.

02

공채시험 맛보기

소방공무원 공개경쟁 영어 기출문제 중 도움이 될 만한 문제를 엄선하여 수록하였습니다. 특히 화재 등 재난 상황이나 응급 상황 관련 문항을 중심으로 선별하여 경력경쟁 "생활영어" 시험 대비에 도움이 되도록 구성하였습니다.

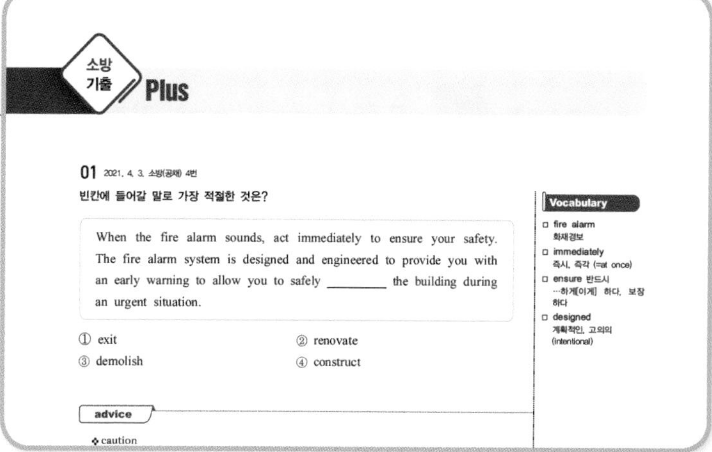

소방 기출 Plus

01 2021. 4. 3. 소방(공채) 4번

빈칸에 들어갈 말로 가장 적절한 것은?

When the fire alarm sounds, act immediately to ensure your safety. The fire alarm system is designed and engineered to provide you with an early warning to allow you to safely ________ the building during an urgent situation.

① exit ② renovate
③ demolish ④ construct

advice

caution

Vocabulary
- fire alarm 화재경보
- immediately 즉시, 즉각 (=at once)
- ensure 반드시 …하게[이게] 하다, 보장하다
- designed 계획적인, 고의의 (intentional)

국가직 지방직 경찰 etc

01 2021. 4. 17. 국가직 나책형 4번

밑줄 친 부분에 들어갈 말로 가장 적절한 것은?

A group of young demonstrators attempted to ________ the police station.

① line up ② give out
③ carry on ④ break into

advice

translation

» 한 무리의 젊은 시위대가 경찰서에 침입하려고 시도했다.

correct answer&distracter

» ① line up 줄 서다

Vocabulary
- demonstrator 시위자

03

일반직/경찰 etc

그 밖에 9급 일반직(국가직/지방직) 및 경찰공무원 기출문제와 "생활영어" 기출문제 유형과 유사한 일부 법원직/국회직 기출문제를 수록하여 다양한 유형과 빈도의 문제풀이가 가능합니다.

CONTENTS 차례

PART V 어휘(Vocabulary) 기출문제

V1 빈칸채우기(1) – 제시된 설명에 적합한 단어 추론 10
V2 빈칸채우기(2) – 글 또는 대화의 흐름상 필요한 단어/숙어 추론 20
V2 빈칸채우기(3) – 적절한 접속부사 선택 59
V2 어휘의 쓰임 74

PART G 어법(Grammar) 기출문제

G1 어법에 맞는 표현 88

PART R 독해(Reading) 기출문제

R1 말 또는 글의 목적 112
R2 글의 제목 120
R3 글의 요지(주제) 137
R4 글의 내용 파악 160
R5 글의 순서 183
R6 글의 맥락(흐름) 204
R7 빈칸 채우기 217

PART D 생활영어(Dialogue) 기출문제

D1 생활 속 표현 236
D2 질문과 대답 266
D3 어색한 대화 269

학습 플랜

PLANNER

시험 한 달 전 최종 대비를 위한 학습 방법을 제안하는 플래너입니다.
자신만의 학습 계획을 세우거나, 제시된 학습 플랜에 맞춰 합격을 위한 마무리를 완성하세요!

학습단계 1회독 → 2회독 오답정리 → 오답노트 → 오답노트 반복학습

학습 PLAN 진도표

1일	2일	3일	4일	5일	6일
☐ 챕터 V1	☐ 챕터 V2	☐ 챕터 V3	☐ 챕터 V4	☐ 파트 V 반복	☐ 파트 V 오답풀이
7일	**8일**	**9일**	**10일**	**11일**	**12일**
☐ 챕터 G1	☐ 챕터 G1	☐ 챕터 G1	☐ 챕터 G1	☐ 파트 G 반복	☐ 파트 G 오답풀이
13일	**14일**	**15일**	**16일**	**17일**	**18일**
☐ 챕터 R1	☐ 챕터 R2	☐ 챕터 R3	☐ 챕터 R4	☐ 챕터 R5	☐ 챕터 R6
19일	**20일**	**21일**	**22일**	**23일**	**24일**
☐ 챕터 R7	☐ 파트 R 반복	☐ 파트 R 반복	☐ 파트 R 오답풀이	☐ 챕터 D1	☐ 챕터 D2
25일	**26일**	**27일**	**28일**	**29일**	**30일**
☐ 챕터 D3	☐ 챕터 D4	☐ 파트 D 반복	☐ 파트 D 오답풀이	☐ 파트 V, G 오답풀이 반복	☐ 파트 R, D 오답풀이 반복

PART V

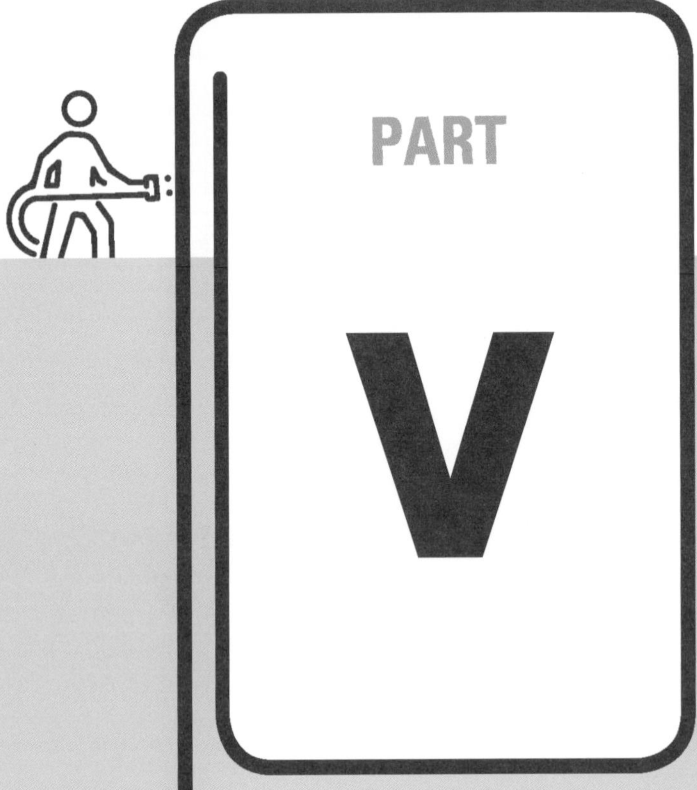

어휘(Vocabulary) 기출문제

V1 빈칸 채우기(1) – 제시된 설명에 적합한 단어 추론

V2 빈칸 채우기(2) – 글 또는 대화의 흐름상 필요한 단어/숙어 추론

V3 빈칸 채우기(3) – 적절한 접속부사 선택

V4 어휘의 쓰임

빈칸 채우기 (1) 제시된 설명에 적합한 단어 추론

★★☆

유형 focus

- "다음 빈칸에 들어갈 말로 가장 적절한 것은?"
- 빈칸에 들어갈 어휘에 대한 정의를 제시하고 보기에서 고르는 유형
- 소방공무원 시험의 특징적인 유형

2018년	2019년	2020년	2021년
–	1, 2번	–	1, 8번

Real 기출보기

01 2021. 4. 3. 소방(경채) 1번

빈칸에 들어갈 말로 가장 적절한 것은?

> To get downtown there are several ______________. You can take the subway, the trolley, or a bus.

① aspects
❷ alternatives
③ distances
④ properties

Vocabulary

□ several
몇몇의

□ trolley
카트, 손수레

나노급 solution

➲ step 1. 접근

두 번째 문장이 빈칸에 대한 예시이다. 첫 번째 문장의 'To get downtown'과 연결되며 나열된 단어들이 설명하는 어휘를 찾는다.

➲ step 2. 지문 분석

- take + 교통수단, 도로 (교통수단, 도로 등을)타다, 이용하다

「시내에 가려면 몇 가지 ________이 있다. 당신은 지하철, 전차, 또는 버스를 탈 수 있다.」

➲ step 3. 보기 분석

① aspect 측면, 양상

→ The book aims to cover all __________ of city life.

「그 책은 도시 생활의 모든 측면을 다루는 것을 목표로 하고 있다.」

② alternative 대안, 대체 가능한

→ You can be paid in cash weekly or by cheque monthly ; those are the two ____________________.

「당신은 급료를 매주 현금으로 받을 수도 있고 매달 수표로 받을 수도 있다. 그 두 가지 대안 중에서 선택할 수 있다.」

③ distance 거리

④ property 재산, 소유물

정답 ②

02 2021. 4. 3. 소방(경채) 8번

빈칸에 들어갈 말로 가장 적절한 것은?

War is a ______________ between two or more regions or countries involving weapons such as guns and bombs.

① conscience
② confidence
③ conflict
④ contribution

Vocabulary

- □ region 지방, 지역
- □ involve (중요 요소로 · 필연적으로) 수반[포함]하다(=entail)
- □ weapon 무기

나노급 solution

step 1. 접근

앞서 제시된 전쟁에 대한 정의를 설명할 수 있는 어휘를 찾아야 한다.

step 2. 지문 분석

- between two 둘 사이에
- such as …와 같은(예를 들어)

「전쟁은 두 개 또는 그 이상의 지역 또는 국가들이 총이나 폭탄과 같은 무기를 수반하는 _____이다.」

step 3. 보기 분석

① conscience 양심, 가책
② confidence 신뢰, 자신감
→ He answered the questions with _______
「그는 그 질문들에 자신 있게 대답했다.」
③ conflict 갈등, 물리적 충돌
→ a _______ between two cultures
「두 문화 간의 충돌」
④ contribution 기부금, 기여

정답 ③

03 2019. 4. 6. 소방(경채) 1번

다음 빈칸에 들어갈 말로 가장 적절한 것은?

> A(n) ________ is a very bad snowstorm with strong winds.

① hail ② blizzard
③ avalanche ④ volcanic eruption

Vocabulary

□ snowstorm 눈보라

나노급 solution

step 1. 접근

'is' 뒤로 이어지는 내용을 파악하여 빈칸에 들어갈 어휘를 찾아야 한다.

step 2. 지문 분석

- very bad snowstorm 매우 나쁜(심한) 눈보라
- with ~을 포함하여, ~와 함께
- strong winds 강풍

「________은 강풍을 포함한 매우 심한 눈보라다.」

step 3. 보기 분석

① hail 우박

→ ________ consists of small balls of ice that fall like rain from the sky.

「우박은 하늘에서 비처럼 떨어지는 작은 얼음덩어리로 이루어져 있다.」

② blizzard 블리자드, 강한 눈보라

③ avalanche (산/눈) 사태 cf landslide 산사태, snowslide 눈사태

→ An ________ a large mass of snow that falls down the side of a mountain.

「눈사태는 산기슭에서 떨어져 내리는 큰 눈 덩어리다.」

④ volcanic eruption 화산 분출

정답 ②

04 2019. 4. 6. 소방(경채) 2번

다음 빈칸에 들어갈 말로 가장 적절한 것은?

_________ are injuries on the body caused by dry heat. Small children are often injured since they often play close to fires and cooking pots and have not yet learned wisdom through experience.

① Burns

② Fractures

③ Heart attacks

④ Insect bites

Vocabulary

- □ injury 부상
- □ wisdom 지혜
- □ experience 경험

나노급 solution

step 1. 접근

'fires and cooking pots'을 통해 정답을 추론할 수 있다.

step 2. 지문 분석

- be caused by ~에 기인하다
- dry heat 건(조)열
- close to 아주 가까이에서

ⓔⓧ The picture looks very different when you see it close to.
「그 그림은 아주 가까이에서 보면 대단히 다르게 보인다.」

- not yet 아직 (~ 않다)

「_______은 건조한 열로 인해 몸에 입는 부상이다. 어린 아이들은 종종 불이나 요리용 냄비에 가까이 가서 놀고 아직 경험을 통해 지혜를 배우지 못했기 때문에 부상을 당하는 경우가 많다.」

step 3. 보기 분석

① Burn 화상

② Fracture 골절
→ A ________ is a slight crack or break in something, especially a bone.
「골절은 무엇인가에 약간 금이 가거나 부서지는 것인데, 특히 뼈가 그렇다.」

③ Heart attack 심장마비
→ If someone has a _________, their heart begins to beat very irregularly or stops completely.
「만약 누군가가 심장마비를 일으켰다면, 그들의 심장은 매우 불규칙적으로 뛰기거나 완전히 멈추게 된다.」

④ Insect bite 곤충자상(벌레물림)

정답 ①

05 2018. 10. 13. 소방(경채) 1번

다음 빈칸에 들어갈 말로 가장 적절한 것은?

> ________ is an injury caused by freezing of the skin and underlying tissues. First, your skin becomes very cold and red, then numb, hard and pale.

① Sprain

② Frostbite

③ Insect bite

④ Food poisoning

Vocabulary

- □ freezing 결빙
- □ tissue 조직

나노급 solution

step 1. 접근

첫 번째 문장으로 확실한 정답이 판단되지 않을 경우, 빠르게 두 번째 문장으로 넘어가야 한다.

step 2. 지문 분석

- injury 상해, 부상
- be caused by ~에 기인하다
- underlying (다른 것의) 밑에 있는
  - ex the underlying rock formation 밑에 있는 암반층
- become ~해지다
- numb (추위 등으로 신체 부위가) 감각이 없는

「________은 피부와 하부 조직이 얾으로 인해 발생하는 상해이다. 먼저, 당신의 피부는 매우 차갑고 빨개지고, 그 다음에 감각이 없어지고, 단단해지고 창백해진다.」

step 3. 보기 분석

① Sprain 삠, 접질림

→ A ________ is the injury caused by spraining a joint.

「삠은 관절을 접질려서 발생하는 부상이다.」

② Frostbite 동상

→ ________ is a condition in which parts of your body, such as your fingers or toes, become seriously damaged as a result of being very cold.

「동상은 손가락이나 발가락과 같은 신체 부위가 매우 추웠던 결과로 인해 심각하게 손상되는 질환이다.」

③ Insect bite 곤충자상(벌레물림)

④ Food poisoning 식중독

→ If you get ________, you become ill because you have eaten food that has gone bad.

「만약 당신이 식중독에 걸린다면, 상한 음식을 먹었기 때문에 병에 걸린 것이다.」

정답 ②

the 알아보기 이 유형으로 출제될 수 있는 재난 & 구급 & 구조 관련 어휘

재난 관련 어휘

• earthquake 지진

→ An ________ is a shaking of the ground caused by movement of the earth's crust.
「지진은 지각의 이동으로 인해 땅이 흔들리는 것이다.」

• tsunami 쓰나미 cf tidal wave 해일

→ A ________ is a very large wave, often caused by an earthquake, that flows onto the land and destroys things.
「쓰나미는 종종 지진에 의해 야기되는 매우 큰 파도로 육지로 흘러들어 사물을 파괴한다.」

• flood 홍수 cf heavy rain 폭우

→ If there is a ________, a large amount of water covers an area which is usually dry, for example when a river flows over its banks or a pipe bursts.
「홍수가 나면, 많은 양의 물이 보통 건조한 지역을 덮는데, 예를 들어 강이 둑을 범람하거나 파이프가 터지는 경우가 있다.」

구급 관련 어휘

• heatstroke 열사병

→ ________ occurs when we sweat too much and our bodies do not have enough water.
「열사병은 우리가 땀을 너무 많이 흘리고 우리의 몸에 충분한 수분이 없을 때 발생한다.」

• stomachache 위통, 복통

→ A ________ is pain in the stomach or abdominal region, as from acute indigestion.
「복통은 급성 소화불량에 의한 위나 복부의 통증으로 급성 소화불량에 의한 것이다.

• headache 두통 cf vomiting 구토, shiver 오한

→ If you have a ________, you have a pain in your head.
「만약 두통이 있다면, 당신은 머리가 아플 것이다.」

구조 관련 어휘

• rope 밧줄, 로프

→ A ________ is a thick cord or wire that is made by twisting together several thinner cords or wires.
「로프는 여러 개의 얇은 끈이나 철사를 꼬아서 만든 두꺼운 밧줄이나 철사를 말한다.

• ladder 사다리

→ A ________ is a piece of equipment used for climbing up something or down from something.
「사다리는 어떤 것을 오르거나 어떤 것에서 내려올 때 사용되는 장비다.」

• lever 지렛대

→ A ________ is a handle or bar that is attached to a piece of machinery and which you push or pull in order to operate the machinery.
「지렛대는 기계에 부착되어 있으며 기계를 작동시키기 위해 밀거나 당기는 손잡이나 막대를 말한다.」

• searchlight 탐색등

→ A ________ is a large powerful light that can be turned to shine a long way in any direction.
「탐색등은 어떤 방향으로든 멀리 비출 수 있는 커다란 강력한 빛이다.」

Plus

01 2020. 6. 20. 소방(공채) 1번

다음 빈칸에 들어갈 말로 가장 적절한 것은?

> ________ occurs when a foreign object lodges in the throat, blocking the flow of air. In adults, a piece of food often is the cause. Young children often swallow small objects.

① Sore throat
② Heart attack
③ Choking
④ Food poisoning

Vocabulary

- □ occur 일어나다, 생기다
- □ a foreign object 이물질
- □ lodge 박히다, 들어가다
- □ throat 목구멍, 인후
- □ swallow 삼키다

advice

✤ caution

보기로 제시된 어휘는 시험에 매우 자주 등장하므로 꼭 암기할 것!

✤ translation

「________은 이물질이 목구멍에 박혀 공기의 흐름을 차단할 때 발생한다. 어른들의 경우, 음식 한 조각이 종종 원인이다. 어린 아이들은 종종 작은 물건들을 삼킨다.」

✤ correct answer & distracter

① Sore throat 후두염
② Heart attack 심장발작
③ Choking 숨막힘, 질식
④ Food poisoning 식중독

정답 ③

02 2018. 10. 13. 소방(공채) 4번

다음 빈칸에 들어갈 말로 가장 적절한 것은?

_________ is the process of removing heated gasses or smoke from a building. This makes the building more tenable and helps to prevent such things as flashover or backdraft. This can be accomplished by several methods, from opening a window to cutting a hole in the roof.

① Ignition
② Ventilation
③ Conduction
④ Evaporation

Vocabulary

- □ tenable 유지되는
- □ such as ~와 같은
- □ accomplish 완수하다, 성취하다
- □ from A to B A부터 B까지

advice

✤ caution

하나. flashover, backdraft 등 소방활동 관련 용어에 주의!
둘. 낯선 전문용어는 반드시 따로 정리해 암기할 것!!

✤ translation

「________은 가열된 가스와 연기를 빌딩으로부터 제거하는 과정이다. 이것은 건물을 좀 더 잘 유지할 수 있게 만들고, 플래시오버나 백드래프트 같은 것들을 예방할 수 있게 도와준다. 이것은 창문을 여는 것에서부터 지붕에 구멍을 내는 것까지 여러 가지 방법으로 완수할 수 있다.」

✤ correct answer & distracter

① Ignition 점화, 발화
② Ventilation 통풍, 환기
③ Conduction (전기나 열의) 전도
④ Evaporation 증발, 발산

정답 ②

01 2014. 6. 21. 지방직 A책형 3번

밑줄 친 부분에 들어갈 가장 적절한 것을 고르시오.

> If you are someone who is ________, you tend to keep your feelings hidden and do not like to show other people what you really think.

① reserved
② loquacious
③ eloquent
④ confident

Vocabulary

□ tend to
(~하는) 경향이 있다.

advice

translation

≫ 만약 당신이 내성적인 사람이라면, 당신은 당신의 감정을 숨기는 경향이 있고 다른 사람들에게 당신의 진심을 드러내는 것을 좋아하지 않을 것이다.

correct answer&distracter

≫ ① reserved 말을 잘 하지 않는, 내성적인
유 introverted 내성적인
반 unreserved, extroverted 거리낌 없는, 외향적인
② loquacious 말이 많은
③ eloquent 유창한, 연설을 잘 하는
④ confident 자신감 있는, 확신하는

정답 ①

02 2012. 5. 12. 지방직 A책형 1번

밑줄 친 부분에 들어갈 가장 적절한 것은?

A ___________ gene is one that produces a particular characteristic regardless of whether a person has only one of these genes from one parent, or two of them.

① recessive

② dominant

③ proficient

④ turbulent

Vocabulary

- □ gene
  유전자
- □ particular
  특별한, 독특한
- □ characteristic
  특징
- □ regardless of
  ~과(와) 관계없이

advice

translation

>> 우성 유전자는 사람이 이 유전자들 중 하나를 한쪽 부모로부터 받든 양쪽 부모로부터 받든 관계없이 하나의 독특한 특징을 만들어내는 유전자이다.

correct answer&distracter

>> ① recessive 열성의
② dominant 우성의
③ proficient 능숙한
④ turbulent 격동의, 요동치는

정답 ②

빈칸 채우기 (2) 글 또는 대화의 흐름상 필요한 단어/숙어 추론

★★★

유형 focus

- "다음 (대화의) 빈칸에 들어갈 말로 가장 적절한 것은?"
- 다음 대화의 (흐름상) 빈칸 (A), (B)에 들어갈 말로 가장 적절한 것은?
- 앞뒤 내용을 바탕으로 빈칸에 필요한 단어/숙어를 추론하는 유형으로 가장 높은 빈도로 출제

2019년	2019년	2020년	2021년
4, 9, 12번	3, 12, 19번	1, 2, 3, 7, 8, 9, 11번	2, 7, 9, 10, 17, 18번

Real 기출보기

01 2021. 4. 3. 소방(경채) 2번

빈칸에 들어갈 말로 가장 적절한 것은?

Employees often get more work done if someone appreciates them. For example, workers are often more ________ when their bosses say "thank you."

① suggestive ② possessive
③ productive ④ hesitative

Vocabulary

□ Employee 종업원, 고용인
□ often 자주, 흔히, 보통
□ appreciate 진가를 알아보다, 환영하다

나노급 solution

step 1. 접근
빈칸이 있는 문장은 앞의 문장에 대응되는 예시임을 파악하여 앞 문장에서 빈칸에 대응되는 내용을 찾아야 한다.

step 2. 지문 분석
「직원들은 누군가 자신을 인정하면 종종 더 많은 일을 한다. 예를 들어, 직원들은 그들의 상사가 "감사합니다."라고 말할 때 종종 더 ________」

step 3. 보기 분석
① suggestive 연상시키는, 암시하는
→ music that is ________ of warm summer days
「따뜻한 여름날을 연상시키는 음악」
② possessive 소유욕이 강한
③ productive 생산적인
→ My time spent in the library was very ________.
「내가 도서관에서 보낸 시간은 아주 생산적이었다.」
④ hesitative 주저하는, 망설이는

정답 ③

02 2021. 4. 3. 소방(경채) 7번

빈칸에 공통으로 들어갈 말로 가장 적절한 것은?

(A) Fear _____ in when the people realized the door was locked from the outside.

(B) Try _____ to aside some time each day for exercise.

① set
② stand
③ fly
④ run

Vocabulary

- □ fear
  공포, 두려움
- □ exercise
  운동, 훈련

나노급 solution

step 1. 접근

문맥과 어울리는 숙어를 고르는 문제이다. 빈칸의 뒤에 오는 전치사와 어울리는 단어를 찾아내야 한다.

step 2. 지문 분석

- when+S+V : S가 V할 때
- try to : 노력하다

「(A) 사람들이 문이 밖에서 잠겼다는 것을 알았을 때 두려움이 _______.
(B) 운동을 위해 매일 시간을 _______ 하세요.」

step 3. 보기 분석

① set in 시작하다, 밀려오다
set something aside (특정한 목적에 쓰기 위해 돈 · 시간을) 따로 떼어 두다
② stand in 대리인, 대역
stand aside 한 쪽으로 비켜서다, 한쪽에 서 있다
③ fly in 비행기로 도착하다, 착륙하다
④ run 달리다.

정답 ①

the 알아보기 set 관련 숙어

- set about : ~를 공격하다, ~을 시작하다
- set apart : ~을 돋보이게/다르게 만들다, 구별하다
- set aside : 챙겨두다, 확보하다
- set back : 저지[방해]하다, 지연시키다
- set somebody back something : ~에게 ~(의 비용)을 들이게 하다
- set somebody down : (차를 세워) ~를 내려 주다
- set something down : ~을 적어 두다
- set in : 시작하다, 밀려오다
- set off : (폭탄 등을)터뜨리다, (경보 장치를)울리다
- set on : ~를 기습하다
- set out : 착수하다, 출발하다[(여행을) 시작하다]
- set to : (열심히 · 결연한 태도로) 시작[착수]하다
- set up : 건립하다, 설립[수립]하다 ; …인 체하다
- set somebody up : (필요한 자금을) ~에게 제공하다, ~에게 힘[기운]이 솟게 하다

03 2021. 4. 3. 소방(경채) 9번

빈칸에 들어갈 말로 가장 적절한 것은?

Clothing fires are a real hazard. Long, flowing sleeves have no place in a kitchen — they are too easily caught on pan handles, are easily _________ by range burners, and are generally in the way.

① broken ② extinguished
③ ignored ④ ignited

Vocabulary

- □ hazard 위험
- □ sleeve 소매

나노급 solution

step 1. 접근

첫 문장 'Clothing fires are a real hazard'를 통해 빈칸에 적절한 어휘를 찾을 수 있다.

step 2. 지문 분석

- in the way 방해가 되어서

cf '방해가 되다'라는 뜻을 가진 숙어
get in the way
be a hindrance to
be a drag on

「의류 화재는 정말 위험하다. 길게 흐르는 소매는 부엌에 둘 곳이 없다. – 그것은 팬 손잡이에 너무 쉽게 끼이고, 레인지 버너에 의해 쉽게 _______, 일반적으로 방해가 된다.」

step 3. 보기 분석

① broken 깨진, 부러진
② extinguish (불을)끄다, 끝내다
→ tried to extinguish the flames.
「소방관들이 불길을 잡으려고 애를 썼다.」
③ ignore 무시하다, 못 본 척하다
④ ignite 불이 붙다, 점화되다
→ Flames melted a lead pipe and ignited leaking gas.
「불길에 납 배관이 녹아서 누출되는 가스에 불이 붙었다.」

정답 ④

04 2021. 4. 3. 소방(경채) 10번

빈칸에 들어갈 말로 가장 적절한 것은?

A : I've got a temperature and my stomach hurts.
B : How long have you been feeling this way?
A: It started the day before yesterday.
B: You seem to have picked up a kind of ______.

① affair ② effect
③ infection ④ inspection

Vocabulary

- □ temperature 온도, 기온
- □ stomach 위, 복부
- □ hurt 아프다, 다치게 하다

나노급 solution

step 1. 접근

A가 말하는 증상을 듣고 B가 진단을 내려주는 상황이다.

step 2. 지문 분석

- the day before yesterday 그저께
- pick up 병에 걸리다, 옮다

「A : 열이 나고 배가 아파요.
B : 얼마나 오랫동안 이렇게 느끼셨어요?
A : 그저께부터 시작했어요.
B : 일종의 감염병에 걸린 것 같네요.」

step 3. 보기 분석

① affair 일, 문제
② effect 영향, 결과, 효과
③ infection 감염병, 전염병
→ to be exposed to ______
「감염에 노출되다」
④ inspection 사찰, 점검

정답 ③

05 2021. 4. 3. 소방(경채) 17번

빈칸에 들어갈 말로 가장 적절한 것은?

> No matter if you're scuba diving along the coast or sailing further out to sea, having the means to call for help in an emergency can be ________.

① trivial
❷ essential
③ outdated
④ insignificant

Vocabulary

- □ sail 항해하다, 나아가다
- □ further (거리상으로) 더 멀리에 (=farther)
- □ means 수단, 방법

나노급 solution

step 1. 접근

뒤로 이어지는 문장에서 긴급 상황시 도움을 요청할 수단을 가지는 것에 어울리는 형용사를 골라야 한다.

step 2. 지문 분석

- call for …을 요구하다, …을 필요로 하다
  - ex Learning English ______ dedication.
    「영어를 배우는 것은 헌신을 필요로 한다.」
- emergency 비상(사태)
  - cf emergency room 응급실 / emergency call 비상 신호 / emergency equipment 비상 장치

「여러분이 해안을 따라 스쿠버 다이빙을 하든지 바다로 더 멀리 항해하든지, 비상시에 도움을 요청할 수 있는 수단을 갖는 것은 ______ 수 있다.」

step 3. 보기 분석

① trivial 사소한, 하찮은
② essential 필수적인, 극히 중요한 (↔dispensable), (=vital)
③ outdated 구식인 (=out of date, old-fashioned)
④ insignificant 대수롭지 않은, 사소한, 하찮은 (↔significant)

정답 ②

06 2021. 4. 3. 소방(경채) 18번

빈칸에 들어갈 말로 가장 적절한 것은?

Light fixtures, lamps and light bulbs are common ______________ for electrical fires. Installing a bulb with a wattage that is too high for the lamps and light fixtures is a leading cause of electrical fires. Always check the maximum recommended bulb wattage on any lighting fixture or lamp and never go over the recommended amount.

① reason
② effect
③ solution
④ misunderstanding

Vocabulary

□ fixtures
기구
□ light bulb
전구
□ install
(장비 · 가구를) 설치[설비]하다.
□ wattage
(와트(watt)로 표현되는) 전력량
□ recommend
(행동 방침 등을) 권고[권장]하다[권하다], 추천[천거]하다.

나노급 solution

step 1. 접근

빈칸의 다음 문장에서 'leading cause of electrical fires'을 통해 빈칸과 어울리는 어휘를 추측할 수 있다.

step 2. 지문 분석

- leading cause 주된 원인
- go over ~을 넘다

「조명 기구, 램프 및 전구는 전기화재의 일반적인 ______이다. 램프 및 조명 기구에 비해 전력량이 너무 높은 전구를 설치하는 것은 전기화재의 주된 원인이다. 어떤 조명 기구나 램프든지 항상 최대 권장 전구 전력량을 확인하고, 권장된 양을 절대 초과하지 마라.」

step 3. 보기 분석

① reason 이유, 까닭, 사유
② effect 영향 ; 결과, 효과 (→greenhouse effect, knock-on, side effect)
③ solution (문제 · 곤경의) 해법, 해결책(=answer)
④ misunderstanding 오해, 착오

정답 ①

07 2020. 6. 20. 소방(경채) 1번

빈칸에 들어갈 말로 가장 적절한 것은?

> Stuff wet towels and sheets in gaps around the doors to ________ smoke.

① point out　　② seal out

③ look into　　④ break into

Vocabulary

- □ stuff
  (빽빽하게) 채워 넣다
- □ gap
  틈새

나노급 solution

step 1. 접근

'stuff', 'gap', 'smoke'의 상관관계를 추론하여 빈칸에 들어갈 말을 찾을 수 있다.

step 2. 지문 분석

- wet towels and sheets 젖은 수건과 시트
- around the doors 문 주위에

「연기를 새지 않게 하기 위해 젖은 수건과 시트를 문 주위의 틈새에 빽빽하게 채워 넣어라.」

step 3. 보기 분석

① point out 가리키다, 지적하다

ex She was quick to point out the mistakes I'd made.
「그녀는 내가 한 실수를 재빨리 지적했다.」

② seal out 새지 않게 하다

반 leak (액체 · 기체가) 새게 하다

③ look into 조사하다, 주의 깊게 살피다

ex The college principal promised to look into the matter.
「대학 학장이 그 문제를 조사하겠다고 약속했다.」

④ break into 침입하다

ex We had our car broken into last week.
「지난주 우리 차에 도둑이 든 적이 있었다.」

정답 ②

the 알아보기 'break into'의 또 다른 의미

- (갑자기) ~하기 시작하다
  → As the President's car drew up, the crowd broke into loud applause.
  「대통령이 탄 차가 도착하자 사람들이 크게 박수를 치기 시작했다.」
- (갑자기) (더 빨리) 달리기 시작하다
  → He broke into a run when he saw the police.
  「경찰을 보자 그가 갑자기 달아나기 시작했다.」
- (고액지폐를) 헐다
  → I had to break into a £20 to pay the bus fare.
  「나는 버스비를 내기 위해 20파운드짜리 지폐를 헐어야 했다.」
- (비상용으로 모아 둔 물건 · 돈을) 헐어 쓰다
  → They had to break into the emergency food supplies.
  「그들은 비상식량 공급품을 헐어야 했다.」
- 진입하다
  → The company is having difficulty breaking into new markets.
  「그 회사가 새 시장 진입에 애를 먹고 있다.」

the 알아보기 전치사 'into'의 다양한 쓰임

- ~ 안[속]으로[에]
  → He threw the doll into the fire.
  「그가 그 인형을 불속에 집어던졌다.」
- (~ 방향)으로, ~에 대고
  → Driving into the sun, we had to shade our eyes.
  「해가 있는 방향으로 차를 달리고 있어서, 우리는 눈 위를 가려야 했다.」
- (시간의 추이를 나타내어) ~까지
  → She didn't get married until she was well into her fifties.
  「그녀는 쉰이 훨씬 넘은 나이까지 결혼을 하지 않고 있었다.」
- (변화 · 결과를 나타내어) ~으로
  → A caterpillar turns into a butterfly.
  「애벌레는 나비가 된다.」
- 〈충돌 · 접촉의 지점을 나타냄〉
  → The car crashed into a parked truck.
  「그 자동차가 주차된 트럭을 들이받았다.」
- 〈나눗셈에서의 쓰임〉
  → 3 into 9 is 3.
  「9 나누기 3은 3이다.」

08 2020. 6. 20. 소방(경채) 2번

빈칸에 들어갈 말로 가장 적절한 것은?

My patient was brought to the emergency room by his friend because he could no longer catch his breath and had a ________ that would not extinguish.

① caution
② cluster
③ claim
④ cough

Vocabulary

□ breath
숨, 호흡

□ extinguish
(불을) 끄다, 끝내다, 없애다

나노급 solution

step 1. 접근

'emergency room'에 오게 된 이유가 'because' 뒤로 언급되고 있다.

step 2. 지문 분석

- brought to ~로 데리고 오다.
  cf bring – brought – brought – bringing
- emergency room 응급실
- no longer 더 이상 ~ 하지 않는
- catch breath 숨을 돌리다, 숨을 고르다

「내 환자는 더 이상 숨을 고르지 못하고 잦아들지 않는 ______이 나서 친구에 의해 응급실로 실려 왔다.」

step 3. 보기 분석

① caution 조심, 주의
② cluster (함께 자라거나 나타나는) 무리, (작은 열매의) 송이
③ claim 주장, (재산 등에 대한) 권리
④ cough 기침 / have a cough 기침이 나다

정답 ④

09 2020. 6. 20. 소방(경채) 3번

빈칸에 들어갈 말로 가장 적절한 것은?

> Wildfires have __________ Australia, incinerating an area roughly the size of West Virginia and killing 24 people and as many as half a billion animals.

① demonstrated
② disapproved
③ discriminated
④ devastated

Vocabulary

- □ wildfire 산불, 도깨비불
- □ roughly 대략, 거의

나노급 solution

step 1. 접근

빈칸 뒤로 산불에 의한 피해 내용이 언급되고 있으므로 이를 근거로 보기 중 적절한 단어를 골라야 한다.

step 2. 지문 분석

- incinerate 소각하다
- as many as 무려 ~나 되는
- half a billion 5억
  - cf million 100만, billion 10억, trillion 1조

「산불은 호주를 __________, 거의 웨스트버지니아의 크기만 한 지역을 소각하고 24명의 사람과 무려 5억 마리나 되는 동물을 죽였다.」

step 3. 보기 분석

① demonstrated 증거를 들어가며 보여주다, 입증하다
② disapproved 탐탁찮아 하다
  반 approve 찬성하다, 승인하다
③ discriminated 식별하다, 차별하다
  유 distinguish 구별하다
④ devastated (한 장소나 지역을) 완전히 파괴하다
  ex The bomb devastated much of the old part of the city.
  「그 폭탄은 그 도시의 구시가지 대부분을 완전 폐허로 만들어 놓았다.」

정답 ④

10 2020. 6. 20. 소방(경채) 7번

빈칸 (A)와 (B)에 들어갈 말로 가장 적절한 것은?

The corona virus ___(A)___ first started in the Chinese city of Wuhan and has now spread to a number of other countries. The fast-moving infection, which causes pneumonia-like symptoms, has been declared a global emergency by the World Health Organization. It has claimed hundreds of Chinese lives and prompted Chinese authorities to ___(B)___ several other major cities.

	(A)	(B)
①	disruption	invade
②	outbreak	quarantine
③	breakthrough	contaminate
④	extinction	discharge

Vocabulary

- □ infection 감염
- □ pneumonia 폐렴
- □ symptom 증상
- □ authorities 당국

나노급 solution

step 1. 접근

전 세계적으로 문제가 되고 있는 코로나19와 관련된 지문이다.

step 2. 지문 분석

- spread to ~로 퍼지다

  ⓔⓧ The fire rapidly spread to adjoining buildings.

  「그 불이 인접한 건물들로 급속히 번졌다.」
- fast-moving 고속의, 전개가 빠른
- declared 공표[선언]한 (유) professed 공언된 내세우는
- World Health Organization(WTO) 세계보건기구
- claimed (목숨을) 앗아 가다

  ⓒⓕ claim – claimed – claimed – claiming

  ⓔⓧ The car crash claimed three lives.

  「그 자동차 사고는 세 사람의 목숨을 앗아 갔다.」
- prompted (사람에게 어떤 결정을 내리도록, 어떤 일이 일어나도록) 하다[촉발하다]

  ⓒⓕ prompt – prompted – prompted – prompting

「코로나 바이러스 __(A)__은 중국의 우한시에서 처음 시작되어 현재 많은 다른 나라들로 퍼졌다. 폐렴과 같은 증상을 일으키는 이 고속의 감염은 세계보건기구(WHO)로 하여금 세계적인 비상사태를 선포하게 했다. 그것은 수백 명의 중국인들의 목숨을 앗아 갔고 중국 당국은 다른 몇몇 주요 도시들을 __(B)__.」

step 3. 보기 분석

① disruption 붕괴, 분열 / invade 침입[침략]하다

② outbreak (전쟁 · 사고 · 질병 등의) 발생[발발] / quarantine 격리하다 ♥ 정답 Point!

(A) 코로나 바이러스 발생은 중국 우한시에서 처음 시작되었다.

(B) 중국 당국은 주요 도시들을 격리시켰다.

③ breakthrough 돌파구 / contaminate 오염시키다, 악영향을 주다

④ extinction 멸종, 사멸 / discharge 해고하다, 석방하다

정답 ②

11 2020. 6. 20. 소방(경채) 8번

빈칸 (A)와 (B)에 들어갈 말로 가장 적절한 것은?

Pittsburgh is a city in the United States. In 2019, a surprising thing happened there. A city bus was waiting at a traffic light. Suddenly, the ground opened up. It was a sinkhole. It __(A)__ part of the bus! Most sinkholes are natural. They sometimes appear in cities. Sinkholes happen when there is a lot of water in the ground. The water erodes the rocks and minerals. This makes the ground weak. Then, it can suddenly __(B)__. This is what happened in Pittsburgh. Thankfully, no one on the bus was hurt.

	(A)	(B)
①	destroyed	soar
②	contained	penetrate
③	swallowed	collapse
④	repaired	get stuck

Vocabulary

□ Pittsburgh 피츠버그 (미국 Pennsylvania주의 철공업 도시)

□ sinkhole 싱크홀

나노급 solution

step 1. 접근

싱크홀과 관련된 지문이다. 지문의 소재가 되는 용어를 알고 있을 경우 보다 빠르게 정답을 유추할 수 있다.

step 2. 지문 분석

- surprising 놀라운 cf surprisingly (부사형) 놀랄 만큼
- traffic light 신호등
- open up 마음을 터놓다, 발사[발포]되다, (문 · 뚜껑 등을) 열다
  ※ 지문에서 'opened up'은 땅이 '열리다(→꺼지다)'로 해석하는 것이 자연스럽다.
- be natural 흔히 ~하다, 자연스러운 일이다
- erode (비바람이) 침식시키다, (서서히) 약화시키다
  ex Winds can erode, deposit and transport soil.
  「바람은 흙을 침식시키고, 침전시키고 옮길 수 있다.」

「피츠버그는 미국에 있는 도시다. 2019년, 그곳에서 놀라운 일이 일어났다. 시내버스 한 대가 신호등에서 기다리고 있었다. 갑자기 땅이 꺼졌다. 싱크홀이었다. 그것은 버스의 일부를 __(A)__! 대부분의 싱크홀은 자연스러운 일이다. 그것들은 때때로 도시에서 나타난다. 싱크홀은 토양에 물이 많을 때 발생한다. 물은 바위와 광물을 부식시킨다. 이것은 지면을 약하게 만든다. 그러면, 그것은 갑자기 __(B)__. 이것이 피츠버그에서 벌어진 일이다. 다행히, 버스에 타고 있던 사람은 아무도 다치지 않았다.」

step 3. 보기 분석

① destroyed 파괴하다 / soar 급증하다, 솟구치다, 날아오르다
② contained 억누르다, 방지하다 / penetrate 관통하다
③ swallowed 삼키다, 들이켜다 / collapse 붕괴되다, 내려앉다 ♥ 정답 Point!
  (A) 싱크홀이 버스의 일부분을 삼켰다.
  (B) 지면이 약해지만 그것은 갑자기 내려앉는다.
④ repaired 수리하다, 바로잡다 / get stuck 꼼짝 못하게 되다

정답 ③

12 2020. 6. 20. 소방(경채) 9번

빈칸 (A)와 (B)에 들어갈 말로 가장 적절한 것은?

Fire can cause a lot of damage. It can reduce a home to ___(A)___ ashes. Even when a fire does not burn a whole house, the damage from smoke can ruin clothing, food, books, and pictures. When people use water to fight a fire, the water can damage floors, walls, paper, blankets, and beds. But fire causes more than just damage to things. ___(B)___, fire can kill people.

	(A)	(B)
①	anything but	Much better
②	nothing but	Even worse
③	anything but	Even worse
④	nothing but	Much better

Vocabulary

- □ cause
  ~을 야기하다
- □ ruin
  파괴하다, 망쳐놓다

나노급 solution

step 1. 접근

화재로 발생할 수 있는 피해에 대해 언급하고 있다. 앞뒤 문맥을 파악하여 빈칸에 들어갈 내용을 추론할 수 있다.

step 2. 지문 분석

- It can reduce a home to nothing but ashes. ♥ (A) 정답 Point!
  ※ nothing but = only의 의미로, 이 문장은 '그것은 집을 한낱 재로 변형시킬 수 있다(→ 잿더미로 만들 수 있다)'로 해석할 수 있다.
- more than ~보다 많이, ~ 이상의
  ⓔⓧ Rap music proved to be more than just a passing fad.
  「랩 음악은 그저 한 때 지나가는 유행 이상임이 입증되었다.」
- (B) 앞에서는 화재가 일으키는 물적 피해에 대해 나열하고, (B) 뒤에서는 화재로 인한 인명 피해에 대해 이야기하고 있다. ♥ (B) 정답 Point!

「화재는 많은 피해를 야기할 수 있다. 그것은 집을 ___(A)___ 잿더미로 만들 수 있다. 불이 집 전체를 태우지 않더라도 연기로 인한 피해는 옷, 음식, 책, 그리고 그림을 망칠 수 있다. 사람들이 화재를 진압하기 위해 물을 사용할 때, 그 물은 바닥, 벽, 종이, 담요, 그리고 침대를 손상시킬 수 있다. 그러나 불은 단순히 사물에 피해를 주는 것 이상의 것을 야기한다. ___(B)___, 불은 사람을 죽일 수 있다.」

step 3. 보기 분석

- anything but ~이 결코 아닌
  ⓔⓧ The hotel was anything but cheap.
  「그 호텔은 결코 싸지 않았다.」
- much better 훨씬 나은
- nothing but 오직, 한낱 ~일 뿐인
- even worse 심지어, 설상가상으로

정답 ②

13 2020. 6. 20. 소방(경채) 11번

빈칸 (A), (B)에 공통으로 들어갈 말로 가장 적절한 것은?

First aid is assistance that is rendered to an injured or ill person by a bystander until professional medical help may ___(A)___. Some first aid is elementary, such as applying a bandaid to a cut.
Accidents happen. Someone chokes on an ice cube or gets stung by a bee. It is important to know when to call 119—it is for life-threatening emergencies. While waiting for help to ___(B)___, you may be able to save someone's life. Cardiopulmonary resuscitation (CPR) is for people whose hearts or breathing has stopped and the Heimlich maneuver is for people who are choking.

① disappear ② hinder
③ terminate ④ arrive

Vocabulary

- □ first aid 응급처치
- □ assistance 원조, 도움
- □ bystander 구경꾼, 행인
- □ elementary 초보의, 기본적인
- □ bandaid 반창고
- □ maneuver 책략, 조치

나노급 solution

step 1. 접근

응급처치에 대한 내용이다. 응급처치는 구급대 등 전문적인 의료진이 도착하기 전에 행할 수 있는 처치이다. 'First aid'가 무엇인지 알고 있었다면 해결하기 어렵지 않은 문제이다.

step 2. 지문 분석

- rendered to ~에게 제공되다
- such as 예를 들어, ~와 같은
- choke on ~으로 질식하다, ~이 목에 걸이다
  - ex You might _______ the food you eat.
  「음식을 먹다가 질식할 수도 있다.」
- stung 쏘이다
  - cf sting – stung – stung – stinging
- life–threatening 생명을 위협하는
- cardiopulmonary resuscitation 심폐소생술
- Heimlich maneuver 하임리히 요법

「응급처치는 전문적인 의료적 도움이 ___(A)___ 때까지 행인에 의해 부상자나 병든 사람에게 제공되는 지원이다. 베인 상처에 반창고를 붙이는 등 일부 응급처치는 초보적이다.
사고가 일어나다. 누군가가 얼음 조각에 숨이 막히거나 벌에 쏘인다. 119에 언제 전화해야 하는지 아는 것이 중요하다. 그것은 생명을 위협하는 비상사태를 위한 것이다. 도움이 ___(B)___ 기다리는 동안, 당신은 누군가의 생명을 구할 수 있을지도 모른다. 심폐소생술(CPR)은 심장이나 호흡이 멈춘 사람을 위한 것이고, 하임리히 요법은 숨이 막히는 사람을 위한 것이다.」

step 3. 보기 분석

① disappear 사라지다, 없어지다
② hinder 방해하다 유 hamper 방해하다, 곤란하게 하다
③ terminate 끝나다, 종료되다
④ arrive 도착하다, 배달되다

정답 ④

14 2019. 4. 6. 소방(경채) 3번

다음 빈칸에 들어갈 말로 가장 적절한 것은?

Smallpox was once a common disease, killing most victims and leaving survivors with terrible scars. In 1796, Edward Jenner discovered that exposing people to the milder disease of cowpox prevented them from catching smallpox. He called his technique ________.

① fossilization
② vaccination
③ visualization
④ neutralization

Vocabulary

- □ smallpox 천연두
- □ common 공공의, 일반적인
- □ disease 질병
- □ discover 발견하다
- □ expose 노출시키다
- □ prevent 막다

나노급 solution

step 1. 접근

앞에서 언급한 내용을 바탕으로 마지막 'his technique'의 명칭을 추론하는 문제이다. 'V1. 빈칸 채우기(1) – 제시된 설명에 적합한 단어 추론' 유형과도 유사하다.

step 2. 지문 분석

- smallpox 천연두 / cowpox 우두
  - cf chickenpox 수두
- milder (mild의 비교급) 더 가벼운
  - cf mild (원급) < milder (비교급) < mildest (최상급)
- victims and leaving survivors 희생자와 생존자
- terrible scar 끔찍한 흉터

「천연두는 한때 흔히 있는 질병으로, 대부분의 희생자를 죽이고 생존자들에게 끔찍한 흉터를 남겼다. 1796년 에드워드 제너는 사람들을 우두의 더 가벼운 질병에 노출시키는 것이 천연두에 걸리는 것을 막는다는 것을 발견했다. 그는 그의 기술을 _____라고 불렀다.」

step 3. 보기 분석

① fossilization 화석화, 폐습화
② vaccination 백신[예방] 접종, 종두(천연두를 예방하기 위하여 백신을 접종하는 일)
③ visualization 시각화, 구상화
④ neutralization 중립화, 무효화

정답 ②

the 알아보기 알아두면 좋은 질병 이름

- measles 홍역
- diabetes 당뇨병
- hypertension 고혈압
- anemia 빈혈
- pneumonia 폐렴
- tuberculosis 결핵

15 2019. 4. 6. 소방(경채) 12번

다음 대화의 흐름상 빈칸 (A)와 (B)에 들어갈 말로 가장 적절한 것은?

A : Animal testing is so cruel. I think it should be stopped.

B : I'm not so sure. I think animal testing is the best way to test medicines.

A : I don't think so. In my opinion, animal testing is ___(A)___ because animals are very different from humans.

B : Animals are used only when there are no other suitable ___(B)___.

	(A)	(B)
①	important	purposes
②	unreliable	alternatives
③	credible	appearances
④	proven	departments

Vocabulary

□ cruel 잔인한

□ suitable 적합한

나노급 solution

step 1. 접근

'animal testing'에 대해 A와 B가 서로 상반된 입장을 보이고 있다.

step 2. 지문 분석

- animal testing (신약 개발 등을 위한) 동물 실험
- be stopped 중지되다
  - ex Antisocial behavior must be stopped.
    「반사회적인 행위는 근절되어야 한다.」
- the best way 최선의 방법
- in my opinion 내 생각에는
- be different from ~와 다르다
  - cf be similar to ~와 비슷하다

「A : 동물 실험은 너무 잔인해. 나는 그것이 중지되어야 한다고 생각해.
B : 나는 잘 모르겠어. 동물 실험은 약을 시험하는 가장 좋은 방법이라고 생각해.
A : 나는 그렇게 생각하지 않아. 내 생각에, 동물 실험은 ___(A)___. 왜냐하면 동물들은 인간과 매우 다르기 때문이야.
B : 그들은 다른 적절한 ___(B)___이 없을 때만 동물들을 사용해.」

step 3. 보기 분석

① important 중요한 / purposes 목적
② unreliable 신뢰할 수 없는 / alternatives 대안
③ credible 신뢰할 수 있는 / appearances 모습, 출현
④ proven 증명된 / departments 부문

정답 ②

16 2019. 4. 6. 소방(경채) 19번

대화의 흐름상 빈칸 (A)와 (B)에 들어갈 말로 가장 적절한 것은?

A : This is 119. What's your emergency?

B : There's a fire in my apartment!

A : What is the address of your apartment, sir?

B : I don't know. I can't think of anything!

A : OK, I have ___(A)___ the location, using your cell phone. Fire engines and ambulances have been ___(B)___ to you. They should arrive in 4-7 minutes. Is there anyone else in your apartment with you?

B : Just my two cats.

A : If possible, exit your apartment with your pets. Do not take any belongings with you. Stay close to the ground and take short, quick breaths until you reach the exit. Do not take the elevator. Take the stairs.

B : Okay, thank you.

A : Please follow ___(C)___ the instructions I gave you. They are for your safety.

B : Thank you! Please hurry up!

	(A)	(B)
①	removed	exposed
②	traced	dispatched
③	followed	searched
④	separated	compared

Vocabulary

- □ address 주소
- □ belonging 소유물
- □ stair 계단
- □ instruction 교육, 지시

나노급 solution

step 1. 접근

화재 신고를 받은 상황이다.

step 2. 지문 분석

- anyone else 누군가 다른 사람

  ⓔⓧ I don't mind helping if you can't find anyone else.

  「다른 누군가를 못 찾으면 내가 기꺼이 도와줄게.」

- 지문에서 'exit'의 두 가지 쓰임

  exit your apartment 당신의 아파트에서 나가라 → 동사

  until you reach the exit 출구에 도착할 때까지 → 명사

「A : 119입니다. 무슨 일이십니까?

B : 내 아파트에 불이 났어요!

A : 아파트 주소가 어떻게 되십니까?

B : 모르겠어요. 아무것도 생각할 수 없어요!

A : 알겠습니다. 당신 핸드폰을 이용해서 위치를 __(A)__. 소방차와 앰뷸런스가 당신에게 __(B)__. 그들은 4-7분 안에 도착할 것입니다. 아파트에 당신과 같이 있는 사람 또 있습니까?

B : 제 고양이 두 마리뿐이에요.

A : 가능하다면, 애완동물과 함께 아파트에서 탈출하십시오. 어떤 소지품도 챙기지 마십시오. 바닥에 가까이 머무시고 출구에 도착할 때까지 짧고 빠르게 숨을 쉬세요. 엘리베이터를 타지 마십시오. 계단으로 가세요.

B : 알았어요. 감사합니다.

A : 제가 당신에게 드린 지시를 따라주십시오. 그것들은 당신의 안전을 위한 것입니다.

B : 고마워요! 제발 서두르세요.」

step 3. 보기 분석

① removed 제거하다 / exposed 노출시키다

② traced 추적하다 / dispatched 보내다, 파견하다

③ followed 좇다, 따라가다 / searched 찾다, 수색하다

④ separated 분리하다 / compared 비교하다

정답 ②

17 2018. 10. 13. 소방(경채) 4번

다음 대화의 빈칸 (A), (B)에 들어갈 말로 가장 적절한 것은?

A : A doctor! I need a doctor!
B : Give me some details, sir.
A : Something is ___(A)___ with my wife. She's lying on the floor unconscious.
B : Hold on, sir. I'm connecting you to 119.
A : Hurry up! Time is ___(B)___.

	(A)	(B)
①	wrong	critical
②	urgent	cynical
③	ridiculous	useless
④	reasonable	important

Vocabulary

- □ detail 세부 항목
- □ unconscious 의식이 없는

나노급 solution

step 1. 접근

의식이 없는 사람에 대한 신고를 받은 상황이다. 이 상황은 2020. 6. 20. 소방(경채) 13번에서도 유사하게 출제되었다.

step 2. 지문 분석

- lying on the floor 바닥에 누워있다
- connect to ~와 연결하다, ~와 연락하다
  ⓔⓧ Click 'Continue' to connect to the Internet.
  「인터넷에 접속하려면 Continue를 클릭하시오.」
- Time is dritical 시간은 매우 중요해요. (→ 한시가 급해요)

「A : 의사! 의사가 필요해요!
B : 자세히 설명해 주십시오, 선생님.
A : 제 아내가 뭔가 __(A)__. 그녀가 의식을 잃고 바닥에 누워있어요.
B : 잠시만 기다리세요, 선생님. 119에 연결해 드리겠습니다.
A : 서둘러요! 시간은 __(B)__.」

step 3. 보기 분석

① wrong 잘못된 / critical 대단히 중요한
② urgent 긴급한 / cynical 냉소적인
③ ridiculous 우스꽝스러운 / useless 쓸모없는
④ reasonable 분별 있는 / important 중요한

정답 ①

18 2018. 10. 13. 소방(경채) 9번

다음 대화의 빈칸에 들어갈 말로 가장 적절한 것은?

A : Are you OK? What's wrong?
B : Well, I have to buy a present for my mom, but I'm almost broke. What should I do?
A : How about writing her a letter and saying you love her?
B : What if my mom is ________?
A : I'm sure she will like it more than anything else.

① relieved
② terrified
③ satisfied
④ disappointed

Vocabulary

□ present
선물

나노급 solution

step 1. 접근

일상적인 대화문이다. 엄마께 선물 대신 'writing her a letter and saying you love her' 했을 때 엄마의 반응에 대해 걱정하고 있다.

step 2. 지문 분석

- I'm almost broke. 나는 거의 무일푼이다.
  (broke: 무일푼의)
- I'm sure 정말로, 분명히
- anything else 다른 무엇인가
  ⓔⓧ Would you like anything else?
  「다른 것 뭐 드릴까요?」

「A : 괜찮아? 무슨 일이야?
B : 글쎄, 엄마한테 줄 선물을 사야 하는데, 돈이 거의 다 떨어졌어. 어떻게 해야 하지?
A : 그녀에게 편지를 쓰고 사랑한다고 말하는 건 어때?
B : 만약 우리 엄마가 ______?
A : 그녀는 분명히 다른 어떤 것보다 더 좋아하실 거야.」

step 3. 보기 분석

① relieved 안도하는
② terrified 두려워하는
③ satisfied 만족하는
④ disappointed 실망하는

정답 ④

19 2018. 10. 13. 소방(경채) 12번

다음 빈칸에 들어갈 말로 가장 적절한 것은?

We all know creativity is important for solving problems, big or small. How can we be creative, then? Let me give you a tip. Try to look at things from different ________. If you take multiple points of view, you have a better chance of finding the solution you've been looking for.

① perspectives
② activities
③ problems
④ tips

Vocabulary

□ creativity 창의성
□ tip (실용적인, 작은) 조언

나노급 solution

step 1. 접근

빈칸 뒤로 이어지는 'If you take multiple points of view'를 통해 유추할 수 있다.

step 2. 지문 분석

• How can ~? 어떻게 ~ 할 수 있어?
ex How can I get out of this program?
「이 프로그램을 종료하려면 어떻게 해야 하죠?」

• try to ~ ~ 하려고 시도하다, 노력하다
ex Try to remain calm.
「침착함을 잃지 않도록 노력해 봐.」

「우리 모두는 크건 작건 간에 창의성이 문제를 해결하는 데 있어 중요하다는 것을 알고 있다. 그렇다면, 우리는 어떻게 창의적일 수 있을까? 조언을 하나 하겠다. 다른 ____에서 사물을 보도록 노력하라. 여러 관점을 취한다면, 찾고 있던 해결책을 찾을 가능성이 더 높아진다.」

step 3. 보기 분석

① perspectives 관점
② activities 활동
③ problems 문제
④ tips 조언

정답 ①

01 2021. 4. 3. 소방(공채) 4번

빈칸에 들어갈 말로 가장 적절한 것은?

When the fire alarm sounds, act immediately to ensure your safety. The fire alarm system is designed and engineered to provide you with an early warning to allow you to safely _________ the building during an urgent situation.

① exit ② renovate
③ demolish ④ construct

Vocabulary

- □ fire alarm 화재경보
- □ immediately 즉시, 즉각 (=at once)
- □ ensure 반드시 …하게[이게] 하다, 보장하다
- □ designed 계획적인, 고의의 (intentional)

advice

✤ caution

화재경보의 역할을 파악하여 적절한 어휘를 골라야 한다.

✤ translation

「화재 경보가 울릴 때, 즉시 당신의 안전을 보장할 행동을 취하라. 화재 경보 시스템은 당신에게 당신이 긴급 상황에서 건물을 안전하게 빠져나가게끔 초기에 경고를 주도록 설계, 계획되었다.」

✤ correct answer & distracter

① exit 나가다, 퇴장하다, 출구(→entrance)
② renovate (낡은 건물 · 가구 등을) 개조[보수]하다
③ demolish (건물을) 철거하다
④ construct 건설하다

정답 ①

02 2021. 4. 3. 소방(공채) 9번

빈칸에 들어갈 말로 가장 적절한 것은?

When you provide basic medical care to someone experiencing a sudden injury or illness, it's known as first aid. In some cases, first aid consists of the initial support provided to someone in the middle of a medical ___________. This support might help them survive until professional help arrives. In other cases, first aid consists of the care provided to someone with a minor injury. For example, first aid is often all that's needed to treat minor burns, cuts, and insect stings.

① profession ❷ emergency
③ qualification ④ breakthrough

Vocabulary

- □ medical 의학의, 의료의
- □ injury 부상
- □ illness 병, 아픔, 질환
- □ first aid 응급처치
- □ consists of ~로 구성되다
- □ initial 처음의, 초기의
- □ in the middle of …의 도중에, …의 중앙에

advice

✤ caution

빈칸이 있는 문장 전, 후에 first aid, help the survive 등 응급상황에서 응급처치를 설명하고 있음을 파악!

✤ translation

「당신이 갑작스러운 부상이나 질병을 겪고 있는 누군가에게 기본적인 치료를 해야 할 때, 그것을 응급처치라고 한다. 어떤 경우에 응급처치는 응급의료상황 가운데 있는 누군가에게 제공하는 초기 지원이다. 이런 지원은 전문적인 도움이 이르기 전까지 그 사람들을 살리는 데 도움이 될 수도 있다. 다른 경우에, 응급처치는 경상을 입은 사람들에게 제공되는 치료이다. 예를 들어, 응급처치는 종종 가벼운 화상, 자상, 벌레 쏘임을 치료하는 데 필요한 전부이기도 하다.」

✤ correct answer & distracter

① profession (특히 많은 교육이 필요한 전문적인) 직업[직종]
② emergency 비상 (사태)
③ qualification 자격(자격증), 자격(자질/능력)
④ breakthrough 돌파구

정답 ②

03 2020. 6. 20. 소방(공채) 2번

빈칸에 들어갈 말로 가장 적절한 것은?

> Always watch children closely when they're in or near any water, no matter what their swimming skills are. Even kids who know how to swim can be at risk for drowning. For instance, a child could slip and fall on the pool deck, lose consciousness, and fall into the pool and possibly drown. ___________ is the rule number one for water safety.

① Superstition　　② Foundation
③ Collision　　④ Supervision

Vocabulary

□ drown
익사하다
□ deck
갑판, 데크
□ consciousness
의식

advice

✤ caution

superstition과 supervision을 헷갈리지 않도록 주의!

✤ translation

「수영 실력이 어떻든 간에, 아이들이 어떤 물속이나 물 근처에 있을 때는 항상 가까이서 아이들을 지켜봐라. 수영을 할 줄 아는 아이들도 익사할 위험이 있다. 예를 들어, 아이는 수영장 갑판에서 미끄러져 넘어지고 의식을 잃고 수영장에 빠져 익사할 수도 있다. 감독은 수상 안전을 위한 규칙 1호이다.」

✤ correct answer & distracter

① superstition 미신
② foundation 설립, 기초
③ collision 충돌
④ supervision 감독

정답 ④

04 2020. 6. 20. 소방(공채) 13번

빈칸에 들어갈 말로 가장 적절한 것은?

Firefighters are people whose job is to put out fires and ________ people. Besides fires, firefighters save people and animals from car wrecks, collapsed buildings, stuck elevators and many other emergencies.

① endanger
② imperil
③ rescue
④ recommend

Vocabulary

□ put out 끄다
□ besides 이외에
□ wreck 난파선
□ collapse 붕괴하다

advice

✤ caution

and 앞의 put out fires와 대등하게 연결되고 있음!

✤ translation

「소방관들은 불을 끄고 사람들을 구조하는 일을 하는 사람들이다. 화재 외에도 소방관들은 부서진 차, 붕괴된 건물, 멈춘 엘리베이터 및 기타 많은 비상 사태로부터 사람과 동물을 구한다.」

✤ correct answer & distracter

① endanger 위험에 빠뜨리다
② imperil 위태롭게 하다
③ rescue 구조하다
③ recommend 추천하다

정답 ③

05 2019. 4. 6. 소방(공채) 2번

다음 빈칸에 들어갈 말로 가장 적절한 것은?

Fire departments are dedicated to saving lives and property from the ________ of fire. Saving lives is the highest priority at the incident scene.

① perils ② shelters
③ overviews ④ sanctuaries

Vocabulary

- □ be dedicated to~ ~에 헌신하다
- □ property 재산
- □ priority 우선하는 것
- □ incident 사건

advice

✤ translation

「소방국은 화재의 위험으로부터 생명과 재산을 지키는 데 헌신한다. 생명을 구하는 것은 사고현장에서 가장 우선시되는 것이다.」

✤ correct answer & distracter

① perils 위험
② shelters 피난처
③ overviews 개관
④ sanctuaries 보호구역

정답 ①

the 알아보기 'peril'의 유의어

어휘	용례
danger	There is no danger of a bush fire now. 「이제 산불의 위험은 없다.」
risk	Smoking can increase the risk of developing heart disease. 「흡연이 심장병 발병 위험을 증가시킬 수 있다.」
threat	Drugs pose a major threat to our society. 「마약이 우리 사회에 중대한 위협이 되고 있다.」
hazard	Everybody is aware of the hazards of smoking. 「모든 사람이 흡연의 위험을 알고 있다.」
menace	They believe that bikes are a menace to pedestrians. 「그들은 자전거가 보행자에게 위협이 된다고 생각한다.」
jeopardy	Bad management has put the company's future in jeopardy. 「부실 경영으로 그 회사의 미래는 위기에 처했다.」

06 2019. 4. 6. 소방(공채) 3번

다음 빈칸에 들어갈 말로 가장 적절한 것은?

One of the biggest problems in a high-rise fire is the ___________ use of the stairwells for fire suppression activities and occupant evacuation. Many training materials have attempted to direct firefighters to establish one stairwell for evacuation and another for fire suppression. This does not work due to the occupants leaving via the closest exit.

① ingenious ② simultaneous
③ pretentious ④ meticulous

advice

✤ translation

「고층건물 화재에 있어서 가장 큰 문제 중 하나는 화재 진압활동과 거주자의 대피를 위해서 계단통을 동시에 사용하는 것이다. 많은 훈련 자료들은 소방관이 대피를 위해서 하나의 계단통과 화재 진압을 위한 다른 계단통을 확보하라고 지시하도록 한다. 이것은 가장 가까운 출구를 통해서 나가는 거주민 때문에 효과가 없다.」

✤ correct answer & distracter

① ingenious 독창적인
② simultaneous 동시의
③ pretentious 자만하는
④ meticulous 꼼꼼한

Vocabulary

□ high-rise 고층건물
□ stairwell 계단통
□ suppression 진압
□ activity 활동
□ occupant 거주자
□ evacuation 대피
□ materials 자료
□ direct 지시하다
□ establish 확립(확보)하다
□ due to ~ 때문에
□ via ~를 통해서
□ exit 출구

정답 ②

07 2019. 4. 6. 소방(공채) 18번

다음 빈칸 (A), (B)에 들어갈 말로 가장 적절한 것은?

> Balloons should never be given to children under eight years old. Always supervise children of any age around balloons; they are easily popped, and if inhaled, small pieces can __(A)__ the airway and hinder respiration. Balloons are not visible on X-rays, so if a child has swallowed a piece of balloon the reason for distress may not be __(B)__.

	(A)		(B)
①	block	…	apparent
②	block	…	undetectable
③	expand	…	apparent
④	expand	…	undetectable

Vocabulary

- □ balloon 풍선
- □ supervise 감독하다
- □ pop 터지다
- □ inhale 삼키다
- □ airway 기도
- □ hinder 방해하다
- □ respiration 호흡
- □ visible 보이는
- □ swallow 삼키다
- □ distress 고통
- □ apparent 분명한

advice

✤ translation

「풍선은 결코 8살 아래의 아이들에게 주어서는 안 된다. 항상 풍선 주위에서 어떤 나이의 아이든지 감독해라. 그것들은 쉽게 터지고, 만약 삼켜지면, 작은 조각들이 기도를 (A) 막을 수 있고 호흡을 방해할 수 있다. 풍선은 엑스레이로는 보이지 않아서 만약에 아이가 풍선 조각을 삼킨다면 고통에 대한 이유가 (B) 명확하지 않을지도 모른다.」

✤ correct answer & distracter

① block 막다 / apparent 분명한, 누가 봐도 알 수 있는
② undetectable 탐지할 수 없는
③ expand 확대하다

정답 ①

08 2018. 10. 13. 소방(공채) 1번

다음 글의 빈칸에 들어갈 말로 가장 적절한 것은?

> If someone has a cardiac arrest, he will suddenly become ________ and show no signs of breathing or a pulse.

① selfish

② sensible

③ unconscious

④ tremendous

Vocabulary

- □ cardiac arrest 심장 마비
- □ breathing 호흡
- □ pulse 맥박

advice

✤ caution

'cardiac arrest'는 'heart attack'과 동일한 의미!

✤ translation

「만일 누군가가 심장마비를 일으킨다면, 그는 갑자기 의식을 잃고, 호흡이나 맥박의 신호가 보이지 않을 것이다.」

✤ correct answer & distracter

① selfish 이기적인
② sensible 합리적인
③ unconscious 의식이 없는
④ tremendous 엄청난

정답 ③

09 2018. 10. 13. 소방(공채) 2번

다음 글의 빈칸에 들어갈 말로 가장 적절한 것은?

> Fire can destroy your house and all of your possessions in less than an hour, and it can reduce an entire forest to a pile of ash. It's a(n) ________ weapon, with nearly unlimited destructive power.

① subtle
② ordinary
③ hilarious
④ terrifying

Vocabulary

- □ destroy 파괴하다, 말살하다
- □ possessions 소지품, 가재도구
- □ entire 전체의, 온
- □ pile (위로 차곡차곡) 포개 놓은 것, 더미
- □ weapon 무기
- □ destructive 파괴적인

advice

✣ translation

「불은 한 시간도 안 되어서 당신의 집과 전 재산을 파괴할 수 있다, 그리고 숲 전체를 잿더미로 없애버릴 수 있다. 그것은 거의 무한정의 파괴적인 힘을 가진 무서운 무기다.」

✣ correct answer & distracter

① subtle 미묘한, 교묘한
② ordinary 평범한
③ hilarious 재미있는
④ terrifying 무서운

정답 ④

10 2018. 10. 13. 소방(공채) 3번

다음 글의 빈칸에 들어갈 말로 가장 적절한 것은?

Our desire to control is so powerful that people often act as though they can control the uncontrollable. For instance, people bet more money on games of chance when their opponents seem incompetent than competent, as though they believed they could control the ________ drawing of cards from a deck and thus take advantage of a weak opponent. Likewise, people feel more certain that they will win a lottery if they can pick their lottery ticket numbers.

* deck 카드 한 벌

① random
② popular
③ planned
④ intentional

Vocabulary

- □ uncontrollable 통제할 수 없는
- □ opponents 반대자
- □ incompetent 무능한, 무능력자
- □ games of chance 기술보다 운에 좌우되는 게임
- □ Likewise 비슷하게
- □ lottery 복권, 도박

advice

✤ translation

「통제하고자 하는 우리의 욕망은 너무 강력하기 때문에 사람들은 종종 마치 통제할 수 없는 것들을 통제할 수 있는 것처럼 행동한다. 예를 들어, 사람들은 그들의 반대자가 유능한 것보다 무능해 보일 때 운에 좌우되는 게임에 더 많은 돈을 건다, 그들이 마치 한 벌의 카드로부터 무작위의 카드 뽑기를 통제할 수 있고 그래서 약한 상대를 이용하는 것처럼 믿는다. 비슷하게, 사람들은 만약 그들이 그들의 복권 번호를 고른다면 복권에 당첨이 될 것이라고 좀 더 확신을 느낀다.」

✤ correct answer & distracter

① random 무작위의
② popular 인기 있는
③ planned 계획된
④ intentional 의도적인

정답 ①

01 2021. 4. 17. 국가직 나책형 4번

밑줄 친 부분에 들어갈 말로 가장 적절한 것은?

A group of young demonstrators attempted to ________ the police station.

① line up
② give out
③ carry on
④ break into

advice

translation

≫ 한 무리의 젊은 시위대가 경찰서에 침입하려고 시도했다.

correct answer&distracter

≫ ① line up 줄 서다
② give out 배포하다
③ carry on 계속하다
④ break into 침입하다

Vocabulary

□ demonstrator
시위자

정답 ④

02 2021. 4. 17. 국가직 나책형 17번

밑줄 친 부분에 들어갈 말로 가장 적절한 것을 고르시오.

Excellence is the absolute prerequisite in fine dining because the prices charged are necessarily high. An operator may do everything possible to make the restaurant efficient, but the guests still expect careful, personal service: food prepared to order by highly skilled chefs and delivered by expert servers. Because this service is, quite literally, manual labor, only marginal improvements in productivity are possible. For example, a cook, server, or bartender can move only so much faster before she or he reaches the limits of human performance. Thus, only moderate savings are possible through improved efficiency, which makes an escalation of prices ________. (It is an axiom of economics that as prices rise, consumers become more discriminating.) Thus, the clientele of the fine-dining restaurant expects, demands, and is willing to pay for excellence.

① ludicrous ② inevitable

③ preposterous ④ inconceivable

Vocabulary

- □ prerequisite 전제 조건
- □ fine dining 고급 식당
- □ to order 주문에 따라
- □ escalation 상승
- □ axiom 공리, 자명한 이치
- □ clientele 고객들
- □ be willing to-v 기꺼이 ~하다

advice

translation

» 탁월함은 고급 레스토랑의 절대적인 전제조건인데, 왜냐하면 필연적으로 요금이 비싸기 때문이다. 운영자는 레스토랑을 효율적으로 만들기 위해서 할 수 있는 모든 것을 하겠지만, 손님들은 정성스러운 개개인을 위한 서비스를 여전히 기대한다 : 매우 숙련된 요리사가 주문에 따라 준비하고 능숙한 서빙하는 사람에 의해 전달되는 음식. 그야말로, 이 서비스는 육체노동이기 때문에, 고작 미미한 생산성 향상만이 가능하다. 예를 들어, 요리사, 서빙하는 사람, 또는 바텐더는 인간 수행력의 한계에 도달하기 전에 고작 조금밖에 더 빨리 움직이지 못한다. 따라서, 향상된 효율성을 통해서는 겨우 약간의 절약만이 가능한데, 이는 가격상승을 불가피하게 만든다. (가격이 오르면 소비자들의 안목이 더 좋아지는 것은 경제학의 원리이다.) 따라서, 고급 레스토랑의 고객은 (탁월함을) 기대하고 요구하며 탁월함에 대해 기꺼이 값을 지불하려고 한다.

correct answer&distracter

» ① ludicrous 터무니없는
② inevitable 불가피한
③ preposterous 터무니없는
④ inconceivable 상상도 할 수 없는

정답 ②

03 2020. 6. 13. 지방직 / 서울시 B책형 1번

밑줄 친 부분에 들어갈 말로 가장 적절한 것은?

The issue with plastic bottles is that they're not __________, so when the temperatures begin to rise, your water will also heat up.

① sanitary
② insulated
③ recyclable
④ waterproof

Vocabulary

- □ temperature 온도
- □ heat up 뜨거워지다

advice

translation

» 플라스틱 병의 문제는 그것들이 절연 처리가 되지 않았다는 것이다. 그래서 온도가 오르기 시작하면, 여러분의 물도 뜨거워질 것이다.

correct answer&distracter

» ① sanitary 위생의, 보건상의
② insulated 절연(단열) 처리가 된
③ recyclable 재활용할 수 있는
④ waterproof 방수의

정답 ②

04 2020. 5. 30. 경찰(순경) 3번

밑줄 친 부분에 들어갈 단어로 가장 적절한 것은?

> The detectives ___________ some clues of the hit-and-run accident and could successfully arrest the real criminal.

① obliterated

② distorted

③ complimented

④ scrutinized

Vocabulary

- □ detective 탐정, 형사
- □ clue 실마리, 단서
- □ hit-and-run accident 뺑소니 사고
- □ arrest 체포하다
- □ criminal 범인, 범죄자

advice

translation

» 형사들은 뺑소니 사고의 몇 가지 단서를 면밀히 조사했고, 진짜 범인을 성공적으로 체포할 수 있었다.

correct answer&distracter

» ① obliterated 술 취한
② distorted 비뚤어진, 왜곡된
③ complimented 칭찬하다
④ scrutinized 세심히 살피다, 면밀히 조사하다

정답 ④

05 2019. 6. 15. 서울시 A책형 5번

밑줄 친 부분에 들어갈 말로 가장 적절한 것은?

> To imagine that there are concrete patterns to past events, which can provide __________ for our lives and decisions, is to project on to history a hope for a certainty which it cannot fulfill.

① hallucinations
② templates
③ inquiries
④ commotion

Vocabulary

- □ concrete 구체적인
- □ project 투영하다
- □ certainty 확실성
- □ fulfill 수행하다

advice

translation

≫ 우리의 삶과 결정을 위한 본보기를 제공할 수 있는, 과거 사건들에 구체적인 패턴이 있다고 상상하는 것은 그것이 수행할 수 없는 확실성에 대한 희망을 역사에 투사하는 것이다.

correct answer&distracter

≫ ① hallucination 환각
② template 본보기
③ inquiry 질문
④ commotion 동요

정답 ②

06 2018. 12. 22. 경찰(순경) 3번

밑줄 친 부분에 들어갈 단어로 가장 적절한 것은?

> Because aging is one of the _________ realities that one cannot really fight against, the best one can do is to keep oneself healthy so as to age with grace and fitness.

① incipient
② inexorable
③ congenial
④ salutary

Vocabulary

- □ aging
  노화
- □ fight against
  ~와 싸우다

advice

translation

» 노화는 실제로 대항할 수 없는, 멈출 수 없는 현실 중 하나이기 때문에, 최선은 우아함과 건강함을 유지하며 늙기 위해 몸을 건강하게 유지하는 것이다.

correct answer&distracter

» ① incipient 막 시작된
② inexorable 멈출 수 없는, 거침없는
③ congenial 마음이 맞는
④ salutary (흔히 불쾌해 보이지만) 유익한, 효과가 좋은

정답 ②

07 2018. 6. 23. 서울시 A책형 18번

밑줄 친 부분에 들어갈 단어로 가장 적절한 것은?

Moths and butterflies both belong to the order Lepidoptera, but there are numerous physical and behavioral differences between the two insect types. On the behavioral side, moths are ____________ and butterflies are diurnal (active during the day). While at rest, butterflies usually fold their wings back, while moths flatten their wings against their bodies or spread them out in a "jet plane" position.

① nocturnal
② rational
③ eternal
④ semi-circular

Vocabulary

- □ moth
  나방
- □ Lepidoptera
  인시목(나비나 나방류를 포함하는 곤충강의 한 목)
- □ numerous
  많은
- □ diurnal
  주행성의
- □ flatten
  반반하게 만들다
- □ spread
  펼치다

advice

translation

≫ 나방과 나비는 모두 인시목에 속하지만 두 곤충 유형 사이에는 많은 물리적 및 행동상의 차이가 있다. 행동 측면에서, 나방은 야행성이고 나비는 주행성(낮에 활동적인)이다. 휴식을 취하는 동안, 나비는 보통 날개를 뒤로 접는 반면, 나방은 날개를 몸에 반반하게 만들거나 "제트기" 자세로 날개를 펼친다.

correct answer&distracter

≫ ① nocturnal 야행성의
② rational 합리적인
③ eternal 영원한
④ semi-circular 반원형의

정답 ①

빈칸 채우기 (3) 적절한 접속부사 선택

★☆☆

유형 focus

- "다음 글의 빈칸 (A)와 (B)에 들어갈 말로 가장 적절한 것은?"
- 논리적 흐름에 따라 앞뒤 문장을 이어주기 위해 필요한 접속부사를 선택하는 유형
- '어휘 + 장문독해'의 복합형

2018년	2019년	2020년	2021년
–	16번	–	3번

Real 기출보기

01 2021. 4. 3. 소방(경채) 3번

빈칸에 들어갈 말로 가장 적절한 것은?

Well, to start with I think I'm quite an optimistic person, because I don't get upset when things go badly for me. I always try to stay positive and look on the bright side. ________________, last week I failed my driving test, but I didn't mind because I knew why I failed and learned from my mistakes. I'm going to retake my test next month and I'm confident I'll pass.

① For instance
② In addition
③ Besides
④ Yet

Vocabulary

- □ optimistic 낙관적인
- □ confident 자신감 있는
- □ positive 낙관적인, 긍정적인 (반 negative)
- □ bright 밝은, 눈부신
- □ confident 자신감 있는

나노급 solution

step 1. 접근

빈칸의 뒤로 이어지는 화자의 구체적인 상황이 빈칸 앞에서 언급한 내용의 예시임을 파악해야 한다.

step 2. 지문 분석

- to start with 우선, 첫째로
  - ⓔⓧ To start with it's much too expensive
    「우선, 그건 비용이 너무 비싸요.」
- try to 하려고 노력하다.
- retake (a test) 재시험을 치다.

「글쎄요, 우선 저는 상당히 낙관적인 사람이라고 생각합니다. 왜냐하면 저는 일이 제게 안 좋게 돌아갈 때도 화가 나지 않기 때문입니다. 저는 항상 긍정적이고, 밝은 면을 보려고 노력합니다. ______, 지난주에 저는 운전면허 시험에서 떨어졌지만, 실수를 통해 배웠고, 왜 떨어졌는지 알았기 때문에 개의치 않았습니다. 다음 달에 재시험을 치르는데 합격할 자신이 있습니다.」

step 3. 보기 분석

① For instance 예를 들어
② In addition 게다가
③ Besides 그밖에, 뿐만 아니라
④ Yet 그렇지만

정답 ①

the 알아보기 꼭 알아야 할 접속부사 10

접속부사	의미	접속부사	의미
for example	예를 들어	however	그러나
furthermore	뿐만 아니라	otherwise	그렇지 않으면
therefore	그러므로	nevertheless	그럼에도 불구하고
in addition	게다가	in contrast	대조적으로
consequently	결과적으로	yet	그러나

02 2019. 4. 6. 소방(경채) 16번

다음 글의 빈칸 (A)와 (B)에 들어갈 말로 가장 적절한 것은?

Lots of people do love science fiction movies. In part, it is all the future technology that is so exciting about these films. The film Minority Report contains many such technologies. ___(A)___, Tom Cruise is able to control a computer by waving his arms and hands. The movie also features newspapers with moving pictures. Although these technologies seem far off and unbelievable, scientists have worked hard to bring the dream a lot closer to us. For instance, their success is applied in modern video games. People can play tennis, baseball, and even golf at home. ___(B)___, scientists are working on e-paper. E-paper is a thin material that can display video. It contains tiny, colored beads that respond to electricity. With just a small shock, these beads move around and create a picture. Soon, we will be able to watch a newspaper, not just read it.

	(A)		(B)
①	For example	···	Furthermore
②	However	···	In addition
③	In short	···	Conversely
④	In general	···	Therefore

Vocabulary

- □ contain 포함하다
- □ feature 특별히 포함하다, 특징으로 삼다
- □ apply 적용하다
- □ bead 구슬

나노급 solution

step 1. 접근

(A), (B) 앞뒤 문장을 바탕으로 글의 흐름을 이해해야 한다.

step 2. 지문 분석

- do(강조) love 아주 좋아한다.
- In part 부분적으로는, 어느 정도는
- ~ Minority Report contains many such technologies. __(A)__, Tom Cruise is able to control a computer ~.
  Minority Report는 그러한 기술들이 많이 포함되어 있다. __(A)__, Tom Cruise는 컴퓨터를 조종할 수 있다.
- seem far off and unbelievable 멀리 떨어져 있고 믿을 수 없어 보이다
- ~ and even golf at home. __(B)__, scientists are working on e-paper.
  심지어 집에서 골프를 치다. __(B)__, 과학자들은 전자종이를 연구하고 있다.

「많은 사람들이 공상과학 영화를 아주 좋아한다. 이 영화들에 대해 매우 흥미진진한 것은, 어느 정도는, 그것이 모두 미래 기술이라는 것이다. 영화 마이너리티 리포트에는 그러한 기술들이 많이 포함되어 있다. __(A)__, 톰 크루즈는 그의 팔과 손을 흔들어 컴퓨터를 조종할 수 있다. 이 영화에는 또한 움직이는 사진이 실린 신문도 등장한다. 비록 이러한 기술들이 멀리 떨어져 있고 믿을 수 없을 것 같지만, 과학자들은 그 꿈을 우리에게 훨씬 더 가깝게 하기 위해 열심히 노력해왔다. 예를 들어, 그들의 성공은 현대 비디오 게임에 적용된다. 사람들은 집에서 테니스, 야구, 심지어 골프를 칠 수 있다. __(B)__, 과학자들은 전자종이를 연구하고 있다. 전자종이는 영상을 나타낼 수 있는 얇은 소재다. 그것은 전기에 반응하는 작고 색깔이 있는 구슬을 포함하고 있다. 작은 충격만으로 이 구슬들은 이리저리 움직여 그림을 만들어낸다. 곧, 우리는 신문을 읽을 수 있을 뿐 아니라 볼 수 있게 될 것이다.」

step 3. 보기 분석

① For example 예를 들어 유 for instance 예를 들어
   Furthermore 뿐만 아니라

② However 그러나 유 nevertheless 그렇기는 하지만
   In addition 게다가

③ In short 요컨대 유 to sum up 요약해서 말하면
   Conversely 정반대로

④ In general 보통, 대개
   Therefore 그러므로 유 thus 따라서

정답 ①

01 2021. 4. 3. 소방(공채) 12번

(A)와 (B)에 들어갈 말로 가장 적절한 것은?

Mental preparation is great advice in many situations — including social situations. Whether you're about to walk into a job interview or going to a dinner party, a little mental preparation might make things go more smoothly. ______(A)______, you might imagine yourself successfully talking to several new people. Or you might picture yourself making good eye contact and asking questions that keep the conversation flowing. Of course, you don't have control over everything. ______(B)______, one thing you can control is your own behavior. A little mental preparation can help you feel calm enough to be your best self in social situations.

	(A)	(B)
①	In contrast	Therefore
②	For example	However
③	In contrast	Nevertheless
④	For example	Furthermore

Vocabulary

- □ retail business 소매 업체
- □ fulfill 성취하다
- □ line 일렬로 늘여 세우다
- □ eventually 결국
- □ abandon 포기하다

advice

translation

» 마음의 준비는 사회적 상황들을 포함한 여러 상황에서 훌륭한 고문이다. 당신이 직업 면접을 곧 보거나 디너 파티에 가던지, 약간의 마음의 준비는 일들이 더 순탄하게 진행되도록 만들 것이다. (A) 예를 들어, 당신은 자신이 성공적으로 새로운 몇 사람들에게 말을 거는 상상을 할 수도 있다. 아니면 당신은 자신이 사람들과 훌륭한 눈맞춤을 하며 대화가 계속 흘러가도록 질문을 하는 이미지를 그려볼 수도 있다. 물론 당신이 모든 것에 통제권이 있는 것은 아니다. (B) 하지만, 당신이 통제할 수 있는 한 가지는 당신 자신의 행동이다. 약간의 마음의 준비는 사회적 상황들 속에서 당신의 최선의 면을 보여줄 만큼 충분히 침착하게 느끼도록 해준다.

correct answer&distracter

» ① In contrast 그에 반해서 / Therefore 그러므로
② For example 예를 들어 / However 하지만
③ In contrast 그에 반해서 / Nevertheless 그럼에도 불구하고
④ For example 예를 들어 / Furthermore 뿐만 아니라

정답 ②

02 2021. 4. 3. 소방(공채) 13번

(A)와 (B)에 들어갈 말로 가장 적절한 것은?

When you're a first responder, work hours are often long and unpredictable. Fire fighters can't control when a fire starts ; they just have to stop it, no matter how inconvenient the time. ____(A)____, police officers can't leave a crime scene just because their scheduled shift is over and it's time to go home. They have to make sure the situation is safe before leaving. Because of the time commitment alone, first responders make substantial personal sacrifices. Whatever activities, hobbies, or family time they enjoy often takes a backseat to their service to the community. ____(B)____, time isn't the only thing first responders sacrifice. Every day, they put their safety on the line for our benefit. They run into dangerous situations so that we don't have to, sometimes risking their lives in the process.

	(A)	(B)
①	On the contrary	Similarly
②	In short	Moreover
③	Consequently	Nevertheless
④	Likewise	However

Vocabulary

- □ first responder 응급 의료요원
- □ inconvenient 불편한
- □ substantial 상당한

advice

translation

≫ 응급 요원이라면, 근무시간이 길고 예측할 수 없는 경우가 많다. 소방관들은 화재가 시작되는 때를 통제할 수 없다.; 아무리 그 시간이 편하지 않더라도, 그들은 그저 화재를 진압해야 한다. (A) 마찬가지로 경찰관들도 그들의 교대 근무가 끝나고 집에 갈 시간이라는 이유만으로 범죄 현장을 떠날 수 없다. 그들은 떠나기 전에 상황이 안전한지 확인해야 한다. 그러한 시간적 헌신만으로도 응급 요원들은 상당한 개인적 희생을 치른다. 그들이 즐기는 활동이나 취미, 가족과의 시간일지라도 지역사회를 위한 봉사로 인해 빈번하게 뒷전이 된다. (B) 하지만 시간만이 응급 요원들이 희생하는 유일한 것은 아니다. 그들은 우리의 혜택을 위해 자신들의 안전마저 내놓는다. 그들은 과정 중에 때때로 자신들의 목숨이 위태로울 때에도, 우리가 위험에 처하지 않도록 자신들이 그런 상황으로 뛰어든다.

correct answer&distracter

≫ ① On the contrary 대조적으로 / Similarly 마찬가지로
② In short 요컨대 / Moreover 게다가
③ Consequently 따라서 / Nevertheless 그럼에도 불구하고
④ Likewise 마찬가지로 / However 하지만

정답 ④

03 2020. 6. 20. 소방(공채) 10번

빈칸 (A)와 (B)에 들어갈 말로 가장 적절한 것은?

At one time, all small retail businesses, such as restaurants, shoe stores, and grocery stores, were owned by individuals. They often gave the stores their own names such as Lucy's Coffee Shop. For some people, owning a business fulfilled a lifelong dream of independent ownership. For others, it continued a family business that dated back several generations. These businesses used to line the streets of cities and small towns everywhere. Today, ___(A)___, the small independent shops in some countries are almost all gone, and big chain stores have moved in to replace them. Most small independent businesses couldn't compete with the giant chains and eventually failed. ___(B)___, many owners didn't abandon retail sales altogether. They became small business owners once again through franchises.

	(A)	(B)
①	in contrast	However
②	in addition	Furthermore
③	in contrast	Therefore
④	in addition	Nevertheless

Vocabulary

- □ retail business 소매 업체
- □ fulfill 성취하다
- □ line 일렬로 늘여 세우다
- □ eventually 결국
- □ abandon 포기하다

advice

translation

» 「한때 식당, 신발 가게, 식료품점과 같은 모든 소규모 소매 업체는 개인 소유였다. 그들은 종종 가게들에 루시의 커피숍과 같은 그들만의 이름을 지어주었다. 어떤 사람들은 창업으로 독립적인 소유에 대한 평생의 꿈을 성취하기도 했다. 다른 사람들은 몇 세대 전으로 거슬러 올라가는 가족 사업을 계속했다. 이 사업체들은 도시와 작은 마을들의 거리를 일렬로 늘여 세우곤 했다. 이와는 (A) 대조적으로 오늘날 일부 국가의 작은 독립 상점들은 거의 모두 사라졌고, 대형 체인점들은 그것들을 대체하기 위해 이사했다. 대부분의 소규모 독립기업들은 거대 체인점들과 경쟁할 수 없었고 결국 실패했다. (B) 하지만 많은 소유주들이 소매 판매를 완전히 포기하지는 않았다. 그들은 프랜차이즈를 통해 다시 한번 소상공인이 되었다.」

correct answer&distracter

» ① in contrast 대조적으로 / However 그러나
② in addition 게다가 / Furthermore 뿐만 아니라
③ Therefore 그러므로
④ Nevertheless 그럼에도 불구하고

정답 ①

04 2019. 4. 6. 소방(공채) 19번

다음 빈칸 (A)와 (B)에 들어갈 말로 가장 적절한 것은?

Culture consists of the rules, norms, values, and mores of a group of people, which have been learned and shaped by successive generations. The meaning of a symbol such as a word can change from culture to culture. To a European, ___(A)___, a "Yankee" is someone from the United Sates; to a player on the Boston Red Sox, a "Yankee" is an opponent; and to someone from the American South, a "Yankee" is someone from the American North. A few years ago, one American car company sold a car called a Nova. In English, nova means bright star — an appropriate name for a car. In Spanish, ___(B)___, the spoken word nova sounds like the words "no va," which translate "It does not go." As you can imagine, this name was not a great sales tool for the Spanish-speaking market.

	(A)		(B)
①	for example	…	as a result
②	for example	…	however
③	similarly	…	moreover
④	similarly	…	in fact

Vocabulary

- □ consist of 이루어져 있다
- □ rule 규칙
- □ norm 규범
- □ value 가치
- □ mores 관습
- □ successive 연속적인
- □ opponent 상대
- □ appropriate 적절한
- □ nova 신성
- □ translate 번역하다

advice

✤ translation

「문화는 연속적인 세대들에 의해 학습되고, 형성되는 규칙, 규범, 가치 그리고 한 그룹의 사람들의 사회적 관습으로 구성된다. 단어와 같은 상징의 의미는 문화마다 바뀔 수 있다. (A) 예를 들어 한 유럽인에게, "양키"는 미국 출신의 사람이다. 보스턴 레드삭스에서 뛰는 한 선수에게, "양키"는 상대방 선수이다. 그리고 미국 남부 출신의 사람에게, "양키"는 미국 북부 출신의 사람이다. 몇 년 전에, 한 미국 자동차 회사가 노바라는 이름의 자동차를 팔았다. 영어로, 노바는 밝은 별을 의미하는데, 자동차에 있어서는 적절한 이름이다. (B) 하지만 스페인어로, 구어체로의 노바는 "그것은 가지 않는다"로 번역되는 "노 바" 단어처럼 소리가 난다. 당신이 상상할 수 있듯이, 이 이름은 스페인어를 말하는 시장에서는 훌륭한 도구가 아니었다.」

✤ correct answer & distracter

① for example 예를 들어 / as a result 결과적으로
② however 그러나
③ similarly 마찬가지로 / moreover 게다가
④ in fact 사실은

정답 ②

05 2018. 10. 13. 소방(공채) 5번

다음 글의 빈칸에 들어갈 말로 가장 적절한 것은?

Why Are Fire Trucks Red?

Fire trucks are red because back in the 1900s, roads were mostly filled with black-colored cars manufactured by Ford. ________, the striking red color of fire trucks stood out amongst the sea of black vehicles vying for space on the roads.

* vying 경쟁하는

① In addition
② Likewise
③ For example
④ Therefore

Vocabulary

- □ striking 눈에 띄는
- □ stand out 두드러지다

advice

✤ translation

「왜 소방차들은 빨간색인가?
소방차들은 빨간색이다, 왜냐하면 1900년대에, 도로는 포드사에 의해 생산된 검정색 자동차들로 거의 꽉 차 있었기 때문이다. 그러므로, 소방차의 눈에 띄는 빨간색은 도로 위 공간을 위해 경쟁하는 검은 자동차들의 바다 사이에서 두드러졌다.

✤ correct answer & distracter

① In addition 게다가
② Likewise 비슷하게
③ For example 예를 들어
④ Therefore 그러므로

정답 ④

01 2020. 6. 13. 지방직 / 서울시 B책형 9번

밑줄 친 (A), (B)에 들어갈 말로 가장 적절한 것은?

Assertive behavior involves standing up for your rights and expressing your thoughts and feelings in a direct, appropriate way that does not violate the rights of others. It is a matter of getting the other person to understand your viewpoint. People who exhibit assertive behavior skills are able to handle conflict situations with ease and assurance while maintaining good interpersonal relations. ___(A)___, aggressive behavior involves expressing your thoughts and feelings and defending your rights in a way that openly violates the rights of others. Those exhibiting aggressive behavior seem to believe that the rights of others must be subservient to theirs. ___(B)___, they have a difficult time maintaining good interpersonal relations. They are likely to interrupt, talk fast, ignore others, and use sarcasm or other forms of verbal abuse to maintain control.

	(A)	(B)
①	In contrast	Thus
②	Similarly	Moreover
③	However	On one hand
④	Accordingly	On the other hand

Vocabulary

- □ assertive 단정적인, 독단적인
- □ stand up for 옹호하다
- □ appropriate 적절한
- □ violate 위반하다, 침해하다
- □ exhibit 보여주다
- □ conflict situation 갈등 상황
- □ assurance 보증, 확신
- □ maintain 유지하다
- □ subservient 종속적인
- □ sarcasm 빈정거림
- □ verbal abuse 언어폭력

advice

translation

≫ 자기 주장적 행동은 다른 사람의 권리를 침해하지 않는 적절한 방법으로, 당신의 권리를 옹호하고 당신의 생각과 감정을 직접적이고 표현하는 것을 포함한다. 그것은 상대방이 당신의 관점을 이해하도록 하는 문제다. 자기 주장적 행동 능력을 보이는 사람들은 좋은 대인관계를 유지하면서 갈등 상황을 쉽고 확실하게 처리할 수 있다. (A) 대조적으로 공격적인 행동은 자신의 생각과 감정을 표현하고 다른 사람의 권리를 공공연히 침해하는 방식으로 자신의 권리를 방어하는 것을 포함한다. 공격적인 행동을 보이는 사람들은 다른 사람들의 권리가 자신의 권리에 종속된다고 믿는 것처럼 보인다. (B) 따라서 그들은 좋은 대인관계를 유지하는 데 어려움을 겪는다. 그들은 통제력을 유지하기 위해 방해하고, 빠르게 말하고, 다른 사람들을 무시하고, 빈정거림이나 다른 형태의 언어폭력을 사용할 가능성이 있다.

correct answer&distracter

≫ ① In contrast 대조적으로 / Thus 따라서
② Similarly 마찬가지로 / Moreover 게다가
③ However 그러나 / On one hand 한편으로는
④ Accordingly 따라서 / On the other hand 반면에

정답 ①

02 2020. 5. 30. 경찰(순경) 16번

다음 빈칸 ㉠, ㉡에 각각 들어갈 표현으로 가장 적절한 것은?

The most obvious salient feature of moral agents is a capacity for rational thought. This is an uncontested necessary condition for any form of moral agency, since we all accept that people who are incapable of reasoned thought cannot be held morally responsible for their actions. ___㉠___, if we move beyond this uncontroversial salient feature of moral agents, then the most salient feature of actual flesh-and-blood (as opposed to ridiculously idealized) individual moral agents is surely the fact that every moral agent brings multiple perspectives to bear on every moral problem situation. ___㉡___, there is no one-size-fits-all answer to the question "What are the basic ways in which moral agents wish to affect others?" Rather, moral agents wish to affect 'others' in different ways depending upon who these 'others' are.

	㉠	㉡
①	However	That is
②	Furthermore	Otherwise
③	To put it briefly	After all
④	In particular	Even so

Vocabulary

- □ obvious 명백한
- □ salient 가장 두드러진, 현저한
- □ moral agent 도덕적 행위자
- □ rational 합리적인, 이성적인
- □ uncontested 반대(논란)가 없는
- □ necessary condition 필요조건
- □ incapable ~ 할 수 없는
- □ reasoned 논리 정연한
- □ flesh-and-blood (평범한) 인간
- □ ridiculously 터무니없이
- □ multiple perspective 다양한 관점
- □ one-size-fits-all 두루 적용되는

advice

translation

≫ 도덕적 행위자의 가장 명백하게 두드러지는 특징은 이성적 사고를 할 수 있는 능력이다. 이것은 어떤 형태의 도덕적 행위에도 논란의 여지가 없는 필요조건이다, 왜냐하면 우리 모두는 이성적인 사고를 할 능력이 없는 사람들이 그들의 행동에 대해 도덕적으로 책임을 질 수 없다는 것을 받아들이기 때문이다. ㉠ 그러나 만일 우리가 도덕적 행위자의 논란의 여지가 없는 이 두드러진 특징에서 벗어나게 된다면, (터무니없이 이상화된 것과는 대조적으로) 개개의 도덕적 행위자로서의 현실적인 인간의 가장 두드러진 특징은 분명히 모든 도덕적 행위자들이 모든 도덕적 문제 상황에 대해 다양한 관점을 취한다는 사실이다. ㉡ 즉, "도덕적 행위자들이 타인에게 영향을 미치고자 하는 기본적인 방법은 무엇인가?"라는 질문에 누구에게나 다 맞는 정답은 없다. 오히려 도덕적 행위자들은 이러한 '다른 사람들'이 누구인가에 따라 다른 방식으로 '다른 사람들'에 영향을 미치기를 원한다.

correct answer&distracter

≫ ① However 그러나 / That is 즉, 말하자면
② Furthermore 뿐만 아니라 / Otherwise 그렇지 않으면
③ To put it briefly 간단히 말하면 / After all 어쨌든
④ In particular 특히 / Even so 비록 그렇다고 할지라도

정답 ①

03 2019. 4. 6. 국가직 나책형 16번

밑줄 친 (A), (B)에 들어갈 말로 가장 적절한 것은?

Visionaries are the first people in their industry segment to see the potential of new technologies. Fundamentally, they see themselves as smarter than their opposite numbers in competitive companies—and, quite often, they are. Indeed, it is their ability to see things first that they want to leverage into a competitive advantage. That advantage can only come about if no one else has discovered it. They do not expect, ___(A)___, to be buying a well-tested product with an extensive list of industry references. Indeed, if such a reference base exists, it may actually turn them off, indicating that for this technology, at any rate, they are already too late. Pragmatists, ___(B)___, deeply value the experience of their colleagues in other companies. When they buy, they expect extensive references, and they want a good number to come from companies in their own industry segment.

	(A)	(B)
①	therefore	on the other hand
②	however	in addition
③	nonetheless	at the same time
④	furthermore	in conclusion

Vocabulary

- □ visionary 선지자
- □ segment 분야
- □ fundamentally 기본적으로
- □ competitive 경쟁하는
- □ leverage 차입금을 이용하여 투자하다
- □ come about 발생하다
- □ discover 밝혀내다
- □ extensive 광범위한
- □ reference 참조
- □ turn off 끄다, 잠그다
- □ indicate 나타내다
- □ at any rate 어쨌든
- □ pragmatist 실용주의자
- □ value 소중하게 여기다

advice

translation

» 선견지명이 있는 사람들은 그들의 산업 분야에서 새로운 기술의 잠재력을 볼 수 있었던 최초의 사람들이다. 기본적으로 그들은 그들 자신을 경쟁 회사에서의 상대방보다 더 똑똑하다고 여긴다. 그리고 꽤 자주, 그들은 실제로 그러하다. 사실, 그들이 경쟁력 있는 이점으로 이용하여 투자하려고 했던 것이 바로 사물을 처음으로 볼 수 있는 그들의 능력이었다. 그 이점은 오직 어느 누구도 그것을 발견하지 못한 경우에서만 생길 수 있다. (A) 그러므로 그들은 광범위한 목록의 산업계에서 검증한 참조를 가지고 있는, 잘 검증된 상품을 사는 것을 기대하지 않는다. 사실 만약 그러한 참조 기반이 존재한다면, 그것은 사실 어쨌든 이러한 기술에 대해 그들은 이미 늦었다는 것을 나타내며, 그들을 기능하지 못하게 만들지도 모른다. (B) 반면에, 실용주의자들은 다른 회사에 있는 그들의 동료들의 경험을 매우 소중하게 여긴다. 그들은 구매할 때, 광범위한 참조를 기대하고 굉장히 많은 수의 상품이 그들 자신의 산업 분야에 있는 회사에서 나오기를 원한다.

correct answer&distracter

» ① therefore 그러므로 / on the other hand 반면에
② however 그러나 / in addition 게다가
③ nonetheless 그럼에도 불구하고 / at the same time 동시에
④ furthermore 뿐만 아니라 / in conclusion 결론적으로

정답 ①

04 2018. 12. 22. 경찰(순경) 3번

다음 ㉠, ㉡에 들어갈 말로 가장 적절한 것은?

Can we sustain our standard of living in the same ecological space while consuming the resources of that space? This question is particularly relevant since we are living in an era of skyrocketing fuel costs and humans' ever-growing carbon footprints. Some argue that we are already at a breaking point because we have nearly exhausted the Earth's finite carrying capacity. (㉠), it's possible that innovations and cultural changes can expand Earth's capacity. We are already seeing this as the world economies are increasingly looking at "green," renewable industries like solar and hydrogen energy. (㉡), many believe we will eventually reach a point at which conflict with the finite nature of resources is inevitable. That means survival could ultimately depend on getting the human population below its carrying capacity. Otherwise, without population control, the demand for resources will eventually exceed an ecosystem's ability to provide it.

① ㉠ However ㉡ Still
② ㉠ Therefore ㉡ On the other hand
③ ㉠ Hence ㉡ Though
④ ㉠ Nevertheless ㉡ For instance

Vocabulary

- □ sustain 유지하다
- □ consume 소비하다
- □ relevant 적절한, 의미 있는
- □ skyrocket 급히 상승하다
- □ finite 유한한
- □ carrying capacity 적재량
- □ conflict 다툼, 분쟁
- □ inevitable 피할 수 없는
- □ ultimately 궁극적으로
- □ exceed 넘다, 초과하다

advice

translation

≫ 우리는 똑같은 생태계 공간에서 그 공간의 자원을 소비하는 동안에 우리 삶의 수준을 유지할 수 있을까? 이 질문은 치솟는 연료비와 계속 증가하는 인간의 탄소 발자국 시대에 살고 있기 때문에 특히 의미가 있다. 일부는 우리가 지구의 유한한 적재량을 거의 소진했기 때문에 이미 한계점에 도달했다고 주장한다. ㉠ 그러나 혁신과 문화적 변화 지구의 수용량을 확장하는 것이 가능하다. 우리는 이미 세계 경제가 점점 태양열과 수소 에너지 같은 "녹색의," 재생 가능한 산업들을 주목함에 따라 이것을 목격하고 있다. 그러나 ㉡ 여전히 많은 이들이 우리가 결국은 유한한 자원의 속성과 상충이 불가피한 지점에 도달할 것이라고 믿는다. 그것은 생존이 궁극적으로 인구를 적재량 이하로 낮추는 것에 달려있다는 것을 의미한다. 그렇지 않으면, 인구 조절 없이, 자원에 대한 수요는 결국 그것을 제공할 수 있는 생태계의 능력을 초과할 것이다.

correct answer&distracter

≫ ① However 그러나 / Still 여전히
② Therefore 그러므로 / On the other hand 반면에
③ Hence 따라서 / Though 그럼에도 불구하고
④ Nevertheless 그럼에도 불구하고 / For instance 예를 들면

정답 ①

05 2018. 6. 23. 서울시 A책형 10번

글의 흐름상 빈칸에 들어갈 표현으로 가장 옳은 것은?

Contemporary art has in fact become an integral part of today's middle class society. Even works of art which are fresh from the studio are met with enthusiasm. They receive recognition rather quickly—too quickly for the taste of the surlier culture critics. ＿＿＿＿＿, not all works of them are bought immediately, but there is undoubtedly an increasing number of people who enjoy buying brand new works of art. Instead of fast and expensive cars, they buy the paintings, sculptures and photographic works of young artists. They know that contemporary art also adds to their social prestige. ＿＿＿＿＿, since art is not exposed to the same wear and tear as automobiles, it is a far better investment.

① Of course — Furthermore
② Therefore — On the other hand
③ Therefore — For instance
④ Of course — For example

Vocabulary

- □ contemporary 현대의, 당대의
- □ fresh from ~를 갓 나온
- □ integral 필수적인, 완전한
- □ enthusiasm 열광, 열정
- □ surly 성질 못된, 무례한

advice

translation

» 현대 미술은 실제로 오늘날 중산층 사회의 필수적인 부분이 되었다. 심지어 스튜디오에서 갓 나온 예술 작품들에도 열광하게 된다. 그들은 꽤 빨리 인정받게 되는데, 무례한 비평가들 취향에 비해 너무 빠르다. 물론, 모든 작품을 즉시 구입할 수 있는 것은 아니지만, 확실히 새로운 예술 작품을 구입하는 것을 즐기는 사람들의 수가 증가하고 있다. 빠르고 값비싼 자동차 대신 그들은 젊은 예술가들의 그림, 조각품, 사진 작품을 산다. 그들은 현대 미술이 그들의 사회적 명성을 높여 준다는 것을 안다. 게다가, 예술은 자동차처럼 마모와 파손에 노출되지 않기 때문에, 훨씬 더 나은 투자이다.

correct answer&distracter

» ① Of course 물론 / Furthermore 게다가
② Therefore 그러므로 / On the other hand 반면에
③ For instance 예를 들어
④ For example 예를 들어

정답 ①

어휘의 쓰임

★☆☆

유형 focus

- "밑줄 친 어휘의 쓰임이 적절하지 않은 것은?"
- 논리적 흐름에 맞는 단어가 적절하게 사용되었는지 확인하는 유형
- 주로 법원직, 국회직 9급 시험에서 출제
- '어휘 + 장문독해'의 복합형

2018년	2019년	2020년	2021년
–	17번	–	–

Real 기출보기

01 2019. 4. 6. 소방(경채) 17번

밑줄 친 어휘의 쓰임이 적절하지 않은 것은?

There are several different causes of cold feet. Sometimes, the simplest reason is a ① <u>lack</u> of warmth. If you're in jeans and a t-shirt and your feet are ② <u>bare</u>, it makes sense that they may get cold first. However, there are other causes as well. Poor circulation is one of the most common causes of cold feet. Poor circulation can make it difficult for enough warm blood to get to your feet ③ <u>regularly</u>, keeping them cooler than the rest of your body. Circulation problems can come as a result of a heart condition, where the heart struggles to pump blood through the body at a quick enough pace. Poor circulation can be the results of sitting too much from an ④ <u>immoral</u> lifestyle. If you sit at a desk all day for work, you may experience this.

Vocabulary

- □ warmth 따뜻함, 온기
- □ rest 나머지
- □ struggle 투쟁하다, 몸부림치다
- □ immoral 부도덕한

나노급 solution

step 1. 접근

각 단어의 의미를 알고, 앞뒤 문맥에 맞게 쓰였는지 확인할 수 있어야 한다.

step 2. 지문 분석

- make sense 타당하다, 말이 되다, 의미가 통하다

ⓔⓧ It makes sense to buy the most up-to-date version.

「가장 최신판을 사는 것이 타당하다.」

- poor circulation 원활하지 못한 혈액순환
- one of the most common causes 가장 흔한 원인 중 하나
- as a result of ~의 결과로서

「차가운 발에는 몇 가지 다른 원인이 있다. 때때로 가장 단순한 이유는 따뜻함의 부족이다. 당신이 청바지와 티셔츠를 입고 발은 벌거벗었다면, 그들이 먼저 차가워지는 것은 당연하다. 하지만 다른 원인들도 있다. 혈액순환이 원활하지 않은 것은 발이 차가워지는 가장 흔한 원인 중 하나이다. 혈액순환이 원활하지 않으면 따뜻한 혈액이 규칙적으로 발까지 도달하기 어려워져, 몸의 나머지 부분보다 체온이 낮아질 수 있다. 순환 문제는 심장 질환의 결과로 나타날 수 있는데, 심장은 빠른 속도로 신체를 통해 혈액을 펌프질하기 위해 고군분투한다. 원활하지 못한 혈액순환은 지나치게 앉아있는 부도덕한(→ unhealthy, 건강하지 못한) 생활방식에서 나온 결과일 수 있다. 하루 종일 책상에 앉아 일을 하면 이런 경험을 할 수도 있다.」

step 3. 보기 분석

① lack 부족, 결핍 유 shortage 부족, 반 abundance 풍부

② bare 벌거벗은, 맨-

ⓔⓧ She likes to walk around in bare feet.

「그녀는 맨발로 걸어 다니길 좋아한다.」

③ regularly 정기적으로, 규칙적으로 반 irregularly 불규칙적으로

④ immoral 부도덕한, 비도덕적인

'Poor circulation', 'sitting too much' 등과 연관되므로 도덕성이 아닌 건강과 관련된 어휘가 들어가야 한다. ♥ 정답 Point!

정답 ④

01 2021. 4. 3. 소방(공채) 10번

밑줄 친 부분 중 문맥상 낱말의 쓰임이 적절하지 않은 것은?

Egg yolks range dramatically in color, but yolk variations are caused by dietary differences rather than genetic ones. Yolk color is ① influenced primarily by the pigments in the chicken feed. If the hen gets plenty of yellow-orange plant pigments known as xanthophylls, the pigments will be deposited in the yolk. Hens receiving mash with yellow corn and alfalfa meal will ② lay eggs with medium yellow yolks. Those fed on wheat or barley produce lighter yolks. A totally colorless diet, such as white corn, will yield a ③ colorful yolk. For cosmetic reasons alone, farmers avoid giving chickens a colorless diet, because consumers ④ prefer a yellowish hue to their yolks.

Vocabulary

- □ **yolk** 노른자
- □ **pigment** 색소
- □ **xanthophylls** 엽황소
- □ **mash** 삶은 곡물 사료
- □ **barley** 보리
- □ **hue** 색조

advice

✤ caution

③ 식단에 있는 색소가 노른자에 영향을 주기 때문에, 무색의 식단은 색이 희미하거나 없는 노른자를 낼 것이다. 따라서 ③의 '화려한'은 적절하지 않다.

✤ translation

「달걀노른자는 극적으로 색깔이 다양하지만, 노른자의 변화는 유전적인 부분보다 식이적 차이에서 비롯된다. 노른자 색상은 닭 모이에 들어있는 색소에 의해 주로 ① 영향을 받는다. 만약 암탉이 엽황소로 알려진 노랑-주황 식물색소를 많이 먹는다면, 그 색소는 노른자 안에 들어가게 될 것이다. 노란 옥수수와 알팔파 식사를 사료로 받은 암탉들은 중간 정도의 노랑을 띠는 노른자 알을 ② 낳을 것이다. 밀이나 보리에 넣어 먹인 닭들은 더 밝은 노른자를 생산한다. 흰 옥수수 같은 완전히 무색의 식단은 ③ 화려한 노른자를 낸다. 미용의 이유를 제쳐두더라도, 농부들은 닭에게 무색의 식단 주는 것을 피한다. 왜냐하면 소비자들이 노른자에 노르스름한 색소가 있는 것을 더 ④ 선호하기 때문이다.」

✤ correct answer & distracter

① influenced 영향을 주다(미치다), 영향
② lay 낳다
③ colorful 화려한
④ prefer 선호하다

정답 ③

02 2021. 4. 3. 소방(공채) 11번

밑줄 친 부분 중 문맥상 낱말의 쓰임이 적절하지 않은 것은?

For most adults, the ability to drive a car is an integral part of our sense of empowerment and freedom. We ① seldom think of what it would be like if we couldn't just "jump in the car and go." But that feeling of complete freedom to go where you want and when you want is such a deep part of how we all function that it seems inconceivable to any of us to ② lose that mobility and freedom. But for senior citizens, there will come a time when they will need to stop driving. The causes are many, but the most common reason that calls for senior citizens to stop driving is ③ enhanced eyesight. While much can be done to preserve the eyesight of senior citizens, if their ability to see becomes a hazard behind the wheel, they will have to be told that it's time to let that ④ precious freedom go.

Vocabulary

- □ integral 필수적인
- □ empowerment 자율권한
- □ inconceivable to -로서는 상상도 할 수 없는
- □ enhance 향상시키다
- □ behind the wheel 운전하여
- □ hazard 위험요소

advice

caution

노인들은 일반적으로 시력이 향상되기보다 노화로 시력이 떨어지기 때문에 ③ enhanced는 적절하지 않다.

translation

「대부분의 성인에게 차를 운전하는 능력은 우리의 자율권한과 자유 의식의 필수적인 부분이다. 우리는 ① 좀처럼 우리가 만약 "차에 타고 갈" 수 없다면 어떨지 생각하지 않는다. 하지만 당신이 원하는 곳으로 원하는 때에 가는 완전한 자유의 느낌은 우리가 구실을 하는 정말 깊은 부분이기 때문에 우리 중 누구도 그런 이동성과 자유를 ② 잃는다는 것은 상상도 할 수 없는 일인 듯 보인다. 하지만 노인들에게는 운전을 멈춰야 할 때가 올 것이다. 이유는 많지만, 노인들이 운전을 그만두도록 요구하는 가장 일반적인 이유는 ③ 향상된 시력이다. 노인들의 시력을 지키기 위해 할 수 있는 것들이 있긴 하지만, 만약 그들의 보는 능력이 운전을 하는 데에 위험요소가 된다면 그들은 ④ 귀중한 자유를 그만 보내야 될 때가 됐다고 당부를 받게 될 것이다.」

correct answer & distracter

① seldom 좀처럼 ~않다
② lose 잃다
③ enhanced 향상된
④ precious 귀중한

정답 ③

03 2019. 4. 6. 소방(공채) 16번

다음 밑줄 친 부분 중 문맥상 낱말의 쓰임이 적절하지 않은 것은?

Individuals with low self-esteem may be locking on events and experiences that happened years ago and tenaciously ① refusing to let go of them. Perhaps you've heard religious and spiritual leaders say that it's important to ② forgive others who have hurt you in the past. Research also suggests it's important to your own mental health and sense of well-being to ③ recollect old wounds and forgive others. Looking back at what we can't change only reinforces a sense of helplessness Constantly replaying ④ negative experiences in our mind serves to make our sense of worth more difficult to change. Becoming aware of the changes that have occurred and can occur in your life can help you develop a more realistic assessment of your value.

advice

caution

정신 건강과 행복감에서 중요한 것은 다른 사람을 용서해 주고, 오래된 상처를 기억해 내는 것이 아닌 잊는(let go of, forget) 것임을 알 수 있다.

translation

「낮은 자존감을 가지고 있는 개인은 몇 년 전에 발생한 사건이나 경험을 계속 기억해 내고 집요하게 그것들을 놓아주는 것을 거부할지도 모른다. 아마도 당신은 종교적 그리고 정신적 지도자가 과거에 당신에게 상처 입힌 사람을 용서하는 것이 중요하다고 말하는 것을 들었을지도 모른다. 연구는 또한 오래된 상처를 기억해 내고(→ 잊고) 다른 사람들을 용서하는 것이 당신 자신의 정신건강과 행복감에 중요하다고 제안한다. 우리가 바꿀 수 없는 것을 되돌아보는 것은 무기력감을 강화한다. 우리의 마음에 부정적인 경험들을 끊임없이 다시 재현하는 것은 우리의 자존감을 바꾸기에 더 어렵게 만든다. 당신의 삶에 발생해 왔고 발생할 수 있는 변화를 아는 것은 당신이 당신 가치의 더 현실적인 평가를 발달시키는 데 도움을 줄 수 있다.」

correct answer & distracter

① refuse 거부하다
② forgive 용서하다
③ recollect 기억해 내다
④ negative 부정적인

Vocabulary

- individual 개인
- self-esteem 자존감
- lock on 자동 추적하다, 연결하다
- tenaciously 집요하게, 끈질기게
- let go of 놓아주다
- sense of well being 행복감
- wound 상처
- reinforce 강화하다
- helplessness 무력감
- replay 재연하다
- serve 역할을 하다, 도움을 주다
- become aware of 알다, 인지하다
- occur 발생하다
- realistic 현실적인
- assessment 평가

정답 ③

04 2018. 10. 13. 소방(공채) 13번

다음 밑줄 친 부분 중 문맥상 낱말의 쓰임이 적절하지 않은 것은?

There has been ① speculation that recent advancements in artificial intelligence may lead to robots taking over for humans, and the firefighting profession is not free from this discussion. There will not be a complete takeover anytime in the near future, but these technologies are ② advancing at a rapid rate. Firefighting robots are currently in development and testing, and some have been ③ frustrated. Germany has produced a robot called the Turbine Aided Firefighting machine, and this is able to ④ powerfully spray water or foam from 196 feet away. This machine has already been used in a factory fire and proved itself to be effective.

Vocabulary

- □ artificial intelligence 인공지능

advice

✤ translation

「최근의 인공지능의 발전으로 인하여 로봇이 인간을 대체하게 될 수도 있다는 ① 추측이 있어 왔다, 그리고 소방직도 이 논의로부터 자유롭지 않다. 가까운 미래의 어떤 때에 완전한 대체는 없을 것이다, 그러나 이런 기술들은 빠른 속도로 ② 발전하고 있다. 소방 로봇은 현재 개발, 시험 중에 있고, 일부는 ③ 좌절했다(→ 성공했다). 독일은 Turbine Aided Fire-fighting machine이라고 불리는 로봇을 생산했다, 그리고 이것은 196 피트 떨어진 곳으로부터 ④ 강력하게 물이나 거품을 분사할 수 있다. 이 기계는 이미 공장 화재에 사용되고 있고 그 자체로 효과적이라는 것이 증명되었다.」

✤ correct answer & distracter

① speculation 추측, 짐작
② advancing 진전, 발전
③ frustrated 좌절시키다
④ powerfully 강력하게

정답 ③

01 2020. 2. 22. 법원직 ①책형 21번

다음 글의 밑줄 친 부분 중 문맥상 낱말의 쓰임이 가장 적절하지 않은 것은?

Even if lying doesn't have any harmful effects in a particular case, it is still morally wrong because, if discovered, lying weakens the general practice of truth telling on which human communication relies. For instance, if I were to lie about my age on grounds of vanity, and my lying were discovered, even though no serious harm would have been done, I would have ① undermined your trust generally. In that case you would be far less likely to believe anything I might say in the future. Thus all lying, when discovered, has indirect ② harmful effects. However, very occasionally, these harmful effects might possibly be outweighed by the ③ benefits which arise from a lie. For example, if someone is seriously ill, lying to them about their life expectancy might probably give them a chance of living longer. On the other hand, telling them the truth could possibly ④ prevent a depression that would accelerate their physical decline.

Vocabulary

- □ morally 도덕적으로
- □ on grounds ~의 근거로
- □ vanity 자만심, 허영심
- □ indirect 간접적인
- □ occasionally 가끔
- □ outweigh ~보다 더 크다[대단하다]
- □ arise 생기다, 유발되다
- □ expectancy 기대
- □ accelerate 가속화하다
- □ decline 감소[하락/축소]

advice

translation

≫ 비록 거짓말이 특정한 경우에 어떤 해로운 영향을 끼치지 않더라도, 그것은 여전히 도덕적으로 잘못된 것이다. 왜냐하면 만약 알려진다면, 거짓말을 하는 것이 인간의 의사소통에 의존하는 진실을 말하는 일반적인 관행을 약화시키기 때문이다. 예를 들어, 내가 허영심을 이유로 나이를 속이고, 나의 거짓말이 발각되었다면, 비록 심각한 해악은 없었겠지만, 나는 전반적으로 당신의 신뢰를 저하시켰을 것이다. 그런 경우라면 당신은 내가 미래에 무슨 말을 해도 믿지 않을 것이다. 그러므로 모든 거짓말은, 알려졌을 때, 간접적으로 해로운 영향을 미친다. 그러나, 아주 가끔, 이러한 해로운 영향들은 거짓말에서 유발되는 이익보다 더 클 수 있다. 예를 들어, 만약 누군가가 심각하게 아프다면, 그들의 기대 수명에 대해 거짓말을 하는 것은 아마도 그들에게 더 오래 살 기회를 줄 것이다. 반면에, 그들에게 진실을 말하는 것은 아마도 그들의 신체적인 쇠퇴를 가속화시킬 우울증을 예방할(→ 유발할) 수 있을 것이다.

correct answer&distracter

≫ ① undermine (특히 자신감 · 권위 등을) 약화시키다
② harmful 해로운, 유해한
③ benefit 혜택, 이득
④ prevent 막다, 예방하다

정답 ④

02 2019. 8. 24. 국회직 가책형 13번

다음 밑줄 친 부분 중 문맥상 낱말의 쓰임이 적절하지 않은 것은?

When students are asked about what they do when studying, they commonly report underlining, highlighting, or otherwise marking material as they try to learn it. We treat these techniques as ① equivalent, given that, conceptually, they should work the same way. The techniques typically appeal to students because they are simple to use, do not ② entail training, and do not require students to invest much time beyond what is already required for reading the material. The question we ask here is, will a technique that is so ③ complicated to use actually help students learn? To understand any benefits specific to highlighting and underlining, we do not consider studies in which active marking of text was ④ paired with other common techniques, such as note-taking. Although many students report combining multiple techniques, each technique must be evaluated ⑤ independently to discover which ones are crucial for success.

Vocabulary

- □ commonly 보통으로, 일반적으로
- □ given that ~을 고려하면
- □ crucial 중대한, 결정적인

advice

translation

» 학생들이 공부할 때 무엇을 하느냐는 질문을 받으면, 그들은 보통 배우려고 할 때 밑줄을 긋거나, 강조하거나, 또는 다른 방법으로 표시하는 것을 보고한다. 개념적으로 볼 때, 그것들은 같은 방식으로 작용해야 하므로 우리는 이 기술들을 동등하게 취급한다. 이 기술들은 학생들이 사용하기 쉽고, 훈련을 수반하지 않으며, 학생들이 이미 그 자료를 읽는 데 필요한 것 이상의 시간을 투자하지 않아도 되기 때문에 일반적으로 학생들의 흥미를 끈다. 여기서 우리가 묻고 싶은 것은, 그렇게 사용하기 복잡한(→간단한) 기술이 과연 학생들이 배우는 데 도움이 될까하는 것이다. 강조표시 및 밑줄 긋기와 관련된 구체적인 이점을 이해하기 위해, 텍스트의 활성 표시가 노트 필기와 같은 다른 일반적인 기법과 병행하는 연구는 고려하지 않는다. 많은 학생들이 복수의 기법을 조합하여 보고하지만, 어떤 기법이 성공에 중요한지를 발견하기 위해서는 각각의 기법을 독립적으로 평가해야 한다.

correct answer&distracter

» ① equivalent (가치 · 의미 · 중요도 등이) 동등한
② entail 수반하다
③ complicated 복잡한
④ paired 짝을 맞추다 cf be paired with ~와 병행되다
⑤ independently 독립적으로, 자주적으로

정답 ③

03 2019. 2. 23. 법원직 ①책형 8번

다음 글의 밑줄 친 부분 중 문맥상 낱말의 쓰임이 가장 적절하지 않은 것은?

Most of the fatal accidents happen because of over speeding. It is a natural subconscious mind of humans to excel. If given a chance man is sure to achieve infinity in speed. But when we are sharing the road with other users we will always remain behind some or other vehicle. ① Increase in speed multiplies the risk of accident and severity of injury during accident. Faster vehicles are more prone to accident than the slower one and the severity of accident will also be more in case of faster vehicles. ② Higher the speed, greater the risk. At high speed the vehicle needs greater distance to stop—i.e., braking distance. A slower vehicle comes to halt immediately while faster one takes long way to stop and also skids a ③ short distance because of The First Law of Motion. A vehicle moving on high speed will have greater impact during the crash and hence will cause more injuries. The ability to judge the forthcoming events also gets ④ reduced while driving at faster speed which causes error in judgment and finally a crash.

*severity 심함

Vocabulary

- □ fatal 죽음을 초래하는, 치명적인
- □ subconscious 잠재의식적인
- □ infinity 무한(無限)
- □ vehicle 차량, 탈것
- □ multiply 곱하다, (수 · 양을) 크게 증가시키다
- □ severity 격렬, 혹독
- □ prone ~하기[당하기] 쉬운
- □ i.e. 즉(라틴어 id est)
- □ halt 멈추다
- □ skid 미끄러지다
- □ forthcoming 다가오는

advice

translation

» 대부분의 치명적인 사고는 과속 때문에 일어난다. 뛰어나려는 것은 인간의 자연스러운 잠재의식이다. 만약 기회가 주어진다면 인간은 속도에서 무한을 성취할 것이 확실하다. 그러나 우리가 다른 사용자들과 길을 공유할 때 우리는 항상 어떤 또는 다른 탈것 뒤에 있을 것이다. 속도가 증가하면 사고 위험과 사고 중 부상의 심각성이 크게 증가된다. 속도가 빠른 차량은 속도가 느린 차량보다 사고를 당하기 쉽고, 빠른 차량의 경우 사고의 심각성 또한 더 커진다. 더 높은 속도는 더 큰 위험이다. 고속에서 차량이 정지하려면 더 큰 거리(즉, 제동 거리)가 필요하다. 더 느린 차량은 즉시 정지하는 반면에 더 빠른 것은 정지하는 데 오래 걸리고 또한 운동의 제1법칙 때문에 짧은(→ 긴) 거리를 미끄러진다. 고속으로 주행하는 차량은 충돌 중에 더 큰 충격을 받게 되고 따라서 더 많은 부상을 입게 될 것이다. 다가오는 사건을 판단하는 능력도 감소하고, 빠른 속도로 운전하는 동안 판단 착오가 발생하면서 결국 충돌한다.

correct answer&distracter

» ① increase 증가하다, 인상되다
② higher 더 높은
③ short 짧은
④ reduced 축소한, 감소한

정답 ③

04 2019. 2. 23. 법원직 ①책형 20번

다음 글의 밑줄 친 부분 중, 문맥상 낱말의 쓰임이 가장 적절하지 않은 것은?

According to the modernization theory of aging, the status of older adults declines as societies become more modern. The status of old age was low in hunting-and-gathering societies, but it ① rose dramatically in stable agricultural societies, in which older people controlled the land. With the coming of industrialization, it is said, modern societies have tended to ② revalue older people. The modernization theory of aging suggests that the role and status of older adults are ③ inversely related to technological progress. Factors such as urbanization and social mobility tend to disperse families, whereas technological change tends to devalue the wisdom or life experience of elders. Some investigators have found that key elements of modernization were, in fact, broadly related to the ④ declining status of older people in different societies.

Vocabulary

- □ modernization 현대화, 근대화
- □ status 지위
- □ decline 줄어들다, 감소하다
- □ agricultural 농업의
- □ industrialization 산업화
- □ inversely 거꾸로, 반비례하여
- □ urbanization 도시화
- □ mobility 유동성
- □ disperse 흩어지다, 해산시키다
- □ broadly 광범위하게

advice

translation

» 나이 듦에 대한 근대화 이론에 따르면 사회가 현대화되면서 노인의 위상이 낮아진다. 노년의 위상은 수렵과 채집 사회에서는 낮았지만, 노인들이 토지를 지배하는 안정된 농업 사회에서는 극적으로 높아졌다. 산업화의 도래와 함께, 현대 사회는 노인을 높이 평가하는(→ 낮게 평가하는) 경향이 있다고 말한다. 나이 듦에 대한 근대화 이론은 노인들의 역할과 지위가 기술의 진보와 반비례한다는 것을 시사한다. 도시화와 사회적 유동성과 같은 요소들은 가족을 흩어지게 하는 경향이 있는 반면, 기술적 변화는 노인들의 지혜나 삶의 경험을 평가 절하시키는 경향이 있다. 일부 조사관들은 현대화의 핵심 요소들이, 사실, 다른 사회에서 하락하는 노인들의 지위와 광범위하게 관련이 있다는 것을 발견했다.

correct answer&distracter

» ① rose 높아졌다 cf rise – rose – risen – rising
② revalue 재평가하다(특히 가치를 더 높게 보게 됨을 나타냄) ↔ devalue 평가 절하하다
③ inversely 거꾸로, 반비례하여
④ declining 기우는, 쇠퇴하는

정답 ②

05 2019. 2. 23. 법원직 ①책형 24번

다음 글의 밑줄 친 부분 중 문맥상 낱말의 쓰임이 가장 적절하지 않는 것은?

The American physiologist Hudson Hoagland saw scientific mysteries everywhere and felt it his calling to solve them. Once, when his wife had a fever, Hoagland drove to the drugstore to get her aspirin. He was quick about it, but when he returned, his normally ① reasonable wife complained angrily that he had been slow as molasses. Hoagland wondered if her fever had ② distorted her internal clock, so he took her temperature, had her estimate the length of a minute, gave her the aspirin, and continued to have her estimate the minutes as her temperature dropped. When her temperature was back to normal he plotted the logarithm and found it was ③ linear. Later, he continued the study in his laboratory, artificially raising and lowering the temperatures of test subjects until he was certain he was right: higher body temperatures make the body clock go faster, and his wife had not been ④ justifiably cranky.

*molasses 당밀 **logarithm (수학) 로그

Vocabulary

- □ calling
  소명
- □ molasses
  당밀
- □ internal clock
  (= biological clock)
  생체시계
- □ estimate
  추정하다
- □ plot
  (좌표를) 표시하다, (도표를) 그리다
- □ logarithm
  로그
- □ artificially
  인위적으로
- □ cranky
  짜증을 내는

advice

translation

>> 미국의 생리학자 Hudson Hoagland는 곳곳에서 과학적 미스터리를 보았고, 그것을 해결하기 위한 그의 소명을 느꼈다. 한번은 아내가 열이 나자 Hoagland는 아스피린을 구하러 약국으로 차를 몰았다. 그는 그것에 재빨랐지만, 그가 돌아왔을 때, 평소 이성적인 그의 아내는 그가 당밀처럼 느릿느릿 해왔다고 화를 내며 불평했다. Hoagland는 그녀의 열이 생체시계를 왜곡한 것이 아닌지 궁금해서 그녀의 체온을 재고, 그녀에게 1분 길이의 추정하게 하고, 그녀에게 아스피린을 주고, 체온이 떨어지자 그녀에게 그 1분을 계속 추정하게 했다. 그녀의 체온이 정상으로 돌아왔을 때, 그는 로그를 그렸고 그것이 선형이라는 것을 발견했다. 후에 그는 실험실에서 연구를 계속하여, 그가 옳다고 확신할 때까지 실험 대상의 온도를 인위적으로 올리고 내렸다: 높은 체온은 생체시계가 더 빨리 가도록 하고, 그의 아내는 정당하게(→공연히) 짜증을 내지 않았다.

correct answer&distracter

>> ① reasonable 합리적인, 사리에 맞는
② distorted 비뚤어진, 왜곡된
③ linear 선형의
④ justifiably 공명히, 정당화되어

정답 ④

PART G

어법(Grammar) 기출문제

G1 어법에 맞는 표현

chapter

G1 어법에 맞는 표현

★★☆

유형 focus

- "(A), (B)의 각 네모 안에서 어법에 맞는 표현으로 가장 적절한 것은?"
- "(A), (B), (C)의 각 네모 안에서 어법에 맞는 표현으로 가장 적절한 것은?"
- 한 단어의 두 가지 활용형 중 어법에 맞는 표현을 고르는 유형
- 소방공무원 경채 시험의 특징적인 유형

2018년	2019년	2020년	2021년
–	4번	6번, 10번	–

Real 기출보기

01 2020. 6. 20. 소방(경채) 6번

(A), (B)의 각 네모 안에서 어법에 맞는 표현으로 가장 적절한 것은?

We all know exercise makes your body healthier and helps you live longer. A growing body of research shows exercise is also (A) [linked / linking] to a wide range of mood-based and social benefits. People who are physically active are happier and more satisfied with their lives. They have a (B) [stronger / strongest] sense of purpose, feel more gratitude, are more connected to their communities, and are less likely to be lonely or anxious.

	(A)	(B)
①	linked	stronger
②	linked	strongest
③	linking	stronger
④	linking	strongest

Vocabulary

- □ exercise 운동
- □ benefit 혜택, 이득
- □ gratitude 고마움, 감사
- □ anxious 불안해하는

나노급 solution

step 1. 접근

소방공무원 어법 문제는 난도가 높은 편은 아니므로, 겁먹지 말고 차분하게 접근하자.
앞뒤 문맥을 바탕으로 독해로 해결할 수도 있다.

step 2. 지문 분석

- live longer 더 오래 살다
- be linked to ~와 연관되다 ♥ (A) 정답 Point!
  cf link – linked – linked – linking
- a wide range of 광범위한, 다양한
- physically active 신체적으로 활동적인
- be satisfied with ~에 만족하다
- stronger (비교급) / strongest (최상급) ♥ (B) 정답 Point!
  형용사의 최상급 표현 앞에는 정관사 the를 쓰는데 (B) 앞에는 a가 왔기 때문에 'stronger'가 적절하다. 또 뒤로 이어지는 문장에서 'more', 'less' 등을 통해 비교급이 들어감을 알 수 있다.
- sense of purpose 목적의식
- are less likely to ~할 가능성이 더 적다

「우리 모두는 운동이 당신의 몸을 더 건강하게 만들고 더 오래 살 수 있도록 돕는다는 것을 알고 있다. 점점 더 많은 연구들이 운동이 또한 다양한 분위기와 사회적 혜택과도 (A) 연관되어 있다는 것을 보여준다. 육체적으로 활동적인 사람들은 그들의 삶에 더 행복하고 더 만족한다. 그들은 (B) 강한 목적의식을 가지고 있고, 더 많은 감사를 느끼고, 그들의 지역사회에 더 많이 연결되어 있으며, 외롭거나 불안해할 가능성이 더 적다.」

정답 ①

02 2020. 6. 20. 소방(경채) 10번

(A), (B)의 각 네모 안에서 어법에 맞는 표현으로 가장 적절한 것은?

Doing knee exercises regularly reduces your risk of knee injury. You can also improve knee health by making sure you're getting balanced nutrition. So eat enough fruit and vegetables. A diet rich in fruit and vegetables helps the knee repair (A) [it / itself]. Taking a lot of vitamins makes exercises more (B) [effective / effectively].

	(A)	(B)
①	it	effective
②	it	effectively
③	itself	effective
④	itself	effectively

Vocabulary

- □ knee 무릎
- □ regularly 정기적으로, 규칙적으로
- □ improve 개선하다, 증진시키다

나노급 solution

step 1. 접근

형용사를 목적보어로 취하는 대표적인 동사는 반드시 암기해 두도록 한다.

step 2. 지문 분석

- risk of knee injury 무릎 부상의 위험
- make sure 반드시 (~하도록) 하다, (~을) 확실히 하다
  ⓔⓧ Love is making sure he goes for regular checkups.
  「사랑이란 그가 정기적으로 건강 검진을 받게 하는 것이다.」
- getting balanced nutrition 균형 잡힌 영양 섭취
- rich in ~ 풍부한
- helps the knee repair (A)
  무릎이 스스로 회복하는 것을 돕는다는 의미이므로 'itself'가 적절하다. ♥ (A) 정답 Point!
- Taking a lot of vitamins 많은 양의 비타민 섭취
- effective (형용사) / effectively (부사) ♥ (B) 정답 Point!
  Taking a lot of vitamins(주어) makes(동사) exercises(목적어) more (B)(목적보어 → 5형식)
  형용사를 목적보어로 취하는 동사로는 make, find, keep, consider, leave 등이 있다.
  ⓒⓕ 'make + O + 형용사'는 'O가 형용사하게 만든다'는 의미로 쓰인다.

「규칙적으로 무릎 운동을 하면 무릎 부상의 위험이 줄어든다. 당신은 또한 균형 잡힌 영양 섭취를 함으로써 무릎 건강을 증진시킬 수 있다. 그러므로 과일과 야채를 충분히 먹어라. 과일과 채소가 풍부한 식단은 무릎 회복을 돕는다. 많은 양의 비타민 섭취는 운동을 더 효과적이게 만든다.」

정답 ③

03 2019. 4. 6. 소방(경채) 4번

(A), (B), (C)의 각 네모 안에서 어법에 맞는 표현으로 가장 적절한 것은?

> Challenge and adversity (A) [is / are] undeniable facts of life. Being able to (B) [effective / effectively] cope with challenges is crucial to maintaining psychological and even physical well-being. Each (C) [persons / person] has a variety of skills and techniques used to cope with stress and adversity.

	(A)	(B)	(C)
①	is	effective	person
②	is	effectively	persons
③	are	effectively	person
④	are	effective	persons

Vocabulary

- □ adversity 역경
- □ undeniable 부정할 수 없는, 명백한
- □ cope 대처하다, 극복하다
- □ crucial 결정적인
- □ maintain 유지하다

나노급 solution

step 1. 접근

단수/복수, 형용사/부사의 선택은 자주 출제되므로 확실하게 학습하도록 한다.

step 2. 지문 분석

- challenge and adversity 도전과 역경
  주어가 복수이므로 are가 와야 한다. ♥ (A) 정답 Point!
- be able to ~ ~ 할 수 있다
  ⓔⓧ Companies must be able to survive in the marketplace.
  「기업들은 시장에서 살아남을 수 있어야 한다.」
- effective (형용사) / effectively (부사)
  동사 cope를 수식하는 부사 effectively가 적절하다. ♥ (B) 정답 Point!
- each person has ~
  'each' 뒤에는 단수 명사가 와야 하며, 동사 'has'를 통해서도 주어가 단수임을 알 수 있다. ♥ (C) 정답 Point!

「도전과 역경은 부정할 수 없는 인생의 사실이다. 도전에 효과적으로 대처할 수 있는 능력은 심리적, 심지어 육체적 행복을 유지하는 데 결정적이다. 개개인은 스트레스와 역경에 대처하기 위해 사용되는 다양한 기술과 기법을 가지고 있다.」

정답 ③

Plus

※ 앞에서 살펴본 어법 유형은 경채 시험의 특징적인 유형으로 공채 시험 어법 문제의 경우 유형이 다르다.

01 2021. 4. 3. 소방(공채) 8번

밑줄 친 부분 중 어법상 틀린 것은?

Honey's role as a primary sweetener was challenged by the rise of sugar. Initially made from the sweet juice of sugar cane, sugar in medieval times was very expensive and time-consuming ① to produce. By the eighteenth century, however, sugar — due to the use of slave labor on colonial plantations — ② had become more affordable and available. Honey is today ③ far more expensive than sugaror other artificial sweeteners. While ④ considering as something of a luxury rather than an essential, honey is still regarded with affection, and, interestingly, it continues to be seen as an ingredient with special, health-giving properties.

Vocabulary

- □ **sugar cane** 설탕수수
- □ **medieval** 중세의
- □ **time-consuming** 시간이 많이 걸리는
- □ **colonial** 식민의
- □ **plantation** 농장
- □ **affordable** 입수 가능한
- □ **available** 구할 수 있는

advice

✤ caution

④ 부사절에서 생략된 주어가 honey인 분사구문이기 때문에, honey is considered에서 (being) considered로 변경해야 한다.

✤ translation

「주요 감미료로서 꿀의 역할은 설탕의 대두로 인해 도전받았다. 처음에 설탕은 사탕 수수의 즙으로 만들어졌고, 중세 시대에는 만들어지는 데에 비용이 매우 많이 들고, 시간이 많이 걸렸다. 하지만 18세기까지 식민지 농장에서 강제 노동을 이용했기 때문에 설탕은 더 알맞은 가격에 구할 수 있게 되었다. 오늘날 꿀은 설탕이나 다른 인공 감미료보다 훨씬 더 비싸다. 꿀이 필수품이라기보다는 사치품으로 여겨지면서도, 꿀은 여전히 총애를 받고 흥미롭게도 특별하고 건강에 이로운 성질을 가진 재료로 계속 여겨진다.」

정답 ④

02 2020. 6. 20. 소방(공채) 17번

밑줄 친 부분 중 어법상 틀린 것은?

Australia is burning, ① being ravaged by the worst bushfire season the country has seen in decades. So far, a total of 23 people have died nationwide from the blazes. The deadly wildfires, ② that have been raging since September, have already burned about 5 million hectares of land and destroyed more than 1,500 homes. State and federal authorities have deployed 3,000 army reservists to contain the blaze, but are ③ struggling, even with firefighting assistance from other countries, including Canada. Fanning the flames are persistent heat and drought, with many pointing to climate change ④ as a key factor for the intensity of this year's natural disasters.

Vocabulary

- □ ravage 황폐화시키다
- □ bushfire (잡목림 지대의) 산불
- □ blaze 화염
- □ deadly 치명적인
- □ rage 격노, 격정
- □ reservist 예비군
- □ contain 억제하다
- □ fan 부채질하다
- □ persistent 지속적인
- □ intensity 강도

advice

caution

② 관계대명사 that은 콤마 뒤에 계속적 용법으로 쓰일 수 없다. 따라서 which로 바꾸어야 한다.
① 수동 분사구문으로 being은 옳은 표현이고, 생략도 가능하다.
③ struggle은 '고군분투하다'는 자동사의 의미로 쓰여서 올바른 표현이다.
④ '~로서'라는 의미의 전치사로 쓰였다.

translation

「호주는 수십 년 만에 최악의 산불 시즌에 의해 파괴되어 불타고 있다. 지금까지, 총 23명의 사람들이 화재로 인해 전국적으로 사망했다. 9월부터 맹위를 떨치고 있는 이 치명적인 산불은 이미 약 500만 헥타르의 땅을 불태우고 1,500채 이상의 집을 파괴했다. 주와 연방 당국은 화재 진압을 위해 3,000명의 육군 예비군을 배치했지만 캐나다를 포함한 다른 나라들의 소방 지원에도 불구하고 어려움을 겪고 있다. 불길을 부채질하는 것은 지속적인 더위와 가뭄으로, 많은 사람들이 올해 자연재해 강도의 핵심 요인으로 기후변화를 지적한다.」

정답 ②

03 2020. 6. 20. 소방(공채) 18번

밑줄 친 부분 중 어법상 틀린 것은?

It can be difficult in the mornings, especially on cold or rainy days. The blankets are just too warm and comfortable. And we aren't usually ① excited about going to class or the office. Here are ② a few tricks to make waking up early, easier. First of all, you have to make a definite decision to get up early. Next, set your alarm for an hour earlier than you need to. This way, you can relax in the morning instead of rushing around. Finally, one of the main reasons we don't want to get out of bed in the morning ③ are that we don't sleep well during the night. That's ④ why we don't wake up well-rested. Make sure to keep your room as dark as possible. Night lights, digital clocks, and cell phone power lights can all prevent good rest.

Vocabulary

- □ blanket 담요
- □ definite 분명한

advice

✤ caution

③ 주어, 동사의 수 일치를 묻는 문제로서 주어는 one이고, 동사는 are이다. 따라서 are를 is로 바꾸어야 한다.
① 분사를 묻는 문제로서 주어가 사람(we)이기 때문에 excited가 옳다.
② 수량형용사+명사 수 일치를 묻는 문제로서 tricks가 셀 수 있는 명사 복수이기 때문에 a few가 맞는 표현이다.
④ That's why는 뒤에 결과가 나와야 된다. 우리가 잠에서 잘 깨지 못한다는 결과의 내용이기 때문에 맞는 표현이다.

✤ translation

「특히 춥거나 비가 오는 날에는 아침에 어려울 수 있다. 담요는 너무 따뜻하고 편안하다. 그리고 우리는 보통 수업이나 사무실에 가는 것에 흥분하지 않는다. 여기 일찍 일어나는 것을 쉽게 만드는 몇 가지 묘수가 있다. 우선 일찍 일어나려면 확실한 결정을 내려야 한다. 다음으로, 필요한 시간보다 한 시간 일찍 알람을 설정하라. 이렇게 하면, 당신은 뛰어다니지 않고 아침에 휴식을 취할 수 있다. 마지막으로, 우리가 아침에 침대에서 일어나기 싫은 주된 이유 중 하나는 우리가 밤중에 잠을 잘 자지 않기 때문이다. 그래서 우리는 잠에서 잘 깨지 못하는 것이다. 가능한 한 방을 어둡게 유지하도록 하라. 야간 조명, 디지털 시계, 휴대폰 전원 빛은 모두 좋은 휴식을 막을 수 있다.」

정답 ③

04 2019. 4. 6. 소방(공채) 11번

밑줄 친 부분 중 어법상 틀린 것은?

Curiosity is the state of mind in which we are driven to go beyond what we already know and to seek what is novel, new, and ① unexplored. Without regular activation of the brain's curiosity circuits, we can ② subtly settle into what is overly familiar, routine, and predictable. These are not bad things, but excessively predictable ③ lives can lead to stagnation. Indeed, this may be one of the reasons so many people ④ struggling early in their retirement. While it can be nice to leave the stress of work behind, the lack of challenge, stimulation, or novelty is sometimes a high price to pay.

advice

caution

④ the reasons 뒤 관계사 why가 생략된 문장이다. 관계부사 why 뒤에 완전한 문장이 와야 하므로 동사가 있어야 한다. 때문에 struggling → struggle이 맞는 표현이다.

① '능동/수동'을 묻고 있다. what is unexplored의 형태로서 '탐구되지 않은 것'이라는 의미의 수동 형태가 올바른 표현이다.

② '부사/형용사'의 품사를 묻고 있다. 조동사(can)와 동사원형(settle into) 사이에 들어갈 수 있는 품사는 부사이다.

③ lives는 인생이라는 의미의 life의 복수형으로서 적절한 표현이다.

translation

「호기심은 우리가 이미 알고 있는 것을 넘어 신기하고 새롭고 탐구되지 않은 것을 추구하도록 이끄는 마음의 상태이다. 뇌의 호기심 회로의 규칙적인 활동이 없다면, 우리는 매우 익숙하고 일상적이고 예측할 수 있는 것에 섬세하게 자리 잡을 수 있다. 이러한 것들은 나쁜 것들은 아니지만, 매우 예측 가능한 삶은 정체를 초래할 수 있다. 실제로, 이것은 많은 사람들이 조기 퇴직에 있어서 고군분투하는 이유들 중 하나일지도 모른다. 일에 대한 스트레스를 뒤에 남겨 놓는 것이 좋을 수 있지만, 도전, 자극, 신선함의 부족이 때때로 치러야 할 값비싼 대가이다.」

Vocabulary

- □ curiosity 호기심
- □ drive 할 수 없이 ~하게 하다
- □ seek 찾다, 추구하다
- □ novel 신기한, 기발한
- □ unexplored 탐험되지 않은
- □ circuit 회로
- □ subtly 섬세하게
- □ settle into 자리잡다
- □ predictable 예측가능한
- □ excessively 과도하게
- □ stagnation 정체
- □ indeed 사실, 실제로
- □ struggle 고군분투하다
- □ retirement 퇴직
- □ lack 부족
- □ stimulation 자극
- □ novelty 신선함
- □ price 대가

정답 ④

05 2019. 4. 6. 소방(공채) 12번

다음 밑줄 친 부분 중 어법상 틀린 것은?

When people think of the word *philanthropist*, they're apt to picture a grand lady in pearls ① writing out checks with a lot of zeros. But the root meaning of philanthropy is ② much more universal and accessible. In other words, it doesn't mean "writing big checks." Rather, a philanthropist tries to make a difference with whatever ③ riches he or she possesses. For most of us, it's not money — especially these days — but things like our talents, our time, our decisions, our body, and our energy ④ what are our most valuable assets.

advice

caution

④ 'what/that(which)'을 묻고 있다. 앞에 선행사 역할을 하는 명사(energy)가 있어서 선행사를 포함하고 있는 what은 부적절하다. what을 that이나 which로 고쳐야 한다.

① '능동/수동'을 묻고 있다. a grand lady가 수표(checks)를 쓰는 주체이기 때문에 능동태 표현이 적절하다.

② 뒤에 나오는 비교급(more)를 강조하는 표현으로 much가 적절하다.

③ 동사(possesses)의 목적어가 필요하기 때문에 부, 재산을 의미하는 riches가 올바른 표현이다. rich는 형용사로서 부적절하다.

translation

「사람들이 독지가라는 단어를 생각할 때, 그들은 굉장히 많은 0(영)이 있는 수표를 써주는 진주로 장식한 당당한 여성을 그리기 쉽다. 하지만 독지가라는 단어의 근원은 훨씬 더 보편적이고 (누구든) 접근 가능하다. 다른 말로 하면 그것은 "큰 금액의 수표를 쓰는 것"을 의미하지 않는다. 오히려 독지가는 그 또는 그녀가 소유하고 있는 어떤 재산이든지 그것을 가지고 차이를 만들려고 노력한다. 대부분 우리에게 있어서, 특히나 요즘에는, 그것은 돈이 아니라, 우리의 가장 소중한 자산인 우리의 재능, 우리의 시간, 우리의 결정(할 수 있는 능력), 우리의 신체, 그리고 우리의 에너지와 같은 것들이다.」

Vocabulary

- □ philanthropist 독지가, 박애주의자
- □ be apt to~ ~하기 쉽다
- □ grand 웅장한, 당당한
- □ pearl 진주
- □ check 수표
- □ root 근원, 뿌리
- □ philanthropy 박애, 자선
- □ universal 보편적인
- □ accessible 접근할 수 있는
- □ possess 소유하다
- □ talent 재능
- □ valuable 소중한
- □ asset 자산

정답 ④

06 2018. 10. 13. 소방(공채) 14번

다음 밑줄 친 부분 중 어법상 적절하지 않은 것은?

> Our ethical behavior is linked to our cognitive and emotional need to be ① seen in a positive light by those we admire. But what ② emerges during adolescence is a concept known as the moral self. Augusto Blasi pioneered the ways in ③ which the moral self motivates our ethical actions. More recently, researchers have been modeling and ④ tests the notion that ethical leaders have a strong moral identity.

Vocabulary

- □ adolescence 청소년기
- □ notion 개념

advice

✤ caution

④ and로 연결되는 문장의 앞뒤는 같은 형태를 취해야 한다. 따라서 test → have been testing으로 고치는 것이 적절하다.

✤ translation

「우리의 윤리적 행동은 우리가 존경하는 사람들에게 긍정적인 시각으로 보이고자 하는 인지적, 감정적 필요성과 연관되어 있다. 그러나 청소년기 동안 나타나는 것은 도덕적 자아라고 알려진 개념이다. Augusto Blasi는 도덕적 자아가 우리의 윤리적 행동에 동기를 부여하는 방법을 개척했다. 보다 최근에, 연구원들은 윤리적인 지도자들이 강한 도덕적 정체성을 가지고 있다는 개념을 모델링하고 시험해 왔다.」

정답 ④

07 2018. 10. 13. 소방(공채) 15번

다음 밑줄 친 부분 중 어법상 적절하지 않은 것은?

There are many kinds of love, but most people seek ① <u>its</u> expression in a romantic relationship with a compatible partner. For some, romantic relationships are the most meaningful element of life, ② <u>providing</u> a source of deep fulfillment. The ability to have a healthy, loving relationship ③ <u>is</u> not innate. A great deal of evidence suggests ④ <u>whose</u> the ability to form a stable relationship begins in infancy, in a child's earliest experiences with a caregiver.

Vocabulary

- □ fulfillment 이행, 수행
- □ innate 선천적인
- □ infancy 유아기, 초창기
- □ caregiver 돌보는 사람

advice

caution

④ whose는 소유격이므로 the + 명사가 올 수 없다. 따라서 whose → that으로 고치는 것이 적절하다.

translation

「많은 종류의 사랑이 있지만, 대부분의 사람들은 그 표현을 화합할 수 있는 파트너와의 로맨틱한 관계에서 찾는다. 어떤 사람들에게는, 로맨틱한 관계가 인생의 가장 의미 있는 요소이며, 깊은 성취의 원천을 제공한다. 건강하고 사랑스런 관계를 맺는 능력은 선천적인 것이 아니다. 많은 증거들은 안정적인 관계를 형성할 수 있는 능력이 유아기에, 아동의 돌보는 사람과의 초기 경험에서 시작된다는 것을 암시한다.」

정답 ④

01 2021. 4. 17. 국가직 나책형 6번

어법상 옳은 것은?

① This guide book tells you where should you visit in Hong Kong.

❷ I was born in Taiwan, but I have lived in Korea since I started work.

③ The novel was so excited that I lost track of time and missed the bus.

④ It's not surprising that book stores don't carry newspapers any more, doesn't it?

Vocabulary

□ trace of time
세월의 흔적

advice

caution

② 시간의 부사절 since 절에 과거시제 started가, 주절에는 현재완료시제 have lived가 적절하게 쓰였다.

① where should you visit → where you should visit : tells의 직접목적어로 쓰인 where가 이끄는 의문사절은 간접의문문 어순을 취하기 때문에 "의문사+주어+동사"의 어순으로 써야 한다.

③ excited → exciting : 감정유발동사를 분사의 형용사적용법으로 사용할 때 사물을 꾸미게 되면 현재분사 즉 Ving 형태로 나타내야 한다.

④ doesn't it → is it : 부가의문문은 동사가 긍정일 때는 부정으로 부정일 때는 긍정으로 나타내야 한다.

translation

» ① 이 가이드북은 당신에게 홍콩에서 어디를 방문해야 하는지 알려준다.

② 나는 대만에서 태어났지만, 일을 시작한 후로 한국에 살고 있어요.

③ 그 소설이 너무 재미있어서 시간이 흐르는 지도 모르고 버스도 놓쳐버렸다.

④ 서점에서 더 이상 신문을 취급하지 않는 것은 놀랍지 않다. 그렇지 않나?

정답 ②

02 2021. 4. 17. 국가직 나책형 8번

밑줄 친 부분 중 어법상 옳지 않은 것은?

Urban agriculture (UA) has long been dismissed as a fringe activity that has no place in cities; however, its potential is beginning to ① be realized. In fact, UA is about food self-reliance: it involves ② creating work and is a reaction to food insecurity, particularly for the poor. Contrary to ③ which many believe, UA is found in every city, where it is sometimes hidden, sometimes obvious. If one looks carefully, few spaces in a major city are unused. Valuable vacant land rarely sits idle and is often taken over—either formally, or informally—and made ④ productive.

Vocabulary

- □ dismiss 묵살하다
- □ fringe 변두리, 주변
- □ self-reliance 자립
- □ insecurity 불안정
- □ unused 사용되지 않은
- □ vacant 비어 있는
- □ idle 놀고 있는

advice

caution

③ which → what : 관계대명사 which 앞에 선행사가 없으므로 what이나 the thing that이 적절하다. 전치사 to 뒤에 올 수 있는 명사절을 이끌면서 many believe라는 관계사절의 목적어 역할을 할 수 있는 what으로 고쳐야 한다.

① 의미상의 주어인 'its potential'이 '실현되는' 것으로 'be realized'로 적절하게 쓰였다.

② involve는 목적어로 동명사를 취한다.

④ 5형식 문장을 수동태 문장으로 쓴 것으로 'be made+형용사'의 형태가 된다.

translation

» 도시 농업(UA)은 오랫동안 도시에 설 자리가 없는 변두리 활동이라고 일축되어 왔지만, 그것의 잠재력이 실현되기 시작하고 있다. 사실, UA는 식량자립에 관한 것인데, 그것은 일자리를 창출하는 것을 포함하며, 특히 가난한 사람들을 위한 식량 불안정에 대한 대응이다. 많은 사람들이 믿는 것과는 달리, UA는 모든 도시에서 발견되는데, 이 곳에서 때로는 숨겨지고 때로는 분명하게 드러난다. 주의 깊게 살펴보면, 대도시에는 사용되지 않는 공간이 거의 없다. 가치 있는 빈 땅은 거의 놀고 있지 않으며 종종 공식적으로나 비공식적으로 인계되어 생산적으로 만들어진다.

정답 ③

03 2020. 6. 13. 지방직 / 서울시 B책형 7번

밑줄 친 부분 중 어법상 옳지 않은 것은?

Elizabeth Taylor had an eye for beautiful jewels and over the years amassed some amazing pieces, once ① declaring "a girl can always have more diamonds." In 2011, her finest jewels were sold by Christie's at an evening auction ② that brought in $115.9 million. Among her most prized possessions sold during the evening sale ③ were a 1961 bejeweled timepiece by Bulgari. Designed as a serpent to coil around the wrist, with its head and tail ④ covered with diamonds and having two hypnotic emerald eyes, a discreet mechanism opens its fierce jaws to reveal a tiny quartz watch.

Vocabulary

- □ amass 모으다, 축적하다
- □ declare 선언하다
- □ possession 소유물
- □ bejewel 보석으로 장식하다
- □ timepiece 시계
- □ serpent 뱀
- □ coil (고리 모양으로) 감다, 휘감다
- □ hypnotic 최면을 거는 듯한
- □ discreet 분별 있는
- □ fierce 사나운, 모진
- □ jaw 턱
- □ reveal 드러내다
- □ quartz 석영

advice

caution

≫ ③ 도치된 문장으로서 동사 뒤에 있는 a 1961 bejeweled timepiece가 실제 주어이다. 단수주어이기 때문에 were를 was로 바꾸어야 한다.

① "a girl can always have more diamonds."을 선언하는 것이기 때문에 능동의 declaring이 옳은 표현이다.
② an evening auction을 선행사로 받는 관계대명사 that은 옳은 표현이다.
④ 머리와 꼬리가 다이아몬드로 덮여진 것이기 때문에 수동을 의미하는 covered가 옳은 표현이다.

translation

≫ 엘리자베스 테일러는 아름다운 보석에 대한 안목을 가지고 있었고, 몇 년 동안 "소녀는 항상 더 많은 다이아몬드를 가질 수 있다"라고 선언을 하면서 놀라운 작품들을 수집했다. 2011년, 그녀의 가장 훌륭한 보석들은 1억 1,590만 달러를 제출한 크리스티에 의해 저녁 경매에서 팔렸다. 저녁 세일 중에 판매된 가장 소중한 소유물 중에는 Bulgari가 1961년 보석으로 만든 시계가 있었다. 머리와 꼬리를 다이아몬드로 덮고 두 개의 최면을 거는 듯한 에메랄드 눈을 가진 손목을 감는 뱀으로 디자인된, 조심스러운 메커니즘이 작은 석영 시계를 드러내기 위해 사나운 턱을 연다.

정답 ③

04 2019. 6. 15. 지방직 A책형 5번

밑줄 친 부분 중 어법상 옳지 않은 것은?

Each year, more than 270,000 pedestrians ① lose their lives on the world's roads. Many leave their homes as they would on any given day never ② to return. Globally, pedestrians constitute 22% of all road traffic fatalities, and in some countries this proportion is ③ as high as two thirds of all road traffic deaths. Millions of pedestrians are non-fatally ④ injuring — some of whom are left with permanent disabilities. These incidents cause much suffering and grief as well as economic hardship.

Vocabulary

- □ pedestrian 보행자
- □ constitute 구성하다
- □ fatality 사망자, 치사율
- □ proportion 비율
- □ grief 슬픔

advice

caution

» ④ 주어인 millions of pedestrians가 부상을 당하는 것이므로 능동(injuring)이 아니라 수동(injured)이 되어야 한다.

① 주어 more than 270,000 pedestrians가 복수 주어이기 때문에 복수형 동사인 lose가 올바르다.
② never to는 '결코 ~하지 못하다'라는 뜻으로, to부정사의 부사적 용법 중 결과를 의미한다. 올바른 표현이다.
③ as ~ as 사이에 들어갈 수 있는 품사는 형용사와 부사의 원급이다. high가 올바르게 쓰였다.

translation

» 매년 270,000명 이상의 보행자들이 전 세계의 도로에서 생명을 잃는다. 많은 사람들은 어떤 날에 (평소처럼) 떠나듯이 그들의 집을 나서지만 결코 집에 돌아오지 못한다. 전 세계적으로, 보행자들은 모든 도로 교통 사망자 중에 22%를 차지하고, 몇몇 국가에서는 이 비율이 모든 도로 교통 사망자의 3분의 2만큼 높다. 수백만 명의 보행자들이 치명상을 당하지는 않는다 – (하지만) 그들 중 일부에게는 영구적인 장애가 남게 된다. 이런 사고들은 경제적 어려움뿐만 아니라 많은 고통과 슬픔을 야기한다.

정답 ④

05 2019. 6. 15. 서울시 A책형 10번

밑줄 친 부분 중 어법상 가장 옳지 않은 것은?

There is a more serious problem than ① maintaining the cities. As people become more comfortable working alone, they may become ② less social. It's ③ easier to stay home in comfortable exercise clothes or a bathrobe than ④ getting dressed for yet another business meeting!

Vocabulary

□ bathrobe
실내복

advice

caution

≫ ④ 비교대상이 집에 머무르는 것(to stay)과 옷을 갖추어 입는 것(getting dressed)이기 때문에 비교대상의 형태를 일치시켜 (to) get dressed가 되어야 한다.

① 비교 대상이 주어인 명사구(a more serious problem)이기 때문에 (동)명사구 maintaining the cities는 맞는 표현이다.

② 양, 정도의 비교급을 나타내는 less가 형용사 앞에 쓰였다. 맞는 표현이다.

③ 뒤에 나오는 than과 병치를 이루어서 비교급 easier가 맞는 표현이다.

translation

≫ 도시를 유지하는 것보다 심각한 문제들이 있다. 혼자 일하는 게 더 편하게 되면서, 사람들은 덜 사회적으로 될지 모른다. 편한 운동복이나 실내복으로 집에 머무르는 것이 다른 사업상의 미팅을 위해서 갖추어 입는 것보다 더 쉽다.

정답 ④

06 2019. 4. 6. 국가직 나책형 7번

밑줄 친 부분 중 어법상 옳지 않은 것을 고르시오.

Domesticated animals are the earliest and most effective 'machines' ① available to humans. They take the strain off the human back and arms. ② Utilizing with other techniques, animals can raise human living standards very considerably, both as supplementary foodstuffs (protein in meat and milk) and as machines ③ to carry burdens, lift water, and grind grain. Since they are so obviously ④ of great benefit, we might expect to find that over the centuries humans would increase the number and quality of the animals they kept. Surprisingly, this has not usually been the case.

Vocabulary

- □ domesticated 길들인
- □ take off 제거하다
- □ strain 무거운 짐
- □ utilize 이용하다
- □ considerably 상당히
- □ supplementary 보충의, 추가의
- □ foodstuff 식료품
- □ burden 짐

advice

caution

» ① '형용사/부사'를 묻는 문제이다. 앞에 있는 machines를 수식할 수 있는 형용사가 오는 것이 적절하다. available앞에 'which are'가 생략된 것으로 볼 수 있다.

② '능동태/수동태'를 묻는 문제이다. utilize의 목적어가 없는 것으로 봐서 수동태의 형태가 오는 것이 적절하다. utilized로 고쳐야 한다.

③ 앞에 있는 machines을 수식해주는 to carry의 형태가 적절하다. to 부정사의 형용사적 용법이다.

④ 'of + 추상명사'는 형용사의 역할을 한다. 따라서 of great benefit은 very beneficial과 같은 의미이다.

translation

» 가축은 인간에게 이용 가능한 가장 초기의 그리고 가장 효과적인 '기계'이다. 그들은 인간의 등과 팔의 무거운 짐을 덜어준다. 다른 기술들과 함께 이용될 때, 동물들은 보충 식량제(육류에서의 단백질과 우유)로서 그리고 물건을 나르고 물을 길어 올리고 곡식을 갈기 위한 기계로서 매우 상당히 인간의 삶의 수준을 향상시킬 수 있다. 그들은 너무 명백하게 유용했기 때문에, 우리는 인간이 수 세기 동안 그들이 보유한 동물의 수와 품질을 향상시켰을 거라고 기대할지도 모른다. 놀랍게도, 이것은 대개 그렇지만은 않았다.

정답 ②

07 2018. 6. 23. 서울시 A책형 5번

밑줄 친 부분 중 어법상 가장 옳지 않은 것은?

His survival ① over the years since independence in 1961 does not alter the fact that the discussion of real policy choices in a public manner has hardly ② never occurred. In fact, there have always been ③ a number of important policy issues ④ which Nyerere has had to argue through the NEC.

advice

caution

» ② hardly 자체에 '거의 ~ 아니다'라는 부정의 의미가 포함되어 있기 때문에 never와 같은 부정부사를 중복하여 쓰지 않는다.

translation

» 1961년 독립 이후 수년 간 그의 생존은 실질적인 정책 결정에 대한 공개적인 논의가 거의 일어나지 않았다는 사실을 바꾸지 않는다. 사실, Nyerere가 국가집행위원회를 통해 논쟁해 왔던 많은 중요한 정책에는 항상 문제가 있었다.

Vocabulary

- □ alter
  변하다, 바꾸다
- □ discussion
  논의

정답 ②

08 2018. 6. 23. 서울시 A책형 6번

밑줄 친 부분 중 어법상 가장 옳은 것은?

More than 150 people ① have fell ill, mostly in Hong Kong and Vietnam, over the past three weeks. And experts ② are suspected that ③ another 300 people in China's Guangdong province had the same disease ④ begin in mid-November.

Vocabulary

- □ fall ill
  병에 걸리다
- □ mostly
  주로, 일반적으로

advice

caution

» ③ another 자체로는 단수개념을 가진 명사이지만, 다른 명사를 꾸며주는 형용사로 쓰일 때는 복수명사 역시 수식할 수 있다. 300이라는 수에 맞춰 복수명사 people이 왔고 '또 다른 300명'의 뜻이 되었다.

① have fell ill → have fallen ill
fall – fell – fallen으로 형태 변화가 일어난다.

② are suspected → suspect/have suspected
주어 experts가 주체가 되어 행하는 것이므로 능동이어야 한다. 또한 suspect는 진행형으로는 쓰이지 않으므로 전체 문맥에 맞게 현재형 또는 현재완료형으로 나타낸다.

④ begin in → beginning
that절 안에서 동사는 had이므로 또다시 본동사 형태로 올 수 없다. 형용사구나 부사구 형태로 바꿔줘야 한다. beginning in mid-November로 표현하여 '11월 중순부터 시작하여'라는 뜻으로 나타낼 수 있다.

translation

» 지난 3주 동안 주로 홍콩과 베트남에 사는 150명 이상의 사람들이 병에 걸렸다. 전문가들은 중국 광동성에 사는 다른 300명의 사람들이 11월 중순부터 같은 병을 앓고 있는 것으로 의심하고 있다.

정답 ③

09 2018. 5. 19. 지방직 A책형 3번

밑줄 친 부분 중 어법상 옳지 않은 것은?

I am writing in response to your request for a reference for Mrs. Ferrer. She has worked as my secretary ① for the last three years and has been an excellent employee. I believe that she meets all the requirements ② mentioned in your job description and indeed exceeds them in many ways. I have never had reason ③ to doubt her complete integrity. I would, therefore, recommend Mrs. Ferrer for the post ④ what you advertise.

Vocabulary

- □ integrity 진실성
- □ post 지위

advice

caution

» ④ for the post what you advertise → for the post that/which you advertise
관계대명사 what(= the thing that 등)은 선행사를 포함하고 있는 개념으로 선행사 없이 그 자체로 명사절을 이끌 수 있다. 여기서는 앞에 the post라는 선행사가 있고 뒤에서 수식하는 형용사절이 되어야 하므로 that 혹은 which로 바꾸어 준다.

① has worked 현재완료형과 맞춰 for the last three years는 '지난 3년간'이라는 뜻으로 맞게 쓰였다.

② believe의 목적절 that절 안에서 동사는 meets이므로 mentioned는 동사가 될 수 없고 all the requirements를 수식하는 형용사구로 쓰였다. 또 따로 목적어를 가지고 있지 않고, 의미상으로도 '언급된 모든 요구사항들'이 되어야 하므로 과거분사 형태로 수동의 뜻을 나타내었다.

③ 동사 have never had, 목적어 reason의 3형식에서 앞의 명사 reason을 수식하는 형용사 용법으로 쓰인 to부정사이다.

translation

» Mrs. Ferrer에 대한 문의를 요청하신 데에 대한 답장을 씁니다. 그녀는 지난 3년 동안 저의 비서로 일했고 훌륭한 직원이었습니다. 저는 그녀가 당신의 직무기술서에 언급된 모든 요구 조건들을 충족시키고 정말로 여러 면에서 그것들을 능가한다고 믿습니다. 저는 결코 그녀의 완전한 성실성을 의심할 이유를 가져본 적 없습니다. 그러므로 저는 Mrs. Ferrer를 당신이 공고하는 그 자리에 추천합니다.

정답 ④

10 2018. 12. 22. 경찰(순경) 10번

다음 밑줄 친 부분 중 어법상 가장 적절하지 않은 것은?

> If properly stored, broccoli will stay ㉠ fresh for up to four days. The best way to store fresh bunches is to refrigerate them in an open plastic bag in the vegetable compartment, ㉡ which will give them the right balance of humidity and air, and help preserve the vitamin C content. Don't wash the broccoli before ㉢ storing it since moisture on its surface ㉣ encourage the growth of mold.

① ㉠ ② ㉡

③ ㉢ ④ ㉣

Vocabulary

- □ bunch 다발, 송이
- □ compartment 칸막이, 구획
- □ humidity 습기

advice

caution

>> ④ encourage의 주어 moisture가 단수이므로 encourages로 써야 한다.
① stay는 불완전자동사로 보어(fresh)를 취한다.
② 관계대명사 which는 앞 문장의 내용을 받는 선행사이다.
③ before(접속사) you store it에서 주어인 you가 Don't wash의 주어와 일치하여 생략되었고 동사 store에 -ing를 붙여 분사구문의 형태를 취했다.

translation

>> 제대로 보관하면, 브로콜리는 최장 4일간 신선함을 유지할 수 있다. 싱싱한 송이를 보관하는 가장 좋은 방법은 열린 비닐봉지에 담아 야채 칸에 냉장 보관하는 것인데, 이는 습도와 공기의 적절한 균형을 주고 비타민C 함량을 보존하는 데 도움이 된다. 브로콜리는 표면의 습기가 곰팡이의 성장을 촉진시키므로 보관하기 전에 씻지 마라.

정답 ④

11 2018. 3. 24. 경찰(순경) 6번

다음 문장에서 어법상 가장 적절하지 않은 것은?

The people ㉠ were stunned into ㉡ silent as they slowly began ㉢ to realize ㉣ what the mayor's statement meant to their future as citizens in the city.

① ㉠ ② ㉡
③ ㉢ ④ ㉣

Vocabulary

□ be stunned into silence
놀라서 할 말을 잃다

advice

caution

» ② 전치사 into 뒤에는 명사인 silence가 와야 한다.

translation

» 사람들은 시장의 성명이 도시의 시민으로서 그들의 미래에 어떤 의미를 갖는지 서서히 깨닫기 시작하면서 놀라서 할 말을 잃었다.

정답 ②

PART
R

독해(Reading) 기출문제

R1 말 또는 글의 목적

R2 글의 제목

R3 글의 요지(주제)

R4 글의 내용 파악

R5 글의 순서

R6 글의 맥락(흐름)

R7 빈칸 채우기

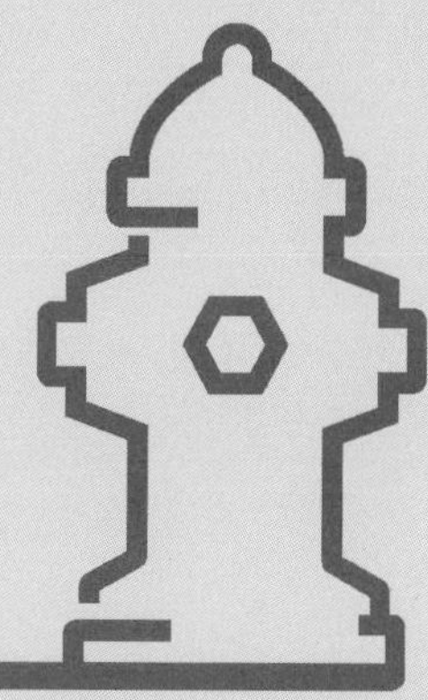

chapter

R1 말 또는 글의 목적

★☆☆

유형 focus

- "다음 글에서 남자(화자)가 하는 말의 목적으로 가장 적절한 것은?"
- "다음 메시지의 목적으로 가장 적절한 것은?"
- 말을 하는, 또는 글을 쓴 목적을 파악하는 유형
- 주제 또는 요지를 찾는 유형과 유사

2018년	2019년	2020년	2021년
6번, 16번	–	–	–

Real 기출보기

01 2018. 10. 13. 소방(경채) 6번

다음 글에서 남자가 하는 말의 목적으로 가장 적절한 것은?

May I have your attention, please? I'm Lucas Harris, your Fire Safety Administrator, with an announcement. I'm sorry to interrupt you, but I want to let you know that we will test the building's fire alarm system in ten minutes. The test is vital to make sure your safety in case of an emergency, so we ask you to be patient. Please remember this is only a test of the fire alarm system, not a fire drill. So you don't need to go out of the building at this time. We apologize in advance for any inconvenience.

① 화재 시 대피 요령 안내
② 화재 경보 시스템 점검 공지
③ 화재경보기 고장에 대한 사과
④ 화재 대피 훈련 프로그램 홍보

Vocabulary

- □ announcement 소식
- □ vital 필수적인
- □ patient 참을성 있는
- □ apologize 사과하다
- □ inconvenience 불편

나노급 solution

step 1. 접근

글의 내용을 파악하여 화자가 말하고자 하는 바를 파악한다.

step 2. 지문 분석

- May I have your attention, please? 주목해 주십시오.
  = Attention, please.
- Fire Safety Administrator 화재 안전 관리자
- we will test the building's fire alarm system ♥ 정답 Point!
- in case of something ~이 발생할 시에
  ⓔⓧ In case of fire, ring the alarm bell.
  「화재 발생 시에는 비상벨을 울리시오.」
- fire drill 소방(화재 대피) 훈련
- at this time 이때에, 지금

「주목해 주십시오. 저는 화재 안전 관리자 루카스 해리스라고 합니다. 전할 소식이 있습니다. 방해를 끼쳐 죄송합니다만, 10분 후에 건물의 화재 경보 시스템을 테스트해 볼 예정입니다. 이 테스트는 위급한 상황에서 안전을 확실히 하기 위해서 필수적이기 때문에 참아 주시길 요청드립니다. 이것은 화재 경보 시스템의 테스트일 뿐 화재 훈련은 아니라는 것을 기억하십시오. 따라서 지금 건물 밖으로 나가실 필요가 없습니다. 불편을 끼쳐드린 점 사과드립니다.」

정답 ②

02 2018. 10. 13. 소방(경채) 16번

다음 메시지의 목적으로 가장 적절한 것은?

An earthquake has just occurred. For your safety, leave the building immediately, and wait outside for further information. We will provide updates as we receive more information. For additional information and updates, you may visit our website.

① to suggest needs for building restoration
② to make people evacuate the building
③ to ask for further help from the community
④ to persuade citizens to set up the warning system

Vocabulary

- □ earthquake 지진
- □ immediately 곧, 즉시
- □ additional 추가의

나노급 solution

step 1. 접근

방금 지진이 발생한 상황이다. 지문의 전반부와 보기만으로도 정답 추론이 가능하다.

step 2. 지문 분석

- has just occurred 방금 발생했다
- further information 추가 정보

「방금 지진이 발생했습니다. 안전을 위해, 즉시 건물 밖으로 나가 추가 정보를 기다리십시오. 우리가 더 많은 정보를 받는 대로 업데이트를 제공할 것입니다. 추가의 정보 및 업데이트를 보려면 당사 웹 사이트를 방문하십시오.」

step 3. 보기 분석

① to suggest needs for building restoration 건물 복구의 필요성을 제안하기 위해
② to make people evacuate the building 사람들을 건물에서 대피시키기 위해
　evacuate: 대피시키다 ♥ 정답 Point!
③ to ask for further help from the community 지역사회로부터 더 많은 도움을 요청하기 위해
④ to persuade citizens to set up the warning system 경고 시스템을 설치하도록 시민들을 설득하기 위해

정답 ②

01 2016. 9. 3. 경찰(순경) 10번

다음 글의 목적으로 가장 적절한 것은?

Despite my previous instructions on the use of the office fax machine, it is obvious that the department fax machine is still being used by the staff members for totally unauthorized, private purposes. There were over $500 worth of papers sent last month that are unaccountable as business related to this office. I wish to make it quite clear that I will not tolerate this continued misuse of valuable office resources, and the practice is to cease immediately.

① 팩스기 사용료를 절감하는 방법을 소개하기 위해
② 팩스기와 관련된 사업의 수익성을 설명하기 위해
③ 회계와 관련한 실수를 사원들에게 보여 주기 위해
④ 팩스기 사용과 관련한 잘못된 관행에 대해 경고하기 위해

Vocabulary

- □ previous 이전의
- □ instruction 지시, 설명
- □ obvious 명백한
- □ unauthorized 승인되지 않은, 공인되지 않은
- □ unaccountable 이해할 수 없는, 책임을 질 필요가 없는
- □ related to ~과 관계된
- □ cease 중단

advice

translation

» 사무실 팩스기계 사용에 관한 이전의 나의 지시에도 불구하고, 사원들이 개인적인 용무를 위해 승인도 받지 않고 계속해서 팩스기계를 사용하고 있다. 지난달 500불이 넘는 가치의 문서가 팩스로 보내졌는데, 그 문서들은 이 사무실의 사업과 아무런 관련이 없었다. 나는 이제 더 이상 소중한 사무실 자원을 계속해서 오용하는 것을 참지 않을 것과 이 잘못된 관행을 즉시 중단하라고 확실히 말하고 싶다.

정답 ④

02 2016. 9. 3. 경찰(순경) 11번

다음 글의 목적으로 가장 적절한 것은?

Criminals in central Russia are having a hard time because of a new detective in town – Rusik, the cat. A year ago he walked into the police station as a stray kitten. If the police had ignored him then, they wouldn't have the latest weapon in the battle against fish thieves now.

Rusik sniffs out the endangered fish caught by fishermen, who want to sell them illegally for large profits. The police say that no matter how well they hide the fish, he is always able to point his nose in the right direction and find them.

① To sell the state-of-the-art weapon for the police
② To encourage people to have pet cats
③ To advertise famous fishing spots
④ To warn criminals of a smart detective

Vocabulary

- □ detective 탐정, 형사
- □ stray 길 잃은
- □ endangered 멸종될 위기에 처한
- □ illegally 불법적으로
- □ profit 이윤, 이득

advice

translation

» 러시아의 중심부 범죄자들은 도시의 새로운 탐정인 고양이 Rusik 때문에 어려운 시기를 겪고 있다. 1년 전 이 고양이는 길 고양이로 경찰서에 들어 왔다. 만약 그때 경찰이 그 고양이를 무시해 버렸다면, 그들은 현재 불법 낚시꾼들과의 전쟁에서 최신 무기를 놓쳤을 것이다.
Rusik은 낚시꾼들이 잡은 멸종 위기에 처한 물고기들의 냄새를 맡아 찾아내는데, 낚시꾼들은 이 물고기들을 불법으로 팔아 큰 이윤을 남기려 한다. 아무리 낚시꾼들이 잡은 물고기를 잘 숨긴다 해도, Rusik은 냄새가 나는 방향으로 코를 킁킁거리며 결국 물고기들은 찾아낸다고 경찰들은 말한다.

correct answer&distracter

» ① To sell the state-of-the-art weapon for the police 경찰에게 최첨단 무기를 팔기 위해
② To encourage people to have pet cats 사람들이 고양이를 애완동물로 키우도록 장려하기 위해
③ To advertise famous fishing spots 유명한 낚시 장소를 광고하기 위해
④ To warn criminals of a smart detective 범죄자들에게 똑똑한 수사관에 대해 경고하기 위해

정답 ④

03 2016. 6. 25. 서울시 A책형 17번

다음 글의 목적으로 가장 적절한 것은?

Casa Heiwa is an apartment building where people can learn some important life skills and how to cope with living in a new environment. The building managers run a service that offers many programs to children and adults living in the building. For the children, there is a day-care center that operates from 7 a.m. until 6 p.m. There are also educational programs available for adults including computer processing and English conversation courses.

① to argue for a need for educational programs
② to recruit employees for an apartment building
③ to attract apartment residents toward programs
④ to recommend ways to improve the living standard

Vocabulary

- □ cope with
  ~에 대처하다
- □ conversation
  대화, 회화

advice

translation

>> Casa Heiwa는 사람들이 중요한 삶의 기술과 새로운 환경에서 어떻게 삶에 대처해야 하는지를 배울 수 있는 아파트이다. 빌딩 매니저는 아파트에 살고 있는 아이들과 어른들에게 많은 프로그램을 제공하는 서비스를 한다. 아이들을 위해 오전 7시부터 저녁 6시까지 운영되는 어린이집이 있다. 또한 성인들이 이용 가능한 컴퓨터 처리와 영어회화 과정을 포함하는 교육 프로그램들이 있다.

correct answer&distracter

>> ① to argue for a need for educational programs 교육 프로그램의 필요성에 대해 논의하기 위해서
② to recruit employees for an apartment building 아파트를 위한 고용인을 모집하기 위해서
③ to attract apartment residents toward programs 아파트 주민들을 프로그램들로 끌어들이기 위해서
④ to recommend ways to improve the living standard 삶의 기준을 향상시키는 방법을 추천하기 위해서

정답 ③

04 2014. 6. 28. 서울시 A책형 14번

다음 글을 쓴 목적으로 적절한 것은?

Among the growing number of alternative work styles is flextime. Flextime allows workers to adjust work hours to suit personal needs. The total number of hours in the week remains the same, but the daily schedule varies from standard business hours. Flextime can also mean a change in workdays, such as four 10-hour days and six short days. Workers on flextime schedules include employment agents, claim adjusters, mail clerks, and data entry operators.

① To define flextime
② To describe flexible workers
③ To discuss the alternative work styles
④ To compare different jobs
⑤ To arrange flextime schedules

Vocabulary

□ flextime
근무시간 자유 선택제
□ adjust
조정하다

advice

translation

» 작업스타일의 대안이 점점 증가하는 가운데, 근무시간 자유 선택제가 있다. 근무시간 자유 선택제는 직원들이 개인적인 필요에 따라 근무 시간을 조정할 수 있게 허용한다. 일주일에 근무하는 총 시간은 동일하지만, 매일의 스케줄은 표준 근무시간과 다르다. 근무시간 자유 선택제는 또한 근무일 안에서의 변화도 의미하는데, 예를 들면 4일은 10시간 일하고, 6일은 짧은 시간 동안 일한다. 근무시간 자유 선택제를 하는 직원들로는 고용 기관, 피해 사정인들, 편지 관리인들, 그리고 데이터 입력자들이 있다.

correct answer&distracter

» ① To define flextime 근무시간 자유 선택제를 정의하기 위해서
② To describe flexible workers 유연한 근로자들을 묘사하기 위해서
③ To discuss the alternative work styles 대안적인 근무 스타일에 대해 논의하기 위해서
④ To compare different jobs 다른 직업들을 비교하기 위해
⑤ To arrange flextime schedules 근무시간 자유 선택제 스케줄을 정하기 위해서

정답 ①

05 2014. 6. 21. 지방직 A책형 16번

다음 글을 쓴 목적으로 가장 적절한 것은?

> Last month felt like the longest in my life with all the calamities that took us by surprise. There was only one light at the end of the tunnel, and that light was you. I cannot begin to tell you how much your thoughtfulness has meant to me. I'm sure I was too tired to be thinking clearly, but each time you appeared to whisk my children off for an hour so that I could rest, or to bring a dinner with a pitcher of iced tea, all I knew was that something incredibly wonderful had just happened. Now that we are back to normal, I know that something incredibly wonderful was you. There are no adequate words to express thanks with, but gratefulness will always be in my heart.

① 어려움에 처한 사람을 격려하려고
② 아이들을 돌보아 줄 사람을 찾아 부탁하려고
③ 힘들 때 도와주었던 사람에게 감사하려고
④ 건강이 좋지 않았던 사람의 안부를 물으려고

Vocabulary

- □ calamity
  재앙, 재난
- □ thoughtfulness
  생각에 잠김, 사려 깊음
- □ whisk off
  ~를 재빨리 데려가다
- □ incredibly
  믿을 수 없을 정도로, 엄청나게
- □ adequate
  충분한, 적절한

advice

translation

» 지난 한 달은 우리를 놀라움에 빠트린 재앙들로 인해 제가 살면서 가장 길게 느낀 시간이었습니다. 터널의 끝에 단 하나의 불빛이 있었고 그 불빛이 바로 당신이었습니다. 당신의 사려 깊음이 제게 얼마나 큰 의미가 있었는지 이루 말할 수가 없습니다. 제가 분명히 확신하기에는 너무 지쳐있었지만, 당신이 제가 쉴 수 있도록 한 시간 동안이나 제 아이들을 데려간 것이나, 또한 아이스티를 곁들인 저녁을 가져올 때마다 저는 그저 믿을 수 없이 굉장한 일이 일어났다는 것을 알 뿐이었습니다. 이제 정상으로 돌아온 지금 그 믿을 수 없을 정도로 대단한 것이 바로 당신이었다는 것을 알았습니다. 어떠한 말로 고마움을 표현해야 할 지 말로는 충분하지 않지만 감사하는 마음이 항상 제 가슴에 있을 것입니다.

정답 ③

chapter

R2 글의 제목

유형 focus

- "다음 글의 제목으로 가장 적절한 것은?"
- 주어진 지문을 읽고 제목을 고르는 유형
- 지문의 내용을 포괄적으로 표현할 수 있는 제목을 고르는 것이 핵심

2018년	2019년	2020년	2021년
7, 20번	–	19번	13, 20번

Real 기출보기

01 2021. 4. 3. 소방(경채) 13번

다음 글의 제목으로 가장 적절한 것은?

Only 10 to 15 percent of wildfires occur on their own in nature. The other 85 to 90 percent result from human causes, including unattended camp and debris fires, discarded cigarettes, and arson. Naturally occurring wildfires can spark during dry weather and droughts. In these conditions, normally green vegetation can convert into bone-dry, flammable fuel; strong winds spread fire quickly; and warm temperatures encourage combustion. With these ingredients, the only thing missing is a spark — in the form of lightning, arson, a downed power line, or a burning campfire or cigarette — to wreak havoc.

① How Wildfires Start
② Benefits of Wildfires
③ What to Do in a Wildfire
④ How Wildfires Are Stopped

Vocabulary

- □ unattended 주인이 옆에 없는, 지켜보는 사람이 없는
- □ debris 잔해
- □ discard 버리다
- □ arson 방화
- □ flammable 가연[인화]성의
- □ combustion 연소
- □ ingredient 재료, 구성 요소
- □ havoc 대혼란

나노급 solution

step 1. 접근

글의 첫 문장에서 제시된 산불의 발생에 대한 내용이 점점 구체화되어 가고 있으므로 '발생'과 관련된 문장이 제목이 된다.

step 2. 지문 분석

- convert into ~으로 바꾸다[전환하다]
- bone-dry 바싹 마른

「불과 산불의 10에서 15 퍼센트만이 자연적으로 발생한다. 나머지 85에서 90 퍼센트는 지켜보는 사람이 없는 캠프와 잔해 화재, 버려진 담배, 방화를 포함한 인간의 원인에서 기인한다. 자연적으로 발생하는 산불은 건조한 날씨와 가뭄 동안 발생할 수 있다. 이러한 조건에서는 일반적으로 녹색 초목이 바싹 마른, 인화성 연료로 전환될 수 있으며; 강한 바람이 빠르게 불을 확산시키며; 따뜻한 온도는 연소를 촉진한다. 이 재료들에서, 대혼란을 일으키기 위해 유일하게 빠진 것은 – 번개, 방화, 다운된 전력선, 또는 타오르는 캠프파이어나 담배의 형태를 한 – 불꽃이다.」

step 3. 보기 분석

① How Wildfires Start 산불은 어떻게 시작되는가.
② Benefits of Wildfires 산불의 혜택
③ What to Do in a Wildfire 산불이 났을 때 해야 할 일
④ How Wildfires Are Stopped 산불을 저지하는 방법

정답 ①

02 2021. 4. 3. 소방(경채) 20번

다음 글의 제목으로 가장 적절한 것은?

Psychologists need to always be aware that no two people are the same. No one understands language the same way since their understanding will be linked to their personal experience of the world. So, psychologists try to help the client develop their own understanding of their situation. They enable clients to explore aspects of their life and feelings by being able to talk openly and freely. Good counselling should reduce the client's confusion, allowing them to make effective decisions that lead to positive changes in their attitude or behaviour. The ultimate aim of a psychologist is to allow the client to make their own choices, reach their own decisions and act upon them.

① New Relationship Between Nurses and Clients
② Physical Health Treatments for Young People
③ Roles of a Psychologist
④ Disadvantages of Professional Counselling Services

Vocabulary

- □ Psychologist 심리학자
- □ aware ~을 알고[의식/자각하고] 있는
- □ explore 탐구하다
- □ aspect 양상
- □ ultimate 궁극적인
- □ aim 목적, 목표

나노급 solution

step 1. 접근

주어진 글은 심리학자가 고객을 어떻게 대해야 하는 지, 심리학자의 궁극적 목표를 제시하고 있다. 이 내용을 통해 화자가 말하고자 하는 바를 파악해야 한다.

step 2. 지문 분석

- be linked to ~와 연결되다
- S enable O to V S가 O를 V할 수 있게 하다

「심리학자들은 두 사람이 같지 않다는 것을 항상 인식할 필요가 있다. 그들의 이해는 그들의 개인적인 세상 경험으로 연결될 것이기 때문에 아무도 언어를 같은 방식으로 이해하지 못한다. 그래서, 심리학자들은 고객이 그들의 상황에 대한 그들 자신의 이해를 발전시키는 것을 도우려고 노력한다. 그들은 고객이 공개적으로 자유롭게 대화할 수 있게 함으로써, 그들의 삶의 양상과 감정을 탐구할 수 있게 한다. 좋은 상담은 고객의 혼란을 줄여 그들의 태도나 행동에 긍정적인 변화를 가져오는 효과적인 결정을 할 수 있게 해야 한다. 심리학자의 궁극적인 목표는 고객이 스스로 선택하고, 자신의 결정에 도달하고, 그에 따라 행동하도록 만드는 것이다.」

step 3. 보기 분석

① New Relationship Between Nurses and Clients 간호사와 고객 사이의 새로운 관계
② Physical Health Treatments for Young People 청년을 위한 신체 건강 치료법
③ Roles of a Psychologist 심리학자의 역할
④ Disadvantages of Professional Counselling Services 전문 상담 서비스의 단점

정답 ③

03 2020. 6. 20. 소방(경채) 19번

다음 글의 제목으로 가장 적절한 것은?

Everyday dangers can be classified into three basic types : diseases, mistakes, and unsafe equipment. These dangers are everywhere but can be avoided if you follow just a few simple tips. To avoid getting sick, my best advice is to wash your hands. You should wash your hands regularly, especially if you have been hanging out with friends. To avoid dangers resulting from mistakes, you don't have to give up activities such as cycling and cooking, but you have to be careful anytime you are doing them. Do not daydream. Finally, avoid using unsafe equipment. This is very simple. If a chair looks weak, do not stand on it. If a glass is cracked, do not drink from it.

① Three Efforts to Keep Your Body Clean
② The Importance of Being Considerate of Others
③ Safety Guidelines for the Risks of Daily Life
④ Rules for the Prevention of Chronic Diseases

Vocabulary

- □ classify 분류하다
- □ equipment 장비, 설비
- □ avoid 방지하다, 피하다
- □ especially 특히
- □ daydream 공상, 몽상
- □ crack 깨뜨리다

나노급 solution

step 1. 접근

제목은 지문의 내용을 포괄적으로 표현한 것이어야 한다. 일상적인 위험을 세 가지로 분류하고 각각에 대해 피할 수 있는 팁을 주고 있다. ♥ 정답 Point!

step 2. 지문 분석

- everyday dangers 일상적인 위험들
- can be classified into ~으로 분류할 수 있다
- hang out 시간을 보내다, 어울려 지내다

ex Some teenagers were hanging out at the mall.
「일부 십대들이 쇼핑몰에서 노닥거리고 있었다.」

「일상적인 위험은 질병, 실수, 안전하지 않은 장비의 세 가지 기본 유형으로 분류할 수 있다. 이러한 위험은 어디에나 있지만 몇 가지 간단한 팁만 따르면 피할 수 있다. 아프지 않으려면, 손을 씻으라는 것이 나의 최선의 조언이다. 특히 친구들과 어울려 놀았다면, 손을 규칙적으로 씻어야 한다. 실수에 따른 위험을 피하기 위해 자전거 타기, 요리하기 등의 활동을 포기할 필요는 없지만, 그것을 할 때마다 조심해야 한다. 공상에 잠기지 마라(→ 딴생각 하지 마라). 마지막으로 안전하지 않은 장비를 사용하지 마라. 이것은 매우 간단하다. 의자가 약해 보이면 그 위에 서지 마라. 유리잔에 금이 갔으면, 그 잔에서 물을 마시지 마라.」

step 3. 보기 분석

① Three Efforts to Keep Your Body Clean. 몸을 청결하게 유지하기 위한 세 가지 노력
② The Importance of Being Considerate of Others. 타인을 배려하는 것의 중요성
③ Safety Guidelines for the Risks of Daily Life. 일상생활의 위험에 대한 안전지침
④ Rules for the Prevention of Chronic Diseases. 만성질환 예방에 관한 규칙
(Chronic: 만성적인 ↔ acute 급성의)

정답 ③

04 2018. 10. 13. 소방(경채) 7번

다음 글의 제목으로 가장 적절한 것은?

Swallowing a wrong thing can cause a serious injury to your children. Here are some ways to keep your home and your children safe from the accident.

1. Keep small objects such as buttons, beads, jewelry, pins, nails, marbles, coins, stones and tacks out of reach and sight.
2. Cut food for toddlers into tiny pieces. Children under 5 should not eat small, round or hard foods, including pieces of hot dogs, cheese sticks or chunks, hard candies, nuts, grapes, marshmallows or popcorns.
3. Consider your child's age when purchasing a toy or game. Before you buy one, make sure there aren't any small parts that can cause potential hazards.

① Fall Prevention for Little Kids
② Burn Prevention for Little Kids
③ Pedestrian Safety for Little Kids
④ Choking Prevention for Little Kids

Vocabulary

- □ swallow (음식 등을) 삼키다
- □ bead 나무 구슬, 염주
- □ marble (아이들이 가지고 노는) 구슬
- □ tack 압정
- □ toddler 유아
- □ purchasing 구매

나노급 solution

step 1. 접근

지문의 첫 두 문장은 아래 제시된 1~3에 대한 소개이다. 따라서 지문 전체를 읽지 않더라도 첫머리에 'swallowing'과 보기 ④의 'choking'의 의미를 알고 있다면 빠르게 정답을 찾을 수 있지만, 그렇지 않을 경우 헷갈릴 수 있는 문제이다.

step 3. 보기 분석

- some ways to keep ~을 지키는 몇 가지 방법
- such as ~와 같은
- out of ~의 바깥에, (행위 · 능력 따위의) 범위 밖에
- potential hazard 잠재적 위험

「잘못된 것을 삼키는 것은 당신의 아이들에게 심각한 부상을 야기할 수 있다. 여기 당신의 집과 아이들을 사고로부터 안전하게 지키는 몇 가지 방법이 있다.

1. 단추, 나무 구슬, 보석, 핀, 못, 구슬, 동전, 돌, 압정과 같은 작은 물건들을 손이 닿지 않고, 보이지 않는 곳에 보관해라.
2. 유아들을 위한 음식은 아주 작은 조각으로 잘라라. 5세 이하의 어린이들은 핫도그 조각, 치즈 스틱 또는 덩어리, 딱딱한 캔디, 견과류, 포도, 마시멜로 또는 팝콘을 포함한 작고 동그랗거나 단단한 음식을 먹어서는 안 된다.
3. 장난감이나 게임 구매 시 자녀의 연령을 고려한다. 물건을 사기 전에, 잠재적 위험을 야기할 수 있는 어떤 작은 부분도 없는지 확인해라.」

step 3. 보기 분석

① Fall Prevention for Little Kids 어린 아이들을 위한 추락 예방
② Burn Prevention for Little Kids 어린 아이들을 위한 화상 예방
③ Pedestrian Safety for Little Kids 어린 아이들을 위한 보행자 안전
④ Choking Prevention for Little Kids 어린 아이들을 위한 질식 예방
질식 ♥ 정답 Point!

정답 ④

05 2018. 10. 13. 소방(경채) 20번

다음 글의 제목으로 가장 적절한 것은?

Do you want to stop using disposable plastic bags? Visit our online store! It has a large selection of reusable shopping bags that meet every shopper's needs. You get to choose your bag's color and fabric, and add a unique logo or picture. This can be a great way to spread your business or nonprofit message! Most critically, shopping with a reusable bag helps reduce the number of paper and plastic bags that use up precious natural resources.

Vocabulary

- □ disposable 일회용의
- □ reusable 재사용할 수 있는
- □ fabric 직물, 천
- □ spread 퍼뜨리다

① Let People Know Your Message
② How to Cut Down on Nondisposable Bags
③ Make Your Bag and Save Natural Resources
④ Some Ways of Using Disposable Plastic Bags

나노급 solution

step 1. 접근

마지막 문장이 제목과 직결되고 있다.

step 2. 지문 분석

• stop ~ing ~하는 것을 멈추다.

ⓔⓧ Students should stop bothering the professor. 학생들은 교수님을 귀찮게 하는 것을 멈추어야 한다.

• disposable 일회용의 ↔ reusable 재사용할 수 있는

「일회용 비닐 봉투 사용을 중지하시겠습니까? 저희 온라인 상점을 방문해 보십시오! 모든 쇼핑객들의 필요를 충족시키는 많은 종류의 재사용 가능한 쇼핑백을 보유하고 있습니다. 당신은 가방의 색깔과 천을 고르고, 독특한 로고나 그림을 더하면 됩니다. 이것은 당신의 사업이나 비영리적인 메시지를 퍼뜨리는 좋은 방법이 될 수 있습니다! 가장 중요한 것은, 재활용할 수 있는 가방을 사는 것은 귀중한 천연자원을 소모하는 종이와 비닐 봉투의 수를 줄이는 데 도움이 된다는 것입니다.」

step 3. 보기 분석

① Let People Know Your Message 사람들에게 당신의 메시지를 알려라.
② How to Cut Down on Nondisposable Bags 다회용 봉투를 줄이는 방법
(Nondisposable: 일회용이 아닌 = not disposable)
③ Make Your Bag and Save Natural Resources 당신의 가방 만들기 및 천연 자원 절약
④ Some Ways of Using Disposable Plastic Bags 일회용 비닐 봉투를 사용하는 몇 가지 방법

정답 ③

01 2019. 4. 6. 소방(공채) 5번

다음 글의 제목으로 가장 적절한 것은?

When we attempt to make major change in our lives, it is natural for us to want to go from all to nothing or vice versa. Let's take Bob, for instance. Bob never really exercised in the past, but wanted to get into shape. To do so, he decided to exercise for an hour every day of the week. Within a few weeks, Bob burned out, lost his motivation, and stopped exercising. He took on too much, too quickly. On the other hand, if Bob had eased into a fitness regimen by starting with two half-hour workouts per week, and then slowly added workout days and workout time over a few months, he would've had a better chance of sticking with the program and of the change lasting. Easing into change helps make it seem less overwhelming and more manageable.

① Extremes Don't Work
② How to Avoid Obesity
③ Why Is It Easy to Be Unhealthy?
④ Workout Time: The More, The Better!

Vocabulary

- □ vice versa
  반대의 경우도 마찬가지이다
- □ exercise
  운동하다
- □ get into shape
  건강을 유지하다
- □ burned out
  기진맥진한
- □ motivation
  동기
- □ take on
  흥분하다
- □ on the other hand
  반면에
- □ ease into
  친숙해지다
- □ fitness
  건강
- □ regimen
  훈련, 프로그램
- □ workout
  운동
- □ stick with
  계속하다
- □ overwhelming
  압도하는
- □ manageable
  관리할 수 있는

advice

✤ caution

On the other hand, if Bob had eased into a fitness regimen by starting with two half-hour workouts per week, and then slowly added workout days and workout time over a few months, he would've had a better chance of sticking with the program and of the change lasting.의 내용을 통해서 ①이 답이라는 것을 알 수 있다

✤ translation

「우리가 우리의 삶에서 주된 변화를 주고자 노력할 때, 우리가 매우 열심히 하는 것에서 아무것도 하지 않는 쪽으로 가는 것은 당연하고 그 반대의 경우도 마찬가지이다. Bob을 예로 들어보자. Bob은 과거에 전혀 운동을 하지 않았다. 하지만 건강을 유지하기를 원한다. 그렇게 하기 위해서, 그는 일주일 내내 한 시간 동안 운동하기를 원한다. 몇 주 내에 Bob은 기진맥진해지고, 동기를 잃고 운동을 그만두게 된다. 그는 너무 많이, 너무 빨리 흥분하게 되었다. 반면에 만약 Bob이 1주일에 두 번 30분 운동으로 시작함으로써, 건강 프로그램에 친숙해지고 나서 몇 개월에 걸쳐서 운동하는 날과 운동시간을 더했다면 그 프로그램을 계속하고 그 변화가 지속되는 더 나은 기회를 가졌을 것이다. 변화에 친숙해지는 것은 그것을 덜 압도적이고 더 관리할 수 있도록 보이게 만든다.

✤ correct answer & distracter

① Extremes Don't Work 극단적임은 효과가 없다
② How to Avoid Obesity 비만을 피하는 방법
③ Why Is It Easy to Be Unhealthy? 왜 건강해지지 못하는 것이 쉬운가?
④ Workout Time: The More, The Better! 운동시간 : 더 많이 할수록, 더 좋다!

정답 ①

02 2018. 10. 13. 소방(공채) 7번

다음 글의 제목으로 가장 적절한 것은?

Physical activity is key to improving individual health. First, it can lower your risk for cancer. Physically active women have a lower risk of breast cancer than do people who are not active. Second, as you age, it's important to protect your bones, joints, and muscles. Not only do they support your body and help you move, but keeping bones, joints, and muscles healthy can help ensure that you're able to do your daily activities and be physically active. Some scientific evidence has also shown that even lower levels of physical activity can be beneficial.

① 신체 활동의 이점
② 뼈 건강을 지키는 방법
③ 규칙적 일상생활의 중요성
④ 면역력을 증진시키는 방법

Vocabulary

- □ improving 개선하는
- □ breast cancer 유방암
- □ joint 관절
- □ muscle 근육
- □ evidence 증거
- □ beneficial 유익한, 이로운

advice

✤ caution

제시된 글은 첫 문장에서 신체 활동이 건강을 향상시키는 비결이라고 제시하고, 뒤로 그에 대한 근거를 들고 있다.

✤ translation

「신체 활동은 개인의 건강을 향상시키는 비결이다. 첫째, 신체 활동은 당신의 암의 위험성을 낮출 수 있다. 신체적으로 활동적인 여성들은 활동적이지 않은 사람들보다 유방암 위험성이 낮다. 둘째, 나이가 들수록, 당신의 뼈, 관절, 그리고 근육을 보호하는 것은 중요하다. 그것들은 당신의 몸을 지지하고 당신의 움직임을 도울 뿐 아니라, 뼈, 관절 그리고 근육들을 건강하게 유지하는 것은 당신이 매일 활동을 할 수 있고, 신체적으로 활동적이라는 것을 보장하는 데 도움이 될 수 있다. 어떤 과학적 증거는 또한 심지어 낮은 수준의 신체 활동도 이로울 수 있다고 보여준다.

정답 ①

01 2021. 4. 17. 국가직 나책형 7번

다음 글의 제목으로 가장 적절한 것은?

Warming temperatures and loss of oxygen in the sea will shrink hundreds of fish species—from tunas and groupers to salmon, thresher sharks, haddock and cod—even more than previously thought, a new study concludes. Because warmer seas speed up their metabolisms, fish, squid and other waterbreathing creatures will need to draw more oxygen from the ocean. At the same time, warming seas are already reducing the availability of oxygen in many parts of the sea. A pair of University of British Columbia scientists argue that since the bodies of fish grow faster than their gills, these animals eventually will reach a point where they can't get enough oxygen to sustain normal growth. " What we found was that the body size of fish decreases by 20 to 30 percent for every 1 degree Celsius increase in water temperature," says author William Cheung.

① Fish Now Grow Faster than Ever
② Oxygen's Impact on Ocean Temperatures
③ Climate Change May Shrink the World's Fish
④ How Sea Creatures Survive with Low Metabolism

Vocabulary

- □ shrink
  줄어들게 하다, 감소시키다
- □ metabolism
  신진대사
- □ availability
  이용 가능성
- □ sustain
  지속시키다

advice

caution

③ 첫 번째 문장에서 온난화(기후변화)가 생각하는 것보다 많은 어종을 감소시킬 것이라고 말하고 있다.

translation

≫ 바다에서의 온난화와 산소 손실이 참치와 농어에서 연어, 환도상어, 해덕, 대구까지 수백 종의 어종을 이전에 생각했던 것보다 더 많이 감소시킬 것이라고 새로운 연구는 결론 내렸다. 따뜻한 바다는 물고기들의 신진대사를 가속화하기 때문에, 물고기, 오징어 그리고 다른 수중 호흡 생물들은 바다에서 더 많은 산소를 필요로 할 것이다. 이와 동시에, 바다가 따뜻해지면서 이미 바다의 많은 부분에서 산소의 이용 가능성이 줄고 있다. University of British Columbia의 한 쌍의 과학자들은 물고기의 몸통이 아가미보다 더 빨리 자라기 때문에, 이 동물들은 결국 정상적인 성장을 지속하기에 충분한 산소를 얻을 수 없는 지경에 이르게 될 것이라고 주장한다. "우리가 발견한 것은 물고기의 몸통 크기가 수온이 섭씨 1도 증가할 때마다 20에서 30퍼센트씩 줄어든다는 것입니다," 라고 저자 William Cheung은 말한다.

correct answer&distracter

≫ ① Fish Now Grow Faster than Ever 이제 물고기는 그 어느 때보다 더 빨리 자란다.
② Oxygen's Impact on Ocean Temperatures 산소가 해양 온도에 미치는 영향
③ Climate Change May Shrink the World's Fish 기후변화가 세계의 물고기를 위축시킬 수 있다.
④ How Sea Creatures Survive with Low Metabolism 낮은 신진대사로 바다생물들이 살아남는 방법

정답 ③

02 2020. 6. 13. 지방직 / 서울시 B책형 14번

다음 글의 제목으로 가장 적절한 것은?

> Louis XIV needed a palace worthy of his greatness, so he decided to build a huge new house at Versailles, where a tiny hunting lodge stood. After almost fifty years of labor, this tiny hunting lodge had been transformed into an enormous palace, a quarter of a mile long. Canals were dug to bring water from the river and to drain the marshland. Versailles was full of elaborate rooms like the famous Hall of Mirrors, where seventeen huge mirrors stood across from seventeen large windows, and the Salon of Apollo, where a solid silver throne stood. Hundreds of statues of Greek gods such as Apollo, Jupiter, and Neptune stood in the gardens; each god had Louis's face!

① True Face of Greek Gods

② The Hall of Mirrors vs. the Salon of Apollo

③ Did the Canal Bring More Than Just Water to Versailles?

④ Versailles: From a Humble Lodge to a Great Palace

Vocabulary

- □ worthy ~에 어울리는
- □ greatness 위대함
- □ lodge 오두막집
- □ enormous 거대한
- □ canal 운하
- □ drain 배수하다
- □ marshland 습지대
- □ elaborate 정교한
- □ throne 왕좌
- □ statue 동상
- □ Jupiter 주피터, 목성
- □ Neptune 넵튠(그리스 신화의 포세이돈), 해왕성

advice

translation

» 루이 14세는 그의 위대함에 걸맞은 궁전이 필요해서, 작은 사냥 오두막집이 서 있는 베르사유에 거대한 새 집을 짓기로 결심했다. 거의 50년의 노동 끝에 이 작은 사냥 오두막집은 길이가 4분의 1마일인 거대한 궁전으로 변모했다. 운하는 강에서 물을 가져오고 습지대로 배수하기 위해 파내졌다. 베르사유는 17개의 커다란 창문 맞은편에 17개의 거대한 거울이 서 있는 유명한 거울의 전당과 단단한 은색 왕좌가 서 있는 아폴로의 살롱과 같은 정교한 방들로 가득 차 있었다. 아폴로, 주피터, 넵튠 같은 그리스 신들의 동상 수백 개가 정원에 서 있었다. 각각의 신은 루이의 얼굴을 하고 있었다!

correct answer&distracter

» ① True Face of Greek Gods 그리스 신들의 진정한 얼굴

② The Hall of Mirrors vs. the Salon of Apollo 거울의 전당 vs. 아폴로의 살롱

③ Did the Canal Bring More Than Just Water to Versailles?
운하가 베르사유에 물보다 더 많은 것을 가져다주었는가?

④ Versailles : From a Humble Lodge to a Great Palace 베르사유 : 초라한 오두막집에서 대궁까지

정답 ④

03 2019. 6. 15. 서울시 A책형 11번

글의 제목으로 가장 적절한 것은?

Economists say that production of an information good involves high fixed costs but low marginal costs. The cost of producing the first copy of an information good may be substantial, but the cost of producing(or reproducing) additional copies is negligible. This sort of cost structure has many important implications. For example, cost-based pricing just doesn't work: a 10 or 20 percent markup on unit cost makes no sense when unit cost is zero. You must price your information goods according to consumer value, not according to your production cost.

① Securing the Copyright
② Pricing the Information Goods
③ Information as Intellectual Property
④ The Cost of Technological Change

Vocabulary

- □ marginal cost 한계비용
- □ substantial 상당한
- □ negligible 무시할 만한
- □ implication 암시, 영향
- □ markup 가격인상

advice

translation

» 경제학자들은 정보재의 생산이 높은 고정비용과 낮은 한계비용을 포함한다고 말한다. 정보재의 초고를 제작하는 비용은 상당할지도 모른다. 하지만 추가적인 사본을 제작(또는 재제작)하는 비용은 무시해도 될 정도다. 이런 종류의 비용 구조는 많은 중요한 영향을 가지고 있다. 예를 들어, 비용을 기반으로 하는 가격책정은 효과가 없다: 단가가 0일 때, 단가에 대해 10퍼센트 혹은 20퍼센트의 가격인상은 말이 되지 않는다. 당신은 당신의 생산비가 아니라, 소비자 가치에 따라 당신의 정보재의 가격을 책정해야 한다.

correct answer&distracter

» ① Securing the Copyright 저작권 확보하기
② Pricing the Information Goods 정보재 가격 책정하기
③ Information as Intellectual Property 지적재산권으로서의 정보
④ The Cost of Technological Change 기술적 변화의 비용

정답 ②

04 2019. 4. 6. 국가직 나책형 9번

다음 글의 제목으로 가장 적절한 것은?

> Mapping technologies are being used in many new applications. Biological researchers are exploring the molecular structure of DNA ("mapping the genome"), geophysicists are mapping the structure of the Earth's core, and oceanographers are mapping the ocean floor. Computer games have various imaginary "lands" or levels where rules, hazards, and rewards change. Computerization now challenges reality with "virtual reality," artificial environments that stimulate special situations, which may be useful in training and entertainment. Mapping techniques are being used also in the realm of ideas. For example, relationships between ideas can be shown using what are called concept maps. Starting from a general or "central" idea, related ideas can be connected, building a web around the main concept. This is not a map by any traditional definition, but the tools and techniques of cartography are employed to produce it, and in some ways it resembles a map.

① Computerized Maps vs. Traditional Maps
② Where Does Cartography Begin?
③ Finding Ways to DNA Secrets
④ Mapping New Frontiers

Vocabulary

- □ application 응용 프로그램
- □ molecular 분자의
- □ geophysicist 지구물리학자
- □ oceanographer 해양학자
- □ imaginary 가상의
- □ computerization 컴퓨터화
- □ artificial 인공의
- □ realm 영역
- □ cartography 지도 제작법
- □ definition 정의
- □ employ 이용하다
- □ resemble ~을 닮다
- □ frontier 경계, 한계

advice

translation

» 매핑(mapping) 기술은 많은 새로운 응용분야에 사용되고 있다. 생물학 연구자들은 DNA의 분자 구조를 분석("유전체 지도 작성")하고 있고, 지구물리학자는 지구의 핵의 구조를 지도화하고 있고, 해양학자는 해양 바닥을 지도화하고 있다. 컴퓨터 게임은 규칙, 위험, 그리고 보상이 바뀌는 다양한 가상의 땅과 고도를 가지고 있다. 컴퓨터화는 이제 특별한 상황을 불러일으키는 인공적인 환경인 "가상현실"로 현실세계에 도전하는데, 이는 훈련과 오락에 유용할지도 모른다. 매핑 기술은 생각의 영역에서도 사용된다. 예를 들어서, 생각들 간의 관계가 개념지도라고 불리는 것을 통해서 표현될 수 있다. 일반적이거나 중심적인 사고로부터 시작해서 관련 아이디어들이 연결될 수 있고, 주된 개념 주위에 망을 만든다. 이것은 어떤 전통적인 정의에 의한 지도는 아니지만, 지도 제작법의 도구와 기법이 그것을 만들어 내기 위해서 이용되고 있고 어떤 면에 있어서 그것은 지도를 닮아 있다.

correct answer&distracter

» ① Computerized Maps vs. Traditional Maps 컴퓨터화된 지도 대 전통적인 지도
② Where Does Cartography Begin? 지도제작법은 어디서 시작되었나?
③ Finding Ways to DNA Secrets DNA 비밀로 가는 길을 찾아서
④ Mapping New Frontiers 새로운 미개척 분야들의 매핑

정답 ④

05 2018. 9. 1. 경찰(순경) 20번

다음 글의 제목으로 가장 적절한 것은?

Fourteenth-century approaches to music had a profound and continuing impact on music in later centuries. Perhaps most significant was the invention of a precise and unambiguous notation that could record a wide variety of rhythms and allowed music to be distributed in writing and performed accurately wherever it went. We now take this for granted when we play from notation and sight-read through unfamiliar music, but it was a remarkable innovation in the fourteenth century. Among its effects was that composers could fix their music exactly as they wished it to be performed, leading them to take pride in authorship. The increased interest in the individual and in satisfying the human senses that was characteristic of the age grew stronger in the fifteenth and sixteenth centuries and has remained important ever since.

① The Innovative Invention of Musical Instruments
② Musical Notation : Its Invention and Contributions
③ Authorship : Motivation for Innovations
④ History of Music in Terms of Genre

Vocabulary

- □ profound 엄청난, 심오한
- □ unambiguous 모호하지 않은, 분명한
- □ notation 표기법
- □ accurately 정확히, 정밀하게
- □ take ~ for granted ~을 당연시하다
- □ sight-read (악보를 처음 보고) 즉석에서 노래[연주]하다

advice

translation

≫ 14세기 음악의 접근법은 그 이후 세기의 음악에 심오하고 지속적인 영향을 끼쳤다. 아마도 가장 의미 있는 것은 매우 다양한 리듬을 기록할 수 있고, 음악을 글로 기록해 배포되도록 하며, 그것이 어딜 가든 정밀하게 연주되도록 해 준 정확하고 모호하지 않은 표기법의 발명이다. 오늘날 우리는 악보로 공연을 하고, 낯선 음악도 악보를 보고 즉석에서 연주하는 것을 당연하게 여기지만, 14세기에 그것은 주목할 만한 혁신이었다. 그 효과들 중 하나는 바로 작곡가들이 그들이 바라는 대로 정확히 연주되도록 그들의 음악을 고칠 수 있었다는 점이다. 이는 그들이 저작에 자부심을 느끼도록 이끌어 주었다. 그 시대의 특징이었던, 개인과 사람을 만족시키는 것에 대한 증가된 관심은, 15세기와 16세기에 더욱 강해졌고, 그 이래로 줄곧 중요하게 유지되었다.

correct answer&distracter

≫ ① The Innovative Invention of Musical Instruments 악기들의 혁신적인 발명
② Musical Notation : Its Invention and Contributions 음악 기호법 : 그것의 발명과 공헌
③ Authorship : Motivation for Innovations 저작 : 혁신을 위한 동기부여
④ History of Music in Terms of Genre 장르의 관점에서 음악의 역사

정답 ②

06 2017. 3. 18. 경찰(순경) 12번

다음 글의 제목으로 가장 적절한 것은?

> Taichi, which has roots in Chinese martial arts, uses a series of slow, flowing motions and deep, slow breathing to exercise the body and calm the mind. You move from one pose to another gradually, shifting your weight and extending your limbs to challenge your balance. It looks like a graceful dance.

① One Leg Balance
② Best Exercise for Balance : Taichi
③ The Best Way to Improve Your Dancing
④ A Reduction in Falls

Vocabulary

- □ Taichi 태극권
- □ martial art 무술
- □ limbs 팔다리(사지)
- □ fresh 담수(민물)

advice

translation

» 중국 무술에 뿌리를 두고 있는 태극권은 일련의 느리고, 흐르는 듯한 움직임 그리고 깊고, 느린 호흡으로 몸을 운동하고 마음을 진정시킨다. 당신은 서서히 한 자세에서 다른 자세로 움직이며, 체중을 이동시키고 사지를 펴 균형에 도전한다. 그것은 우아한 춤처럼 보인다.

correct answer&distracter

» ① One Leg Balance 한 쪽 다리로 균형 잡기
② Best Exercise for Balance : Taichi 균형을 위한 최고의 운동 : 태극권
③ The Best Way to Improve Your Dancing 춤을 향상시키는 가장 좋은 방법
④ A Reduction in Falls 넘어짐의 감소

정답 ②

chapter

R3 글의 요지(주제)

★★★

유형 focus

- "다음 글의 요지로 가장 적절한 것은?" (경채/공채 시험 공통 발문)
- "다음 글의 주제로 가장 적절한 것은?" (공채 시험 발문)
- "다음 글에서 필자가 주장하는 바로 가장 적절한 것은?" (공채 시험 발문)
- 요지란 말이나 글 따위에서 핵심이 되는 중요한 내용으로, 주어진 지문을 읽고 주제를 찾는 유형

2018년	2019년	2020년	2021년
8번	11번	15, 18번	-

Real 기출보기

01 2021. 4. 3 소방(경채) 5번

다음 글의 요지로 가장 적절한 것은?

Their expanding business became a large corporation in 1996, with three generations of Parks working together. Helene is the expert on cooking. Helene's husband Danny Park is good at making decisions. Their daughter Hannah is good with computers. Hannah's husband Danny Vu is good at thinking of new ideas and doing research. Hannah's sister Elizabeth is the family designer. She designs the insides of the restaurants. Their sister Mina is good at managing. Elizabeth says, "If you're going to work as a family, you have to know what you're good at. We work well together because we have different strengths."

① Only family businesses are successful.
❷ Family members have different strengths that help thebusiness.
③ Family businesses can have problems.
④ Family members have almost similar strengths.

Vocabulary

□ strength
강점, 힘

나노급 solution

step 1. 접근

글의 마지막 문장에서 글의 핵심내용을 한 문장으로 정리하여 말하고 있다. 글의 마지막 문장에서 주제문을 확인한 경우 앞의 내용을 가볍게 읽으면서 정답을 확인한다.

step 2. 지문 분석

- be good at ~에 능숙하다
- make decision 결정을 내다, 결심을 갖다
- We have different strengths. 우리는 서로 다른 강점을 가지고 있다.

이 글을 한 문장으로 정리하는 문장이다. ♥ 정답 Point!

「그들의 확장 사업은 1996년에 3대의 Parks가 함께 일하는 대기업이 되었다. Helene은 요리 전문가이다. Helene의 남편 Danny Park은 결정을 잘한다. 그들의 딸 Hannah는 컴퓨터를 잘한다. Hannah의 남편 Danny Vu는 새로운 아이디어를 생각하고 연구를 하는 것을 잘한다. Hannah의 여동생 Elizabeth는 가족 디자이너이다. 그녀는 식당 내부를 디자인한다. 그들의 여동생 Mina는 관리를 잘한다. Elizabeth는 "가족으로 일하려면, 자신이 무엇을 잘하는지 알아야 합니다. 우리는 서로 다른 강점을 가졌기 때문에 잘 협력합니다."라고 말한다.」

step 3. 보기 분석

① Only family businesses are successful.
오직 가족 사업만이 성공한다.

② Family members have different strengths that help the business.
가족 구성원은 사업에 도움이 되는 다른 강점이 있다.

③ Family businesses can have problems.
가족 사업에는 문제가 있을 수 있다.

④ Family members have almost similar strengths.
가족 구성원은 거의 비슷한 강점이 있다.

정답 ②

02 2020. 6. 20. 소방(경채) 15번

다음 글의 요지로 가장 적절한 것은?

Spiders are eight-legged bugs. Many people fear them. Spiders make webs in houses. Many people think that spider webs are dirty, so they sweep away the webs and kill the spiders. They may not know that spider webs catch flies, cockroaches, and other insects that bring sickness. Most spiders can help to keep a household healthy. Spiders are really useful household guests.

① Spiders like to help people.
② Spiders are dangerous and should be killed.
③ Most spiders make dirty webs in houses.
④ Most spiders are helpful to people.

Vocabulary

□ spider 거미
□ fear 무서워하다
□ cockroach 바퀴벌레

나노급 solution

step 1. 접근

글의 요지를 찾는 유형의 경우 대개 지문의 맨 처음이나 끝에 주제문이 위치한다.

step 2. 지문 분석

- sweep (방 등을 빗자루로) 쓸다, (어떤 것을 없애기 위해 빗자루손 등으로) 쓸다
  cf sweep something away ~을 완전히 없애다
- other insects that bring sickness 질병을 일으키는 다른 곤충들
- Spiders are really useful household guests. 거미는 정말 유용한 가정 손님이다.
  이 글의 주제가 담긴 문장이다. ♥ 정답 Point!

「거미는 다리가 여덟 개 달린 벌레다. 많은 사람들이 그들을 무서워한다. 거미는 집에다 거미줄을 친다. 많은 사람들은 거미줄이 더럽다고 생각해서, 거미줄을 쓸어내고 거미를 죽인다. 그들은 거미줄이 파리, 바퀴벌레, 그리고 질병을 일으키는 다른 곤충들을 잡는다는 것을 모를 수도 있다. 대부분의 거미들은 가정을 건강하게 유지하는 데 도움을 줄 수 있다. 거미는 정말 유용한 가정 손님이다.」

step 3. 보기 분석

① Spiders like to help people. 거미는 사람을 돕는 것을 좋아한다.
② Spiders are dangerous and should be killed. 거미는 위험하므로 죽여야 한다.
③ Most spiders make dirty webs in houses. 대부분의 거미들은 집에다 더러운 거미줄을 만든다.
④ Most spiders are helpful to people. 대부분의 거미는 사람들에게 도움이 된다.

정답 ④

03 2020. 6. 20. 소방(경채) 18번

다음 글의 요지로 가장 적절한 것은?

When you call 119, the best and fastest way to get a response to your emergency is to patiently answer all the questions the call-taker asks you. We understand that it can be difficult to be patient when you're terrified, but if you can remain as calm as possible and answer questions clearly, things will go much faster. When seconds count, you don't want to waste any time repeating yourself, or screaming while the call-taker tries to calm you down.

① 119에 전화할 때는 침착하게 상담원의 질문에 대답하여야 한다.
② 119에 전화할 때 환자의 정보를 미리 파악하고 있으면 도움이 된다.
③ 119 상담원은 사고에 대하여 가능한 한 많은 질문을 하여야 한다.
④ 119 상담원은 신고자를 진정시키기 위해 노력해야 한다.

Vocabulary

- □ patiently 끈기 있게
- □ clearly 분명하게
- □ scream 비명을 지르다

나노급 solution

step 1. 접근

글의 요지를 찾는 유형의 경우 대게 지문의 맨 처음이나 끝에 주제문이 위치한다. 이 글의 경우 주제문이 맨 처음에 나오고 있다. ♥ 정답 Point!

step 2. 지문 분석

- be terrified 공포에 휩싸이다
- as ~ as possible 될 수 있는 대로, 가급적
- 지문에서 'When seconds count'는 '1분 1초가 급할 때', '한시가 급할 때'로 해석하는 것이 자연스럽다.
- repeating yourself 스스로를 반복하다(→ 같은 말을 반복하다)

「119에 전화를 걸 때, 응급상황에 대응하는 가장 좋고 빠른 방법은 상담원이 묻는 모든 질문에 끈기 있게 대답하는 것이다. 우리는 공포에 질려 있을 때 인내심을 갖기가 어려울 수 있다는 것을 이해하지만, 만약 당신이 가능한 한 침착한 채로 질문에 명료하게 대답할 수 있다면, 상황은 훨씬 더 빨리 진행될 것이다. 한시가 급할 때, 같은 말을 반복하거나 상담원이 당신을 진정시키기 위해 노력하는 동안 비명을 지르느라 시간을 낭비하고 싶지 않을 것이다.」

정답 ①

the 알아보기 'as ~ as possible'을 이용한 표현

- as quickly as possible 가능한 한 신속하게
- as much as possible 가능한 한 많이
- as soon as possible 가능한 한 빨리

04 2019. 4. 6. 소방(경채) 11번

다음 글의 요지로 가장 적절한 것은?

Kids must feel loved. Indeed, the lack of self-esteem in those who do not has been the subject of many studies. In terms of a child's experience, though, what does love mean? Child development expert Penelope Leach says that a child should feel that at least one person of importance thinks he or she is just wonderful. This makes a person value and love himself or herself. It makes the person capable of valuing and loving other people. And this, surely, is a vital source of happiness.

① 도덕성이 높은 아이가 자존감도 높다.
② 아이의 발달은 자신의 특성에 대한 인식에서 시작된다.
③ 아이가 행복하려면 중요한 사람에게 인정받아 생기는 자존감이 필요하다.
④ 아이는 다른 사람을 존중하는 마음을 자신의 부모에게서 가장 잘 배운다.

Vocabulary

- □ self-esteem 자존감, 자부심
- □ capable ~을 할 수 있는
- □ vital 필수적인
- □ source 원천

나노급 solution

step 1. 접근

'self-esteem'이 'a vital source of happiness'라는 것이 이 글의 핵심이다. ♥ 정답 Point!

step 2. 지문 분석

- indeed (긍정적인 진술 · 대답을 강조하여) 정말, 참으로
- the lack of self-esteem 자존감의 부족
- in terms of ~ 면에서, ~에 관하여
  ex The cost in terms of human life was high.
  「인명이라는 측면에서 치른 대가가 컸다.」
- at least 적어도, 최소한

「아이들은 사랑을 느껴야 한다. 실제로, 그렇지 않은 사람에 대한 자존감의 부족은 많은 연구의 주제가 되어 왔다. 그렇지만 어린이의 경험이라는 면에서, 사랑은 무엇을 의미하는가? 아동 계발 전문가인 페넬로페 리치는 어린이는 적어도 한 명의 중요한 사람이 그 또는 그녀가 그저 훌륭하다고 생각한다는 것을 느껴야 한다고 말한다. 이렇게 되면 사람은 자기 자신을 소중하게 여기고 사랑하게 된다. 그것은 그 사람이 다른 사람들을 소중히 여기고 사랑할 수 있게 한다. 그리고 이것은, 확실히, 행복의 필수적인 원천이다.」

정답 ③

05 2018. 10. 13. 소방(경채) 8번

다음 글의 요지로 가장 적절한 것은?

The famous golfer Jack Niklaus always visualized his swing and the direction of the ball before playing. He never hit a shot without having a sharp and focused picture of it in his mind. "First, I see the ball where I want it to finish, sitting up high on the hill. Then the scene quickly changes, and I see the ball going there and its behavior on landing." The next thing he saw would be the kind of swing that could turn these images into reality. Although it can't replace practice and hard work, visualization can sometimes do amazing things.

① The value of visualization is not known exactly.
② Visualization should be used only after playing golf.
③ Visualization can be helpful for sports performance.
④ Visualization should not be used in practicing sports.

Vocabulary

- □ visualize 마음속에 그려보다 상상하다
- □ although 비록 ~일지라도
- □ replace 대신하다, 대체하다

나노급 solution

step 1. 접근

골프선수 Jack Niklaus의 사례를 바탕으로 'visualization'이 운동 수행에 도움이 된다는 것을 이야기하고 있다. ♥ 정답 Point!

step 2. 지문 분석

- a sharp and focused picture 선명하고 집중적인 그림
- in one's mind ~의 마음속에, 머릿속으로
- landing 내려앉다, 착륙하다

cf land – landed – landed – landing

「유명한 골퍼 잭 니클라우스는 경기 전에 항상 그의 스윙과 공의 방향을 마음속에 그려본다. 그는 머리에 선명하고 집중적인 그림을 떠올리지 않고 결코 샷을 친 적이 없다. "우선, 저는 언덕 위에서 자세를 바로하고 공이 멈추기를 원하는 곳을 바라봅니다. 그 후 장면이 빠르게 바뀌고, 공이 그곳에 가고, 착지하는 것을 봅니다." 그가 다음으로 본 것은 이 이미지들을 현실로 바꿀 수 있는 스윙과 같은 것이다. 비록 그것이 연습과 힘든 노력을 대신할 수는 없지만, 시각화는 때때로 놀라운 일을 할 수 있다.」

step 3. 보기 분석

① The value of visualization is not known exactly. 시각화의 가치는 정확히 알려지지 않았다.
② Visualization should be used only after playing golf. 시각화는 골프를 친 후에만 사용해야 한다.
③ Visualization can be helpful for sports performance. 시각화는 스포츠 경기 수행에 도움이 될 수 있다.
④ Visualization should not be used in practicing sports. 스포츠 연습에는 시각화를 사용해서는 안 된다.

정답 ③

Plus

01 2021. 4. 3. 소방(공채) 6번

다음 글의 요지로 가장 적절한 것은?

To demonstrate that you are thankful, you should say "thank you" immediately when you walk into the room and do the interview. This is a step that many people forego and do not remember, but when you do it, you demonstrate a level that is above the average candidate. So, you should say something to the interviewer like the following : "Thank you for inviting me to have this interview. I appreciate the time that you have committed to talk to me about this available position." You don't have to fluff up your words or try to make it into something fancy. Instead, keep it simple and to the point to show your gratitude to the interviewer.

① 면접자는 면접 시간 약속을 철저하게 지켜야 한다.
② 면접자는 면접 요청을 받으면 최대한 빨리 답장해야 한다.
③ 면접자는 면접관에게 곧바로, 간단히 감사를 표현해야 한다.
④ 면접에서 자신의 의견을 말할 때는 근거를 정확히 밝혀야 한다.

Vocabulary

- □ **forego** 앞서다
- □ **fluff up** 부풀리다
- □ **gratitude** 고마움

advice

✤ translation

「당신이 감사하다는 것을 보여주기 위해, 당신이 방에 들어가 인터뷰를 할 때 즉시 "감사하다."라고 말해야 한다. 이것은 많은 사람들이 앞서 들어가 기억하지 못한 단계이지만, 당신이 그렇게 한다면 당신은 보통 지원자 우위의 레벨임을 보여주게 된다. 그렇기에 당신은 면접관에게 다음과 같은 말을 해야 한다. "이런 인터뷰 기회를 주셔서 감사합니다. 당신이 이 공석에 관해 저와 이야기 나눌 수 있는 시간을 내주심에 감사드립니다." 당신은 당신의 말을 부풀리거나 멋지게 만들어낼 필요는 없다. 대신에 면접관에게 당신의 고마움을 표현하는 데에 당신의 말을 간단명료하게 하라.

✤ caution

③ 주어진 글의 첫문장에서 글의 주요 내용이 드러나고 있다.」

정답 ③

02 2020. 6. 20. 소방(공채) 6번

다음 글에서 필자가 주장하는 바로 가장 적절한 것은?

Judge Nicholas in Brooklyn supplied much-needed shock treatment by preventing New York City from hiring firefighters based on a test that discriminated against black and Hispanic applicants. At the time, only 2.9 percent of firefighters were black, even though the city itself was 27 percent black. One of the biggest obstacles to fairness has been a poorly designed screening test measuring abstract reasoning skills that have little to do with job performance. So it is time to design and develop a new test that truthfully reflects skills and personality characteristics that are important to the firefighter's job. It would be fairer if it is more closely tied to the business of firefighting and ensures all the candidates who are eligible to be hired can serve as firefighters, no matter whether they are blacks or not.

① 신속한 소방 활동을 위해 더 많은 소방관을 채용해야 한다.
② 소방관 채용에서 백인에 대한 역차별 문제를 해소해야 한다.
③ 소방관의 직무와 직결된 공정한 소방관 선발 시험을 개발해야 한다.
④ 소방관 선발 시험을 고차원적 사고 기능 중심으로 출제해야 한다.

Vocabulary

- □ discriminate 차별하다
- □ applicant 지원자
- □ fairness 공정성
- □ screening test 선발 검사
- □ have little to do with ~와 거의 관련이 없다
- □ ensure 보장하다
- □ candidate 후보자
- □ be eligible to ~할 자격이 있는

advice

✣ translation

「브루클린의 니콜라스 판사는 흑인과 히스패닉계 지원자를 차별하는 시험을 바탕으로 뉴욕시가 소방관을 고용하는 것을 막음으로써 매우 필요한 충격 치료를 제공했다. 당시 도시 자체가 27%의 흑인임에도 불구하고 소방관의 2.9%만이 흑인이었다. 공정성에 가장 큰 장애물 중 하나는 직무 수행과 거의 관련이 없는 추상적 추론 기술을 측정하는 형편없게 설계된 선발 시험이었다. 따라서 소방관의 직업에 중요한 기술과 성격 특성을 진정으로 반영하는 새로운 테스트를 설계하고 개발해야 할 때다. 소방사업과 더 밀접하게 연계되고 채용될 자격이 있는 모든 후보자들이 흑인이든 아니든 소방관으로서 역할을 할 수 있다는 것을 보장한다면 더 공정할 것이다.」

정답 ③

03 2020. 6. 20. 소방(공채) 7번

다음 글의 주제로 가장 적절한 것은?

Weather plays a big part in determining how far and how fast a forest fire will spread. In periods of drought, more forest fires occur because the grass and plants are dry. The wind also contributes to the spread of a forest fire. The outdoor temperature and amount of humidity in the air also play a part in controlling a forest fire. Fuel, oxygen and a heat source must be present for a fire to burn. The amount of fuel determines how long and fast a forest fire can burn. Many large trees, bushes, pine needles and grass abound in a forest for fuel. Flash fires occur in dried grass, bushes and small branches. They can catch fire quickly and then ignite the much heavier fuels in large trees.

① 산불 확대 요인
② 다양한 화재 유형
③ 신속한 산불 진압 방법
④ 산불 예방을 위한 주의사항

Vocabulary

- □ play a part 역할을 하다
- □ drought 가뭄
- □ occur 발생하다
- □ contribute to 기여하다
- □ humidity 습도
- □ control 통제하다
- □ determine 결정하다
- □ bush 수풀
- □ pine needle 솔잎
- □ abound 풍부하다
- □ ignite 불을 붙이다

advice

✤ translation

「산불이 얼마나 멀리, 얼마나 빨리 번질지 결정하는 데 날씨가 큰 역할을 한다. 가뭄의 시기에는 풀과 식물이 건조하기 때문에 산불이 더 많이 발생한다. 바람은 산불 확산에도 기여한다. 야외 온도와 공기 중의 습도도 산불을 진압하는 데 한몫을 한다. 불이 연소하려면 연료, 산소, 열원이 있어야 한다. 연료의 양은 산불이 얼마나 오래 그리고 빨리 연소할 수 있는지를 결정한다. 많은 큰 나무, 덤불, 솔잎, 풀들이 연료를 위해 숲에 넘쳐난다. 불똥불은 마른 풀, 덤불, 작은 가지에서 발생한다. 그들은 빨리 불이 붙어서 큰 나무에서 훨씬 더 무거운 연료에 불을 붙일 수 있다.」

정답 ①

04 2020. 6. 20. 소방(공채) 8번

다음 글의 요지로 가장 적절한 것은?

Perhaps every person on Earth has at least once been in a situation when he or she has an urgent task to do, but instead of challenging it head on, he or she postpones working on this task for as long as possible. The phenomenon described here is called procrastination. Unlike many people got used to believing, procrastination is not laziness, but rather a psychological mechanism to slow you down and give you enough time to sort out your priorities, gather information before making an important decision, or finding proper words to recover relationship with another person. Thus, instead of blaming yourself for procrastinating, you might want to embrace it — at least sometimes.

① Stop delaying work and increase your efficiency.
② Procrastination is not a bad thing you have to worry about.
③ Challenge can help you fix a relationship with another person.
④ Categorize your priorities before making an important decision.

Vocabulary

- □ urgent 긴급한
- □ head on 정면으로
- □ procrastination 지연 · 미룸
- □ laziness 게으름
- □ sort out 분류하다
- □ priority 우선순위
- □ proper 적절한
- □ recover 회복하다
- □ blame 비난하다
- □ embrace 받아들이다

advice

translation

「지구상의 모든 사람들은 적어도 한 번은 해야 할 급한 일이 있을 상황에 처했을지 모르지만, 정면으로 도전하는 대신, 가능한 한 오랫동안 이 일을 하는 것을 미룬다. 여기서 설명된 현상을 미루기라고 한다. 많은 사람들이 믿는 것에 익숙해진 것과 달리, 미루기는 게으름이 아니라, 오히려 여러분을 늦추고 여러분의 우선순위를 정리하고, 중요한 결정을 내리기 전에 정보를 수집하거나, 다른 사람과의 관계를 회복하기 위해 적절한 단어를 찾는 충분한 시간을 주는 심리적 메커니즘이다. 따라서, 당신은 미루는 것에 대해 자신을 비난하는 대신에, 적어도 때때로 그것을 받아들이고 싶을 것이다.」

correct answer & distracter

① Stop delaying work and increase your efficiency.
일을 미루지 말고 효율성을 높여라.
② Procrastination is not a bad thing you have to worry about.
지연은 걱정해야 할 나쁜 일이 아니다.
③ Challenge can help you fix a relationship with another person.
도전은 당신이 다른 사람과의 관계를 고치는 데 도움이 될 수 있다.
④ Categorize your priorities before making an important decision.
중요한 결정을 내리기 전에 우선순위를 분류하라.

정답 ②

05 2019. 4. 6. 소방(공채) 6번

다음 글의 주제로 가장 적절한 것은?

Having a children's party can be an example of a relatively inexpensive benefit to provide for your employees that can yield great returns on the investment. There are unlimited occasions and places to entertain children today. As a boss, you can help your employees' children celebrate holidays, Halloween, spring, or any other event or season. Employees and their children will appreciate the company providing this benefit. This is an excellent way to show appreciation to your employees' families for all the sacrifices they make to support their husbands, wives, fathers, or mothers as they go off to work each day. Finally, everyone will feel good about the company or organization.

① drawbacks of regular family gatherings
② merits of medical support for employees
③ employees' sacrifices for company growth
④ supporting family-related events and its effects

Vocabulary

- □ relatively 비교적, 상대적으로
- □ yield 가져오다, 낳다
- □ return 수익
- □ unlimited 무한의
- □ occasion 행사
- □ entertain 즐겁게 해주다
- □ celebrate 기념하다
- □ appreciate 감사히 여기다
- □ appreciation 감사
- □ sacrifice 희생
- □ go off to work 일하러 가다

advice

✤ caution

Having a children's party can be an example of a relatively inexpensive benefit to provide for your employees that can yield great returns on the investment. 첫 번째 문장이 주제문장으로서 ④이 정답이라는 것을 알 수 있다.

✤ translation

「(직원의) 자녀의 파티를 열어주는 것은 투자에 있어서 큰 수익을 가져올 당신의 직원을 위해 제공할 수 있는 비교적 비싸지 않은 혜택의 예일 수 있다. 오늘날 아이들을 즐겁게 해줄 수 있는 무수히 많은 행사와 장소들이 있다. 사장으로서, 당신은 당신의 직원 자녀들이 공휴일, 할로윈, 봄 또는 어떤 다른 행사나 계절을 기념하는 것을 도울 수 있다. 직원들과 그들의 아이들은 이러한 혜택을 제공하는 회사를 고마워할 것이다. 이것은 그들이 매일 일하러 갈 때 그들의 남편, 아내, 아빠, 엄마를 부양하기 위해서 하는 모든 희생을 대해서 당신의 직원의 가족에게 감사함을 보여줄 수 있는 훌륭한 방법이다. 결국 모든 사람은 회사와 조직에 대해서 좋게 느낄 것이다.」

✤ correct answer & distracter

① drawbacks of regular family gatherings 정기적인 가족 모임의 문제점
② merits of medical support for employees 직원들을 위한 의료지원의 장점
③ employees' sacrifices for company growth 회사 성장을 위한 직원들의 희생
④ supporting family-related events and its effects 가족과 관련된 행사를 지원하는 것과 그것의 영향

정답 ④

06 2019. 4. 6. 소방(공채) 7번

다음 글에서 필자가 주장하는 바로 가장 적절한 것은?

Many people store their medications in the bathroom. But this popular spot is actually one of the worst places to keep medicine. Bathroom cabinets tend to be warm and humid, an environment that speeds up a drug's breakdown process. This is especially true for tablets and capsules. Being exposed to heat and moisture can make medicines less potent before their expiration date. For example, a warm, muggy environment can cause aspirin tablets to break down into acetic acid (vinegar), which can irritate the stomach. Instead, keep medicines in a cool, dry, secure place out of a child's reach. Be aware that medicine that is improperly stored can become toxic.

① 올바른 장소에 약을 보관하라.
② 목욕 전에는 약을 복용하지 마라.
③ 약은 따뜻한 물과 함께 복용하라.
④ 의약품 보관 시 유효기간을 확인하라.

Vocabulary

- □ medication 약(물)
- □ spot 장소
- □ tend to~ ~하는 경향이 있다
- □ humid 축축한
- □ speed up 속도를 높이다
- □ breakdown 분해(하다)
- □ this is true for~ 이것은 ~에 있어서도 사실이다
- □ moisture 습기
- □ potent 강력한, 잘 듣는
- □ expiration 유효기간
- □ muggy 후덥지근한, 눅눅한
- □ acetic acid 아세트산
- □ irritate 자극하다
- □ be aware that~ ~를 알다
- □ improperly 부적절하게
- □ store 저장하다
- □ toxic 독성이 있는

advice

✤ caution

Instead, keep medicines in a cool, dry, secure place out of a child's reach. 문장을 통해서 ①이 정답이라는 것을 알 수 있다.

✤ translation

「많은 사람들은 욕실에 그들의 약을 보관한다. 하지만 이 인기 있는 장소는 사실 약을 보관하기에 가장 좋지 않은 장소들 중 하나이다. 욕실 수납장은 따뜻하고 습기가 있는 경향이 있는, (다시 말해) 약의 분해 과정을 과속하는 환경이다. 이러한 사실은 특히 알약과 캡슐 약에 특히 그러하다. 열과 습기에 노출되는 것이 유효기간 전에 약을 덜 효과 있게 만들 수 있다. 예를 들어, 따뜻하고 후덥지근한 환경은 아스피린 알약을 아세트산(식초)으로 분해시킨다, 그리고 그것이 위를 자극할 수 있다. 대신에 약을 아이들의 손에 닿지 않는 시원하고 건조한 장소에 보관해라. 반드시 부적절하게 저장된 약이 독성을 가질 수 있다는 것을 알도록 해라.」

정답 ①

07 2019. 4. 6. 소방(공채) 8번

다음 글의 요지로 가장 적절한 것은?

Training is all about influencing others, so if you want to maximize your influence on employees' future behavior, the implications for your organization's training programs are clear. Although many companies typically focus their training exclusively on the positive — in other words, on how to make good decisions — a sizable portion of the training should be devoted to how others have made errors in the past and how those errors could have been avoided. Specifically, illustrations and personal testimonials of mistakes should be followed by a discussion of what actions would have been appropriate to take in these and similar situations.

① 타인의 잘못을 관대하게 용서해주어야 한다.
② 회사 내에서 긍정적인 분위기를 만들어야 한다.
③ 회사의 발전을 위해 토론 문화를 확대해야 한다.
④ 실수에 관한 내용도 직원 훈련에 포함되어야 한다.

Vocabulary

- □ influence 영향을 미치다
- □ maximize 극대화하다
- □ implication 영향
- □ exclusively 오로지
- □ in other words 다른 말로 하면
- □ sizable 상당한 크기의
- □ be devoted to 헌신하다
- □ avoid 피하다
- □ illustration 묘사
- □ testimonial 증언
- □ follow 따르다
- □ discussion 논의
- □ appropriate 적절한
- □ take in 이해하다

advice

✣ translation

「훈련은 온전히 다른 사람에게 영향을 미치는 것에 대한 모든 것이다. 그래서 만약에 직원의 미래 행동에 대한 영향을 극대화하기를 원한다면, 당신의 조직의 훈련 프로그램에 대한 영향은 분명하다. 비록 많은 회사들이 주로 그들의 훈련을 오로지, 다른 말로 해서 훌륭한 결정을 내리는 방법과 같은, 긍정적인 것에만 초점을 맞출지 모르지만, 훈련의 꽤 많은 부분은 다른 사람들이 과거에 어떻게 실수했는지, 그리고 그러한 실수들을 어떻게 피할 수 있었는지에 할애되어야 한다. 특히, 실수에 대한 묘사와 개인적인 증언이 어떤 행동들이 이러한 비슷한 상황을 이해하는 데 적절했었을 것인지에 대한 논의가 뒤따라야만 한다.」

정답 ④

08 2018. 10. 13. 소방(공채) 11번

다음 글에 제시된 세미나의 주제로 가장 적절한 것은?

> Today, the seminar you attend will teach you how to come out of your shell or overcome your fears of speaking your mind. You'll also learn how to speak with authority without sounding too assertive or demanding. If you can master this skill, you'll be able to increase your effectiveness and win your audience.

① selling a new product
② hiring skillful employees
③ making effective presentations
④ improving coherency in your writing

Vocabulary

- □ assertive 적극적인
- □ demanding 부담이 큰, 요구가 많은

advice

✤ translation

「오늘, 여러분이 참석하고 있는 세미나는 여러분에게 어떻게 당신의 껍데기에서부터 나올지 또는 당신의 마음을 말하는 데 있어서의 두려움을 어떻게 극복할지에 대해서 가르쳐 줄 것입니다. 여러분들은 어떻게 하면 너무 적극적이거나 부담스럽게 들리지 않으면서 자신감을 가지고 말할 수 있는지 또한 배울 것입니다. 만약 여러분이 이런 기술을 마스터하게 된다면, 여러분은 효율성을 증가시킬 수 있고, 청중들을 사로잡을 수 있을 것입니다.」

✤ correct answer & distracter

① selling a new product 신상품 판매
② hiring skillful employees 유능한 직원 채용
③ making effective presentations 효과적인 프레젠테이션
④ improving coherency in your writing 글쓰기의 일관성 향상

정답 ③

09 2018. 10. 13. 소방(공채) 12번

다음 글의 주제로 가장 적절한 것은?

> No matter what we may have learned in books, it is the nature of life that we lose face before we find wisdom, fall to our knees before we look up to the heavens, and face our darkness before we see the light. Each of us wanders through the wilderness of experience to gather worldly wisdom. We succeed by failing, learn by our mistakes, and rise to great heights by a winding staircase.

① having access to wisdom through reading
② gaining wisdom through life's experiences
③ letting go of the past for a better future
④ making important decisions for your career

Vocabulary

- winding staircase 나선형 계단
- wander 헤매다
- worldly 세속적인

advice

✤ translation

「비록 우리가 책에서 배운다고 하더라도, 우리가 지혜를 찾기 전엔 체면을 잃고, 하늘을 올려다보기 전에 무릎을 꿇고, 그리고 빛을 보기 전에 어둠을 직면하는 것이 삶의 본질이다. 우리들 각각은 세속적인 지혜를 얻기 위해서 경험의 황무지 속을 헤맨다. 우리는 실패함으로써 성공하고, 실수로부터 배우고, 그리고 나선형 계단으로 엄청난 높이로 올라간다.」

✤ correct answer & distracter

① having access to wisdom through reading 독서를 통해 지혜에 접근하는 것
② gaining wisdom through life's experiences 삶의 경험을 통해 지혜를 얻는 것
③ letting go of the past for a better future 더 나은 미래를 위해 과거를 버리는 것
④ making important decisions for your career 당신의 직장 생활을 위해 중요한 결정을 하는 것

정답 ②

10 2018. 10. 13. 소방(공채) 16번

다음 글의 요지로 가장 적절한 것은?

Are you afraid to try something new because you might not be good at it? If you insist on perfection in everything you do, you'll probably keep putting things off and never do anything at all. If, for instance, you have a great idea for a new business or a new product and you're so afraid of not getting it exactly right that you never do anything to implement your idea, chances are you'll be sitting in your living room and hearing on the six o'clock news about someone who did exactly what it was that you were afraid to try. Striving for success doesn't always feel safe; you simply need to trust in your own abilities and embrace the process.

① 용기를 갖고 생각을 실행에 옮길 수 있어야 한다.
② 자신의 적성에 맞는 직업을 찾는 것이 중요하다.
③ 안정적인 환경 속에서 새로운 생각이 잘 떠오른다.
④ 창의적인 생각은 꾸준한 훈련을 통해 키울 수 있다.

Vocabulary

- □ implement 시행하다
- □ chances are 아마 ~일 것이다, ~할 가능성이 충분하다
- □ strive 분투
- □ embrace 안다, 받아들이다

advice

✤ translation

「당신은 능숙하지 않을 수 있기 때문에 무언가 새로운 것을 시도하는 것을 두려워하는가? 만약 당신이, 당신이 하는 모든 것에 완벽함을 고집한다면, 당신은 아마도 그것들을 계속 뒤로 미룰 것이고, 어떤 것도 전혀 할 수 없을 것이다. 예를 들어서, 만약 당신이 새로운 사업이나 새로운 제품에 대한 엄청난 아이디어를 가지고 있는데, 당신이 그것을 정확하게 하지 않은 것을 너무 걱정해서 당신의 아이디어를 보충하기 위해서 어떤 것도 하지 않는다면, 아마 당신은 거실에 앉아 6시 뉴스에서 당신이 시도하는 것을 두려워했던 바로 그 일을 한 누군가에 대해 듣게 될 것이다. 성공을 위해 분투하는 것은 언제나 안전하게 느껴지는 것은 아니다. 당신은 단순하게 자신의 능력을 믿고 그 과정을 받아들일 필요가 있다.」

정답 ①

01 2021. 4. 17. 국가직 나책형 19번

다음 글의 주제로 가장 적절한 것은?

> During the late twentieth century socialism was on the retreat both in the West and in large areas of the developing world. During this new phase in the evolution of market capitalism, global trading patterns became increasingly interlinked, and advances in information technology meant that deregulated financial markets could shift massive flows of capital across national boundaries within seconds. 'Globalization' boosted trade, encouraged productivity gains and lowered prices, but critics alleged that it exploited the low-paid, was indifferent to environmental concerns and subjected the Third World to a monopolistic form of capitalism. Many radicals within Western societies who wished to protest against this process joined voluntary bodies, charities and other non-governmental organizations, rather than the marginalized political parties of the left. The environmental movement itself grew out of the recognition that the world was interconnected, and an angry, if diffuse, international coalition of interests emerged.

① The affirmative phenomena of globalization in the developing world in the past

② The decline of socialism and the emergence of capitalism in the twentieth century

③ The conflict between the global capital market and the political organizations of the left

④ The exploitative characteristics of global capitalism and diverse social reactions against it

Vocabulary

- □ retreat 후퇴
- □ phase 단계, 국면
- □ advance 발전
- □ deregulate 규제를 철폐하다
- □ shift 옮기다, 바꾸다
- □ massive 거대한
- □ boost 북돋우다
- □ gain 개선, 증가
- □ allege 주장하다
- □ exploit 착취하다
- □ indifferent 무관심한
- □ subject 종속시키다
- □ monopolistic 독점적인
- □ radical 급진주의자
- □ protest 항의[반대]하다
- □ charity 자선단체
- □ marginalize 소외시키다, 처지게 하다
- □ diffuse 퍼뜨리다, 퍼지다
- □ coalition 연합

advice

translation

≫ 20세기 후반에 사회주의는 서양과 개발도상국의 많은 지역에서 퇴각하고 있었다. 시장 자본주의의 발전이라는 새로운 국면에서, 세계의 무역 형태는 점점 연결되었고, 정보기술의 진보는 규제가 철폐된 금융 시장이 순식간에 국경을 초월하여 거대한 자본의 흐름을 바꿀 수 있다는 것을 의미했다. '세계화'는 무역을 신장시켰고, 생산성 증가를 부추겼고, 가격을 낮췄지만, 비평가들은 세계화가 저임금 노동자들을 착취했고 환경 문제에 무관심했으며 제 3세계 국가들이 독점적인 자본주의 형태를 띠게 만들었다고 제기했다. 이러한 과정에 대해 항의하고자 하는 서양 사회의 많은 급진주의자는 소외된 좌익의 정당보다 자발적인 단체, 구호 단체 그리고 다른 비정부 조직들에게 합류했다. 환경 운동은 스스로 세계가 서로 연결되어 있다는 인식에서 발전하였고, 성난 국제적 연합 세력들이 생겨났다.」

correct answer&distracter

≫ ① The affirmative phenomena of globalization in the developing world in the past
과거 개발도상국에서의 세계화의 긍정적 현상

② The decline of socialism and the emergence of capitalism in the twentieth century
사회주의의 쇠퇴와 20세기 자본주의의 출현

③ The conflict between the global capital market and the political organizations of the left
세계 자본시장과 좌파 정치 조직 사이의 갈등

④ The exploitative characteristics of global capitalism and diverse social reactions against it
세계 자본주의의 착취 성격과 그에 대한 다양한 사회적 반응들

□ emerge 나타나다
□ affirmative 긍정적인
□ decline 쇠퇴
□ conflict 갈등
□ diverse 다양한

정답 ③

02 2020. 6. 13. 지방직 / 서울시 B책형 10번

다음 글의 주제로 가장 적절한 것은?

The e-book applications available on tablet computers employ touchscreen technology. Some touchscreens feature a glass panel covering two electronically-charged metallic surfaces lying face-to-face. When the screen is touched, the two metallic surfaces feel the pressure and make contact. This pressure sends an electrical signal to the computer, which translates the touch into a command. This version of the touchscreen is known as a resistive screen because the screen reacts to pressure from the finger. Other tablet computers feature a single electrified metallic layer under the glass panel. When the user touches the screen, some of the current passes through the glass into the user's finger. When the charge is transferred, the computer interprets the loss in power as a command and carries out the function the user desires. This type of screen is known as a capacitive screen.

① how users learn new technology
② how e-books work on tablet computers
③ how touchscreen technology works
④ how touchscreens have evolved

Vocabulary

- □ application 응용프로그램
- □ employ 이용하다
- □ feature ~을 특징으로 하다
- □ translate 변환하다
- □ command 명령(하다)
- □ resistive 저항하는
- □ electrify ~에 전기를 통하게 하다
- □ interpret 해석하다
- □ carry out 수행하다
- □ capacitive 용량성의

advice

translation

≫ 태블릿 컴퓨터에서 사용할 수 있는 전자책 애플리케이션은 터치스크린 기술을 사용한다. 일부 터치스크린에는 전자 충전 금속 표면 두 개를 덮는 유리 패널이 대면되어 있다. 스크린이 터치되면 두 개의 금속 표면이 압력을 느끼고 접촉한다. 이 압력은 컴퓨터에 전기 신호를 보내며 터치를 명령으로 변환한다. 터치스크린의 이 버전은 화면이 손가락의 압력에 반응하기 때문에 저항성 화면으로 알려져 있다. 다른 태블릿 컴퓨터는 유리 패널 아래에 하나의 전기화된 금속층을 특징으로 한다. 사용자가 화면을 터치하면 일부 전류가 유리를 통과하여 사용자의 손가락으로 전달된다. 그 전하가 전송되면 컴퓨터는 전력 손실을 명령으로 해석하고 사용자가 원하는 기능을 수행한다. 이러한 유형의 화면은 용량성 화면으로 알려져 있다.

correct answer&distracter

≫ ① how users learn new technology 사용자가 새로운 기술을 배우는 방법
② how e-books work on tablet computers 전자책이 태블릿 컴퓨터에서 작동하는 방법
③ how touchscreen technology works 터치스크린 기술이 작동하는 방법
④ how touchscreens have evolved 터치스크린이 진화해온 방식

정답 ③

03 2019. 4. 6. 국가직 나책형 10번

다음 글의 요지로 가장 적절한 것은?

When giving performance feedback, you should consider the recipient's past performance and your estimate of his or her future potential in designing its frequency, amount, and content. For high performers with potential for growth, feedback should be frequent enough to prod them into taking corrective action, but not so frequent that it is experienced as controlling and saps their initiative. For adequate performers who have settled into their jobs and have limited potential for advancement, very little feedback is needed because they have displayed reliable and steady behavior in the past, knowing their tasks and realizing what needs to be done. For poor performers - that is, people who will need to be removed from their jobs if their performance doesn't improve - feedback should be frequent and very specific, and the connection between acting on the feedback and negative sanctions such as being laid off or fired should be made explicit.

① Time your feedback well.
② Customize negative feedback.
③ Tailor feedback to the person.
④ Avoid goal-oriented feedback.

Vocabulary

- estimate 추정치
- frequency 빈도
- prod A into B A를 재촉해서 B하게 하다
- corrective 바로잡는
- sap 약화시키다
- initiative 진취성
- adequate 적당한
- settle into 자리를 잡다
- advancement 발전
- reliable 믿을 만한
- sanction 제재
- lay off 해고하다
- explicit 명백한

advice

translation

≫ 수행 결과에 대한 피드백을 줄 때, 당신은 그것의 빈도, 양, 내용을 설계하는 데 있어서 (피드백을) 받는 사람의 과거 수행과 그 또는 그녀의 미래 잠재력에 대한 추정치를 고려해야 한다. 성장을 위한 잠재력을 가지고 있는 높은 수행자들에게는, 피드백이 그들을 재촉해서 수정할 수 있는 조치를 취할 정도로 충분히 빈번해야만 하지만, 그것이 통제하는 것으로 받아들여지고 그들의 진취성을 약화시킬 정도로 빈번해서는 안 된다. 일에 자리를 잡고 발전에 제한된 잠재력을 가지고 있는 적당한 정도의 수행자들에게는 매우 적은 피드백만이 필요하다. 왜냐하면 그들은 자신의 일을 알고 어떤 일이 수행되어야 할지 알고 있으며, 과거에 믿을 만하고 꾸준한 행동을 보여 왔기 때문이다. 형편없는 수행자, 즉 만약 그들의 실적이 향상되지 않는다면 해고될 필요가 있을 사람들에게, 피드백은 빈번하고 매우 구체적이어야 하고, 피드백대로 행동하는 것과 휴직이나 해고와 같은 부정적인 제재 사이의 관계는 명확해야 한다.

correct answer&distracter

≫ ① Time your feedback well. 피드백의 시기를 잘 맞춰라.
② Customize negative feedback. 부정적인 피드백을 그 사람에게 맞춰라.
③ Tailor feedback to the person. 피드백을 그 사람에게 맞춰라.
④ Avoid goal-oriented feedback. 목표 지향적인 피드백을 피하라.

정답 ③

04 2018. 4. 7. 국가직 가책형 12번

다음 글의 요지로 가장 적절한 것은?

Worry is like a rocking horse. No matter how fast you go, you never move anywhere. Worry is a complete waste of time and creates so much clutter in your mind that you cannot think clearly about anything. The way to learn to stop worrying is by first understanding that you energize whatever you focus your attention on. Therefore, the more you allow yourself to worry, the more likely things are to go wrong! Worrying becomes such an ingrained habit that to avoid it you consciously have to train yourself to do otherwise. Whenever you catch yourself having a fit of worry, stop and change your thoughts. Focus your mind more productively on what you do want to happen and dwell on what's already wonderful in your life so more wonderful stuff will come your way.

① What effects does worry have on life?
② Where does worry originate from?
③ When should we worry?
④ How do we cope with worrying?

Vocabulary

- □ clutter
  혼란
- □ energize
  북돋우다
- □ ingrained
  뿌리 깊은
- □ have a fit of
  ~이 북받치다
- □ dwell on
  ~을 깊이 생각하다
- □ originate from
  ~에서 비롯되다

advice

translation

» 걱정은 흔들 목마와 같다. 당신이 아무리 빨리 가도 당신은 아무데도 가지 않는다. 걱정은 완벽한 시간 낭비이며, 마음속에 너무나 많은 혼란을 만들어 내기 때문에 어떤 것도 분명하게 생각할 수 없게 된다. 걱정을 그만두는 것을 배우는 방법은 당신이 집중하는 것이 무엇이든지 그것에 에너지를 쏟아야 한다는 것을 먼저 이해하는 것이다. 그러므로 당신이 스스로 걱정을 하면 할수록, 더 많은 것들이 잘못될 것이다. 걱정하는 것은 몸에 깊이 밴 습관이어서 그것을 피하기 위해서는 스스로 그렇게 하지 않도록 훈련을 해야 한다. 당신이 걱정으로 가득찬 것을 알아챌 때마다 멈추고 생각을 바꿔라. 당신이 일어나길 원하는 것에 대해 더 생산적으로 집중하고 당신의 인생에 일어났던 멋진 것을 계속 곱씹으면 더 멋진 일들이 당신에게 일어날 것이다.

correct answer&distracter

» ① What effects does worry have on life? 걱정은 삶에 어떤 영향을 미치는가?
② Where does worry originate from? 걱정은 어디에서 비롯되는가?
③ When should we worry? 언제 우리는 걱정해야만 하는가?
④ How do we cope with worrying? 어떻게 걱정에 대처해야 하는가?

정답 ④

05 2018. 3. 24. 경찰(순경) 17번

다음 글의 요지로 가장 적절한 것은?

In the early days of my first web hosting company, I was often criticized for not sticking with plans. If I saw a better opportunity, I would often divert all energy to the new opportunity and let the other one go. It's like being on a busy sidewalk and seeing a dollar bill a few yards away; you start to walk toward it with the intent to pick it up, and then you see a ten-dollar bill that is even closer. How could you not change the course and pick up the ten-dollar bill instead? Let someone else get the one-dollar bill, or if it is still there, get it after you pick up the ten-dollar bill. It was not long before those on my team began to realize the method to my madness.

① 상황 변화에 대처하는 유연성을 가져라.
② 새로운 기회를 다른 사람에게 양보하는 미덕을 가져라.
③ 단기적인 계획보다 장기적인 계획을 세워라.
④ 자신의 계획들에 집착하기보다는 타인의 조언을 경청하라.

Vocabulary

□ stick with
~을 계속하다
□ divert
전환하다

advice

translation

» 나의 첫 번째 웹 호스팅 회사 초기에는, 계획을 고수하지 않는다는 비판을 자주 받았다. 만약 내가 더 좋은 기회를 본다면, 나는 종종 모든 에너지를 새로운 기회로 전환하고 다른 하나는 놓아버릴 것이다. 그것은 마치 복잡한 인도를 타고 몇 야드 떨어진 곳에 있는 1달러 지폐를 보는 것과 같다. 당신은 그것을 집으려는 의도를 가지고 그것을 향해 걸어가기 시작하고 나서 당신은 10달러 지폐, 심지어 더 가까이 있는 것을 보게 된다. 어떻게 코스를 바꿔서 (1달러) 대신에 10달러짜리 지폐를 가지러 가지 않을 수 있겠는가? 다른 사람이 1달러짜리 지폐를 가지게 두거나, 만약 그것이 계속 거기 있다면, 10달러짜리 지폐를 집어 들고 난 후에 그것을 가지면 된다. 이윽고 우리 팀원들은 나의 이 광적인 방법에 대해 깨닫기 시작했다.

정답 ①

06 2018. 3. 24. 경찰(순경) 20번

다음 글의 주제로 가장 적절한 것은?

Errold Reid of Mount Sinai School of Medicine in New York City and his colleagues studied piano players who had been playing for at least 10 years. Eleven of the players experienced varying degrees of piano-related discomfort; 21 were pain-free. The researchers found that no postural differences were evident in the two groups, but the players who were pain-free relied heavily on their back and neck muscles. Conversely, players who experienced pain used smaller muscles in their forearms more. According to the study, not using the strong back muscles shifts the work to the smaller, more delicate muscles in the fingers and arms, which is too hard on those little muscles.

① 피아노 칠 때 사용하는 근육이 통증에 미치는 영향
② 피아노곡 감상을 통한 통증 치료 효과
③ 목 근육에 의존하여 생기는 부작용과 해결 방법
④ 오랜 시간 피아노를 치기 위한 바른 자세

Vocabulary

- □ postural 자세의
- □ forearm 팔뚝

advice

translation

» 뉴욕 시에 있는 Mount Sinai 의과대학의 Errold Reid 교수와 그의 동료들은 적어도 10년 동안 연주해 온 피아노 연주자들을 연구했다. 11명의 연주자들은 다양한 수준의 피아노 관련 (통증으로) 불편함을 경험했다; 21명은 통증이 없었다. 연구원들은 이 두 그룹에서 자세의 차이는 전혀 나타나지 않았지만 통증이 없는 연주자들은 등과 목 근육에 크게 의존한다는 것을 발견했다. 반대로 통증을 경험한 연주자들은 팔뚝의 작은 근육을 더 많이 사용했다. 이 연구에 따르면, 강한 등 근육을 사용하지 않는 것은 손가락과 팔의 더 작고 더 섬세한 근육으로 일을 이동시키며, 이것이 작은 근육에 무리를 준다고 한다.

정답 ①

글의 내용 파악

★★★

유형 focus

- "다음 글에서 언급하지 않은 것은?"
- "다음 글(대화)에서 밑줄 친 부분에 해당하는 내용이 아닌 것은?
- "다음 글의(인터뷰) 내용과 일치하지 않는 것은?"
- 지문에서 언급하지 않은 내용을 찾는 단순 유형과 일치/불일치를 판별하는 응용형

2018년	2019년	2020년	2021년
2번	9번, 10번, 13번, 20번	20번	12번

Real 기출보기

01 2021. 4. 3. 소방(경채) 12번

소방관의 식단에 관한 다음 글의 내용과 일치하지 않는 것은?

Firefighting is a demanding job that will need 6,000 calories daily. Firefighters who don't eat sufficient calories will get exhausted and eliminate body fat and muscle. Consuming a lot of calories within the months and weeks of a busy fire season may harm immune function and result in illness. This really isn't the opportunity to drop weight. Firefighters should test their weight every two weeks to track their energy balance. The very best time to consider is at the morning prior to breakfast.

① 불을 끄는 일에는 하루에 6,000칼로리가 필요하다.
② 소방관이 칼로리를 충분히 섭취하지 않으면 근육을 잃는다.
③ 칼로리를 많이 소모하면 면역 기능을 손상시킬 수 있다.
④ 소방관이 몸무게를 확인하기 좋은 시간은 잠자기 전이다.

Vocabulary

- □ demanding 부담이 큰, 힘든
- □ sufficient 충분한
- □ exhausted 기진맥진한
- □ eliminate 없애다, 제거하다
- □ consume 소모하다
- □ immune function 면역 기능

나노급 solution

step 1. 접근

보기를 먼저 확인하고 보기의 내용과 제시된 글의 내용을 비교하며 보기의 정답이 아닌 것을 소거해 나가며 푼다.

step 2. 지문 분석

- result in 그 결과 ~가 되다
  ⓔⓧ Smoking can result in infertility and birth defects
  흡연은 불임과 기형아 출산을 야기할 수 있다.
- prior to …에 앞서, 먼저

「소방활동은 하루에 6,000칼로리가 필요한 힘든 직업이다. 충분한 칼로리를 섭취하지 않는 소방관들은 지칠 것이고 체지방과 근육을 잃는다. 바쁜 화재 철의 몇 달과 몇 주 안에 많은 칼로리를 소비하는 것은 면역 기능을 해치고 질병을 일으킬 수 있다. 이것은 정말로 살을 뺄 기회가 아니다. 소방관들은 에너지 균형을 추적하기 위해 2주에 한 번씩 체중을 재야 한다. 고려해야 할 가장 좋은 시간은 아침 식사 전이다.」

step 3. 보기 분석

① 불을 끄는 일에는 하루에 6,000칼로리가 필요하다.
Firefighting is a demanding job that will need 6,000 calories daily

② 소방관이 칼로리를 충분히 섭취하지 않으면 근육을 잃는다.
Firefighters who don't eat sufficient calories will get exhausted and eliminate body fat and muscle.

③ 칼로리를 많이 소모하면 면역 기능을 손상시킬 수 있다.
Consuming a lot of calories within the months and weeks of a busy fire season may harm immune function and result in illness.

④ 소방관이 몸무게를 확인하기 좋은 시간은 잠자기 전이다.
The very best time to consider is at the morning prior to breakfast.

정답 ④

02 2020. 6. 20. 소방(경채) 20번

다음 중 B가 말한 내용과 일치하지 않는 것은?

A : What is the hardest thing about working as a firefighter in Korea?

B : In the United States, if a firefighter has a child of a similar age to a victim at a scene, a psychological counselor immediately starts his consultation after the firefighter is done with his rescue. I think we should start this kind of system as soon as possible so that firefighters in Korea can receive help before they suffer from depression.

A : Oh, I see. By the way, what is your goal as a firefighter?

B : One of my goals is to host the 2025 International Fire Instructor's Workshop (IFIW), an annual event that gathers firefighters and fire experts to share and exchange their knowledge. Since 2015, I've been participating in the workshops as a Korean representative.

A : What do you do to achieve that goal?

B : I applied for a program that will send me to Australia for a year to work with local firefighters.

① 미국의 소방관 심리상담 시스템이 한국에서도 시행되기를 원한다.

② 2025년 국제 소방강사 워크숍의 한국 개최를 목표로 삼고 있다.

③ 2015년부터 국제 소방강사 워크숍에 한국 대표로 참여해 왔다.

④ 1년 동안 호주에서 현지 소방관들과 일해 본 경험이 있다.

Vocabulary

- □ victim
  (범죄 · 질병 · 사고 등의) 피해자
- □ scene
  현장, 장면
- □ consultation
  상담, 협의, 진찰
- □ rescue
  구출, 구조
- □ suffer
  시달리다, 고통받다
- □ depression
  우울증
- □ host
  주최하다
- □ Instructor
  강사, 지도자
- □ annual
  매년의, 연례의
- □ expert
  전문가
- □ representative
  대표자, 대리인
- □ achieve
  달성하다, 성취하다

나노급 solution

step 1. 접근

소방관을 인터뷰하고 있는 상황이다. B의 대답과 보기를 비교하며 풀이해 나간다.

step 2. 지문 분석

- psychological counselor 심리 상담사
- By the way 그런데
- participate in ~에 참가하다
  - cf participate – participated – participated – participating
- apply for ~에 지원하다
  - ex Only genuine refugees can apply for asylum.
    「진짜 난민인 사람들만이 망명을 요청할 수 있다.」

「A : 한국에서 소방관으로 일하면서 가장 힘든 점은 무엇입니까?

B : 미국의 경우, 만약 소방관이 현장에 있던 피해자와 비슷한 또래의 아이가 있다면, 심리상담사가 소방관의 구조작업이 끝난 후 즉시 상담을 시작합니다. 저는 한국의 소방관들이 우울증에 시달리기 전에 도움을 받을 수 있도록 이런 제도를 가능한 한 빨리 시작해야 한다고 생각합니다.

A : 아, 그렇군요. 그런데, 소방관으로서의 당신의 목표는 무엇입니까?

B : 제 목표 중 하나는 소방관과 소방 전문가가 모여 지식을 공유하고 교류하는 연례행사인 2025 국제소방지도사 워크숍 (IFIW)을 개최하는 것입니다. 2015년부터 저는 한국 대표로 이 워크숍에 참가하고 있습니다.

A : 그 목표를 달성하기 위해 무엇을 하십니까?

B : 지역 소방관들과 함께 일하기 위해 1년간 호주로 파견하는 프로그램에 지원했습니다.」

정답 ④

the 알아보기 'by the way'와 'however'의 차이

'by the way'와 'however'는 모두 우리나라 말로 '그런데'로 해석할 수 있지만, 활용에 있어 차이가 있다.

- by the way : '그런데', '그나저나'로 해석하며 주로 화제를 바꿀 때 사용된다. 유사하게 사용되는 접속부사로 'anyway'가 있다.
- however : '그런데', '그렇지만'으로 역접의 접속부사로 앞에 언급한 내용과 반대되는 내용이 이어질 때 주로 사용한다. 'but'과 유사하게 쓰인다.

03 2019. 4. 6. 소방(경채) 9번

다음 Rogers를 인터뷰한 내용과 일치하지 않는 것은?

Interviewer : What is an average day at your job like?

Rogers : That depends on what time of year it is. For most of the year, I work in my office. I do research on the computer and read and write scientific articles. But, during hurricane season, I get the chance to fly into hurricanes.

Interviewer : You fly into hurricanes?

Rogers : Yes. We fly into storms to measure them. One of our jobs is to find out exactly the location of the center of storms. In a storm, it's really exciting.

Interviewer : Is it only you on the airplane?

Rogers : No, there are usually 15 to 18 people on the plane. These include pilots, engineers, and the scientific crew.

① 일 년의 대부분을 사무실에서 일한다.
② 과학 기사를 쓰기도 한다.
③ 허리케인 속으로 들어가 직접 측정한 적이 있다.
④ 허리케인의 정확한 위치를 알기 위해 혼자 비행한다.

Vocabulary

- □ article 기사
- □ measure 측정하다
- □ location 위치
- □ include 포함하다

나노급 solution

step 1. 접근

보기를 먼저 확인하고 지문을 읽으며 답을 찾으면 보다 빠르게 문제를 해결할 수 있다.

step 2. 지문 분석

- an average day 평균적인 하루, 보통의 하루
- depend on ~에 달려 있다, ~에 의해 결정되다

  ⓔⓧ It would depend on the circumstances.

  「그것은 상황에 따라 달라질 것이다.」
- most of the year 일 년 중 대부분
- find out 알아내다

「진행자 : 당신의 직장에서의 평균적인 하루는 어떠십니까?

Rogers : 그것은 연중 어느 때이냐에 달려 있습니다. 일 년 중 대부분은, 제 사무실에서 일합니다. 컴퓨터로 조사를 하고 과학 기사를 읽고 씁니다. 하지만 허리케인 시즌에는, 저는 허리케인으로 날아갈 기회를 얻습니다.

진행자 : 허리케인으로 날아간다고요?

Rogers : 네. 저희는 그것들을 측정하기 위해 폭풍에 날아듭니다. 우리의 일 중 하나는 폭풍의 중심 위치를 정확히 알아내는 것입니다. 폭풍 속에서, 그것은 정말 흥미진진합니다.

진행자 : 그 비행기에 당신 혼자 타고 있습니까?

Rogers : 아니요, 비행기에는 보통 15명에서 18명이 타고 있습니다. 여기에는 조종사, 엔지니어, 과학팀 등이 포함됩니다.」

step 3. 보기 분석

① 일 년의 대부분을 사무실에서 일한다. ← For most of the year, I work in my office.

② 과학 기사를 쓰기도 한다. ← ~ read and write scientific articles.

③ 허리케인 속으로 들어가 직접 측정한 적이 있다. ← We fly into storms to measure them.

④ 허리케인의 정확한 위치를 알기 위해 혼자 비행한다. ← there are usually 15 to 18 people on the plane. ♥ 정답 Point!

정답 ④

04 2019. 4. 6. 소방(경채) 10번

다음은 에펠탑에 관한 설명이다. 글의 내용과 일치하지 않는 것은?

"La Tour Eiffel" stands 984 feet high over the city of Paris. It took three hundred men two years to build it. It is made of fifteen thousand pieces of iron held together by 2.5 million rivets. It can sway almost five inches in strong winds. Forty tons of paint are needed to cover the tower, which remained the tallest structure in the world until 1930, when the Chrysler Building, soon followed by the Empire State Building, was erected in New York City.

① 탑을 건축하는 데 2년이 걸렸다.
② 강한 바람에 거의 5인치가 흔들릴 수 있다.
③ 탑을 칠하는 데 페인트 40톤이 필요하다.
④ 완공된 크라이슬러 빌딩보다 더 높았다.

Vocabulary

□ rivet 리벳(대갈못)
□ sway 흔들리다
□ erect 건립하다

나노급 solution

step 1. 접근

기간이나 길이, 무게, 사람 수 등 수치 정보에 유의한다.

step 2. 지문 분석

• the tallest structure in the world 세계에서 가장 높은 구조물
• followed by 뒤이어
ⓔⓧ Flashes of light were <u>followed by</u> an explosion.
「번쩍이는 불빛들에 뒤이어 폭발이 일어났다.」

「"에펠탑"은 파리 시 상공 984피트 높이에 서있다. 그것을 짓는 데 300명의 사람과 2년이 소요되었다. 그것은 250만 리벳이 함께 받치고 있는 15,000개의 철 조각으로 만들어졌다. 그것은 강풍에 거의 5인치까지 흔들릴 수 있다. 크라이슬러 빌딩에 뒤이어 엠파이어스테이트 빌딩이 뉴욕에 세워진 1930년까지 세계에서 가장 높은 구조물로 남아 있던 이 탑을 덮기 위해 40톤의 페인트가 필요했다.」

step 3. 보기 분석

① 탑을 건축하는 데 2년이 걸렸다. ← ~ two years to build it.
② 강한 바람에 거의 5인치가 흔들릴 수 있다. ← It can sway almost five inches in strong winds.
③ 탑을 칠하는 데 페인트 40톤이 필요하다. ← Forty tons of paint are needed to cover the tower ~
④ 완공된 크라이슬러 빌딩보다 더 높았다. ← ~ which remained the tallest structure in the world until 1930, when the Chrysler Building ~ ♥ 정답 Point!

정답 ④

05 2019. 4. 6. 소방(경채) 13번

다음 중 화자가 언급한 재난이 아닌 것은?

Hello, my name is Jan Rader. For the past 24 years, I have been a firefighter in Huntington, West Virginia. As firefighters, my team and I are tasked with saving lives and property from such disaster as car wrecks, house fires, and also life-threatening medical emergencies.

① 건물 붕괴
② 자동차 사고
③ 집에서 일어나는 화재
④ 생명을 위협하는 의학적인 긴급 상황

Vocabulary

- □ property 재산
- □ disaster 재해, 재난
- □ wreck 난파
- □ threatening 위협하는
- □ emergency 비상사태

나노급 solution

step 1. 접근

'my team and I are tasked with ~' 뒤로 이어지는 문장에서 언급되지 않은 재난이 정답이다.

step 2. 지문 분석

- For the past 24 years 지난 24년간
- tasked with ~의 과업을 부여받은, ~의 책무가 있는

「안녕하세요, 제 이름은 Jan Rader입니다. 저는 지난 24년간 웨스트버지니아 주 헌팅턴에서 소방관으로 일했습니다. 소방관으로서, 우리 팀과 나는 자동차 난파, 주택 화재, 그리고 생명을 위협하는 의료 비상사태와 같은 재난으로부터 인명과 재산을 구하는 임무를 맡고 있습니다.」

step 3. 보기 분석

① 건물 붕괴 ← building collapses는 언급되지 않았다. ♥ 정답 Point!
② 자동차 사고 ← car wrecks
③ 집에서 일어나는 화재 ← house fires
④ 생명을 위협하는 의학적인 긴급 상황 ← life-threatening medical emergencies

정답 ①

06 2019. 4. 6. 소방(경채) 20번

대화에서 밑줄 친 (C)에 해당하는 내용이 아닌 것은?

A : This is 119. What's your emergency?

B : There's a fire in my apartment!

A : What is the address of your apartment, sir?

B : I don't know. I can't think of anything!

A : OK, I have ___(A)___ the location, using your cell phone. Fire engines and ambulances have been ___(B)___ to you. They should arrive in 4-7 minutes. Is there anyone else in your apartment with you?

B : Just my two cats.

A : If possible, exit your apartment with your pets. Do not take any belongings with you. Stay close to the ground and take short, quick breaths until you reach the exit. Do not take the elevator. Take the stairs.

B : Okay, thank you.

A : Please follow (C) <u>the instructions I gave you</u>. They are for your safety.

B : Thank you! Please hurry up!

① 가능하다면 애완동물과 탈출하라.
② 가장 중요한 물건들을 챙겨라.
③ 바닥에 가까이 있고 짧은 숨을 쉬어라.
④ 엘리베이터를 타지 말고 계단을 이용하라.

Vocabulary

- □ address 주소
- □ belonging 소유물
- □ stair 계단
- □ instruction 교육, 지시

나노급 solution

step 1. 접근

화재 신고를 받은 상황이다. 밑줄 친 (C) 이전 A의 발화에 정답을 도출할 내용이 있다.

step 2. 지문 분석

'V2. 빈칸 채우기(2) – 글 또는 대화의 흐름상 필요한 단어/숙어 추론' real 기출보기 10번과 동일 지문이다.

step 3. 보기 분석

① 가능하다면 애완동물과 탈출하라. ← exit your apartment with your pets.
② 가장 중요한 물건들을 챙겨라. ← Do not take any belongings with you. ♥ 정답 Point!
③ 바닥에 가까이 있고 짧은 숨을 쉬어라. ← Stay close to the ground and take short, quick breaths ~
④ 엘리베이터를 타지 말고 계단을 이용하라. ← Do not take the elevator. Take the stairs.

정답 ②

07 2018. 10. 13. 소방(경채) 2번

다음 글에서 Heatstroke에 관한 응급처치로 언급하지 않은 것은?

If your child has symptoms of heatstroke, get emergency medical care immediately. In case of heat exhaustion or while waiting for help for a child with possible heatstroke:

- Bring the child indoors or into the shade immediately.
- Undress the child.
- Have the child lie down; raise the feet slightly.
- If the child is able to speak, give some cold water.

① 옷을 벗긴다.
② 앉혀서 상체를 높여준다.
③ 실내나 그늘로 즉시 옮긴다.
④ 의사표현이 가능하면 약간의 냉수를 준다.

Vocabulary

- □ Heatstroke 열사병
- □ symptom 증상
- □ exhaustion 탈진

나노급 solution

step 1. 접근

제시된 각각의 항목과 보기를 비교하여 답을 찾는다.

step 2. 지문 분석

- in case of ~한다면, ~ 경우에는
- wait for ~을 기다리다

ⓔⓧ What am I supposed to do while waiting for you?
「당신을 기다리는 동안, 나는 무엇을 하고 있으면 됩니까?」

「만약 당신의 아이가 열사병 증상을 나타낸다면, 즉시 응급치료를 받으시오. 열 탈진의 경우 또는 열사병일 가능성이 있는 아이를 위한 도움을 기다리는 동안 :

- 아이를 실내나 그늘로 즉시 데려오시오.
- 아이의 옷을 벗기시오.
- 아이를 눕히고 발을 약간 들어올리시오.
- 아이가 말을 할 수 있으면 약간의 냉수를 주시오.」

step 3. 보기 분석

① 옷을 벗긴다. ← Undress the child.
② 앉혀서 상체를 높여준다. ← Have the child lie down; raise the feet slightly.
③ 실내나 그늘로 즉시 옮긴다. ← Bring the child indoors or into the shade immediately.
④ 의사표현이 가능하면 약간의 냉수를 준다. ← If the child is able to speak, give some cold water.

정답 ②

Plus

01 2021. 4. 3. 소방(공채) 18번

Hansberry에 관한 다음 글의 내용과 일치하지 않는 것은?

> Hansberry was born on May 19, 1930, in Chicago, Illinois. She wrote The Crystal Stair, a play about a struggling black family in Chicago, which was later renamed A Raisin in the Sun, a line from a Langston Hughes poem. She was the first black playwright and, at 29, the youngest American to win a New York Critics' Circle award. The film version of A Raisin in the Sun was completed in 1961, starring Sidney Poitier, and received an award at the Cannes Film Festival. She broke her family's tradition of enrolling in Southern black colleges and instead attended the University of Wisconsin in Madison. While at school, she changed her major from painting to writing, and after two years decided to drop out and move to New York City.

① The Crystal Stair라는 연극 작품을 썼다.
② 29세에 New York Critics' Circle 상을 수상했다.
③ 가문의 전통에 따라 남부 흑인 대학에 등록했다.
④ 학교에서 전공을 미술에서 글쓰기로 바꿨다.

Vocabulary

- □ starring 주연
- □ drop out 중퇴하다

advice

caution

③ Hansberry는 가문의 전통을 따르지 않고 Wisconsin 대학에 진학했다.

translation

「Hansberry는 Illinois의 Chicago에서 1930년 5월 19일에 태어났다. 그녀는 Chicago에서 분투하는 한 흑인 가족에 대한 연극 The Crystal Stair를 집필했고, 그것은 후에 Langston Hughes의 시의 한 구절에서 따온 A Raisin in the Sun으로 이름이 바뀌었다. 그녀는 최초의 흑인 극작가였고, 29세에 최연소 미국인으로 New York Critics' Circle 상을 받았다. Sidney Poitier가 주연인 A Raisin in the Sun을 영화화한 작품은 1961년에 완성되었고, Cannes Film Festival에서 상을 받았다. 그녀는 남부 흑인 대학에 가는 그녀 가문의 전통을 깨고 대신에 Madison의 Wisconsin 대학에 진학했다. 학교에 다니는 동안, 그녀는 전공을 회화에서 작문으로 바꾸었고, 2년 후에 중퇴하고 New York 시로 이사하기로 결심했다.」

정답 ③

01 2021. 4. 3. 소방(공채) 20번

다음 글의 내용과 일치하지 않는 것은?

A local Lopburi inn owner, Yongyuth, held the first buffet for the local monkeys in 1989, and the festival now draws thousands of tourists every year. The Lopburi people revere the monkeys so much that every year they hold an extravagant feast for them in the ruins of an old Khmer temple. Over 3,000 monkeys attend the banquet of fruit, vegetables and sticky rice, which is laid out on long tables. Before the banquet, Lopburi locals perform songs, speeches and monkey dances in honour of the monkeys. The Lopburi people believe that monkeys descend from Hanuman's monkey army, who, according to legend, saved the wife of Lord Ram from a demon. Since then, monkeys have been thought to bring good luck and are allowed to roam where they please in the city, even if they do cause chaos and tend to mug people.

① Lopburi 여관의 주인이 원숭이를 위한 뷔페를 처음 열었다.
② Lopburi 사람들은 원숭이를 매우 존경해서 매년 호화로운 잔치를 연다.
③ Lopburi 사람들은 연회가 끝나면 원숭이 춤을 춘다.
④ 원숭이가 행운을 가져다준다고 여겨진다.

Vocabulary

- □ inn 여관
- □ revere 숭배하다
- □ extravagant 화려한
- □ banquet 만찬
- □ roam 배회하다
- □ even if -일지라도

advice

❖ caution

③ 본문에서 Lopburi 사람들은 연회 전에 원숭이 춤을 춘다고 언급되었다.

❖ translation

「현지 Lopburi 여관 주인인 Yongyuth는 1989년에 지역 원숭이들을 위한 첫 번째 뷔페를 열었고, 이제 그 축제는 해마다 수 천명의 관광객들을 끌어모으고 있다. Lopburi 사람들은 원숭이들을 무척 숭배해서 해마다 오래된 Khmer 사원의 폐허에서 그들을 위한 화려한 잔치를 베푼다. 3,000마리가 넘는 원숭이들이 기다란 탁자에 놓여있는 과일, 야채, 찹쌀의 만찬에 참여한다. 연회가 열리기 전에 Lopburi 현지인들은 원숭이들에게 경의를 표하기 위해 노래, 연설, 원숭이 춤을 춘다. Lopburi 사람들은 원숭이들이 Hanuman의 원숭이 군대에서 내려온다고 믿는데, 전설에 따르면 Hanuman은 Ram 경의 아내를 악마로부터 구했다고 한다. 그 이후 원숭이들은 복을 가져온다고 생각되었고, 난장판을 만들고 사람들에게 강도 짓을 하더라도 그들은 도시에서 마음에 드는 곳을 돌아다녀도 된다.」

정답 ③

02 2020. 6. 20. 소방(공채) 20번

다음 글의 내용과 일치하지 않는 것은?

Dear Sales Associates,

The most recent edition of The Brooktown Weekly ran our advertisement with a misprint. It listed the end of our half-price sale as December 11 instead of December 1. While a correction will appear in the paper's next issue, it is to be expected that not all of our customers will be aware of the error. Therefore, if shoppers ask between December 2 and 11 about the sale, first apologize for the inconvenience and then offer them a coupon for 10% off any item they wish to purchase, either in the store or online.

Thank you for your assistance in this matter.

General Manger

① The Brooktown Weekly에 잘못 인쇄된 광고가 실렸다.
② 반값 할인 행사 마감일은 12월 1일이 아닌 12월 11일이다.
③ 다음 호에 정정된 내용이 게재될 예정이다.
④ 10% 할인 쿠폰은 구매하고자 하는 모든 품목에 적용된다.

Vocabulary

- □ misprint 오인, 오식
- □ correction 수정
- □ inconvenience 불편함

advice

translation

「친애하는 영업사원분들께,
The Brooktown Weekly 최신호에 실은 우리 광고에 오자(誤字)가 있었습니다. 그것은 우리의 반값 세일의 종료를 12월 1일이 아닌 12월 11일로 기재했습니다. 다음 호에는 수정 사항이 나오겠지만, 우리 고객 모두가 오류를 인지하지는 못할 것으로 예상됩니다. 따라서 12월 2일에서 11일 사이에 구매자들이 판매에 대해 물어본다면, 먼저 불편함을 사과한 후 매장이나 온라인에서 구매하고자 하는 물품에 대해 10% 할인 쿠폰을 제공해 주십시오.
총괄 매니저」

정답 ②

03 2019. 4. 6. 소방(공채) 10번

James Baldwin에 관한 다음 글의 내용과 일치하지 않는 것은?

James Baldwin was one of the leading African American authors of the past century. Novelist, essayist, poet, dramatist — as a writer, he knew no limits. Born in Harlem in 1924 to an unwed domestic worker from Maryland, Baldwin shouldered a good deal of household responsibility in helping raise his eight siblings. Baldwin found an early outlet in writing. He edited the junior high school newspaper. He graduated from DeWitt Clinton High School and worked in construction in New Jersey until he moved to Greenwich Village in 1944. His first sale was a book review to *The Nation* in 1946. Baldwin came to know civil rights activists Martin Luther King Jr. and Malcolm X. Baldwin earned a number of awards, including a Guggenheim Fellowship. In 1987, the author died of cancer, leaving unfinished a biography of Martin Luther King Jr. Baldwin appeared on a commemorative U.S. postage stamp in 2004 — emblematic of his enduring power for the next generations.

① 아프리카계 미국인 작가였다.
② 1944년에 Greenwich Village로 이사했다.
③ Martin Luther King Jr.의 전기를 완성했다.
④ 2004년 미국 기념우표에 나왔다.

advice

caution

In 1987, the author died of cancer, leaving unfinished a biography of Martin Luther King Jr.에서 Martin Luther King Jr.의 전기를 완성하지 못하고 죽었다고 했다.

translation

「James Baldwin은 지난 세기에 선도하는 아프리카계 미국 작가 중 한 명이었다. 소설가, 수필가, 시인, 그리고 극작가로서, 그는 어떠한 한계도 알지 못했다. 메릴랜드 출신의 한 미혼모 가사 도우미 어머니로부터 1924년 할렘가에서 태어난, Baldwin은 그의 8형제를 키우는 데 도움을 주는 데 있어서 많은 가정의 책임을 짊어졌다. Baldwin은 어린나이에 글쓰기에 있어서 탈출구를 발견했다. 그는 중학교 신문을 편집했다. 그는 DeWitt Clinton High School을 졸업하고 그가 1944년에 Greenwich 마을로 이사할 때까지 뉴저지에 있는 건설현장에서 일을 했다. 그가 첫 번째로 판매한 책은 1946년도에 The Nation을 리뷰한 책이었다. Baldwin은 시민 인권 운동가인 Martin Luther King Jr.와 Malcolm X를 알게 되었다. Baldwin은 Guggenheim Fellowship을 포함한 많은 상을 받았다. 1987년에 암으로 죽었고, Martin Luther King Jr.의 전기를 끝내지 못한 상태로 남겼다. Baldwin은 2004년에 다음 세대를 위한 지속적인 그의 영향력을 기리를 위해 미국 기념 우표에 새겨졌다.」

Vocabulary

- □ leading 선도하는
- □ essayist 수필가
- □ poet 시인
- □ dramatist 희극작가
- □ unwed 결혼하지 않은
- □ domestic worker 가사 도우미
- □ shoulder 어깨, ~을 짊어지다
- □ a good deal of 상당한 양의
- □ household 가정의
- □ responsibility 책임
- □ raise 양육하다
- □ sibling 형제자매
- □ outlet 배출구
- □ edit 편집하다
- □ graduate 졸업하다
- □ construction 건설, 공사
- □ civil rights 시민 평등권
- □ activist 활동가
- □ include 포함하다
- □ appear 나타나다
- □ commemorative 기념하는
- □ postage stamp 우표
- □ emblematic 상징적인
- □ enduring 지속되는

정답 ③

04 2018. 10. 13. 소방(공채) 9번

다음 글에서 Adam이 bucket list로 가장 하고 싶어 하는 것은?

Sarah : So Adam, we're talking about the bucket lists we would like to do before we die. So what's your number one thing on your bucket list?

Adam : Oh, difficult question. Number one, I'd probably have to say, oh, skydiving maybe. I've wanted to do it for a long time. And I went bungee jumping in New Zealand. That was fun but I still have not yet been skydiving. And jumping out of the plane just sounds like an awesome idea to me.

① skydiving
② mountain climbing
③ bungee jumping
④ New Zealand tour

Vocabulary

- □ bucket list
  버킷 리스트(죽기 전에 해 보고 싶은 일들을 적은 목록)
- □ awesome
  엄청난, 굉장한

advice

✤ translation

「Sarah : 그래서 Adam, 우리는 우리가 죽기 전에 하고 싶어 하는 버킷 리스트에 대해서 얘기하고 있어요. 당신의 버킷 리스트에서 첫 번째는 무엇인가요?

Adam : 오, 어려운 질문이네요. 첫 번째는, 저는 아마도 스카이다이빙이라고 말해야 할 것 같네요. 저는 오랫동안 그것을 원해 왔어요. 그리고 저는 뉴질랜드에 번지점핑을 하러 갔었어요. 그것은 재밌었지만, 전 여전히 스카이다이빙을 하진 않았어요. 그리고 비행기에서 점프하는 것은 제게 엄청난 생각처럼 들려요.」

정답 ①

01 2021. 4. 17. 국가직 나책형 5번

다음 글의 내용과 일치하는 것은?

The most notorious case of imported labor is of course the Atlantic slave trade, which brought as many as ten million enslaved Africans to the New World to work the plantations. But although the Europeans may have practiced slavery on the largest scale, they were by no means the only people to bring slaves into their communities: earlier, the ancient Egyptians used slave labor to build their pyramids, early Arab explorers were often also slave traders, and Arabic slavery continued into the twentieth century and indeed still continues in a few places. In the Americas some native tribes enslaved members of other tribes, and slavery was also an institution in many African nations, especially before the colonial period.

① African laborers voluntarily moved to the New World.
② Europeans were the first people to use slave labor.
③ Arabic slavery no longer exists in any form.
④ Slavery existed even in African countries.

Vocabulary

- □ notorious 악명 높은
- □ imported 수입된, 들여온
- □ enslaved 노예가 된
- □ plantation 대농장
- □ by no means 결코 ~이 아닌
- □ explorer 탐험가
- □ tribe 부족
- □ institution 제도, 관습

advice

translation

» 수입 노동의 가장 악명 높은 사례는 물론 대서양 노예무역으로, 이는 천만 명에 이르는 노예가 된 아프리카인들을 신대륙에 데려와 대농장을 경작하도록 하였다. 그러나 유럽인들이 가장 대규모로 노예제도를 시행했을지라도, 그들은 결코 그들의 지역사회에 노예를 데려온 유일한 사람들이 아니었다. 일찍이 고대 이집트인들은 노예 노동을 그들의 피라미드를 건설하는 데 사용했고, 초기 아랍 탐험가들은 종종 노예 무역상이었으며, 아랍 노예제도는 20세기까지 계속되었으며, 실제로 몇몇 곳에서는 아직도 유지되고 있다. 아메리카 대륙에서는 몇몇 토착 부족들이 다른 부족의 구성원들을 노예로 삼았고, 노예 제도는 또한 특히 식민지 시대 이전 많은 아프리카 국가들의 관습이기도 했다.

correct answer&distracter

» ① African laborers voluntarily moved to the New World. 아프리카인 노동자들은 자발적으로 신대륙으로 이주했다.
② Europeans were the first people to use slave labor. 유럽인들은 노예 노동을 사용한 최초의 사람들이었다.
③ Arabic slavery no longer exists in any form. 아랍 노예 제도는 더는 어떤 형태로도 존재하지 않는다.
④ Slavery existed even in African countries. 노예 제도는 아프리카 국가들에서도 존재했다.

정답 ③

02 2021. 4. 17. 국가직 나책형 13번

다음 글의 내용과 일치하지 않는 것은?

Deserts cover more than one-fifth of the Earth's land area, and they are found on every continent. A place that receives less than 25 centimeters (10 inches) of rain per year is considered a desert. Deserts are part of a wider class of regions called drylands. These areas exist under a "moisture deficit," which means they can frequently lose more moisture through evaporation than they receive from annual precipitation. Despite the common conceptions of deserts as hot, there are cold deserts as well. The largest hot desert in the world, northern Africa's Sahara, reaches temperatures of up to 50 degrees Celsius (122 degrees Fahrenheit) during the day. But some deserts are always cold, like the Gobi Desert in Asia and the polar deserts of the Antarctic and Arctic, which are the world's largest. Others are mountainous. Only about 20 percent of deserts are covered by sand. The driest deserts, such as Chile's Atacama Desert, have parts that receive less than two millimeters (0.08 inches) of precipitation a year. Such environments are so harsh and otherworldly that scientists have even studied them for clues about life on Mars. On the other hand, every few years, an unusually rainy period can produce "super blooms," where even the Atacama becomes blanketed in wildflowers.

① There is at least one desert on each continent.
② The Sahara is the world's largest hot desert.
③ The Gobi Desert is categorized as a cold desert.
④ The Atacama Desert is one of the rainiest deserts.

Vocabulary

- □ deficit 부족, 결핍
- □ evaporation 증발
- □ precipitation 강수(량)
- □ mountainous 산이 많은
- □ otherworldly 비현실적인, 초자연적인, 내세의
- □ blanketed with ~로 뒤덮인

advice

translation

» 사막은 지구 육지의 5분의 1 이상을 덮고 있으며, 모든 대륙에서 발견된다. 매년 25센티미터 (10인치) 미만의 비가 오는 곳은 사막으로 여겨진다. 사막은 건조 지대라고 불리는 광범위한 지역의 일부이다. 이 지역들은 '수분 부족' 환경 하에 존재하는데, 이는 연간 강수를 통해 얻는 양보다 증발을 통해 흔히 수분을 더 많이 잃는다는 의미다. 사막이 뜨겁다는 일반적인 개념에도 불구하고, 차가운 사막들 또한 존재한다. 세계에서 가장 크고 뜨거운 사막인 북아프리카의 사하라 사막은 낮 동안 최고 섭씨 50도 (화씨 122도)에 이른다. 하지만 아시아의 고비 사막이나 세계에서 가장 큰 남극과 북극의 극지방 사막과 같이, 어떤 사막들은 항상 춥다. 나머지 사막들에는 산이 많다. 사막의 약 20%만이 모래로 덮여있다. 칠레의 아타카마 사막과 같은 가장 건조한 사막에는 연간 강수량이 2밀리미터 (0.08인치) 미만인 곳들이 있다. 그러한 환경들은 너무 혹독하고 비현실적이어서 과학자들이 화성의 생명체에 대한 단서를 찾기 위해 그것들을 연구하기도 했다. 반면, 몇 년에 한 번씩 유난히 비가 많이 오는 시기가 '슈퍼 블룸 현상'을 만들어낼 수 있는데, 이때는 아타카마조차도 야생화로 뒤덮이게 된다.

correct answer&distracter

» ① There is at least one desert on each continent.
각 대륙에는 적어도 하나의 사막이 존재한다.
② The Sahara is the world' s largest hot desert.
사하라 사막은 세계에서 가장 큰 뜨거운 사막이다.
③ The Gobi Desert is categorized as a cold desert.
고비 사막은 차가운 사막으로 분류된다.
④ The Atacama Desert is one of the rainiest deserts.
아타카마 사막은 비가 가장 많이 오는 사막들 중 하나이다.

정답 ④

03 2019. 4. 6. 국가직 나책형 11번

다음 글의 내용과 일치하지 않는 것은?

Langston Hughes was born in Joplin, Missouri, and graduated from Lincoln University, in which many African-American students have pursued their academic disciplines. At the age of eighteen, Hughes published one of his most well-known poems, "Negro Speaks of Rivers." Creative and experimental, Hughes incorporated authentic dialect in his work, adapted traditional poetic forms to embrace the cadences and moods of blues and jazz, and created characters and themes that reflected elements of lower-class black culture. With his ability to fuse serious content with humorous style, Hughes attacked racial prejudice in a way that was natural and witty.

① Hughes는 많은 미국 흑인들이 다녔던 대학교를 졸업하였다.
② Hughes는 실제 사투리를 그의 작품에 반영하였다.
③ Hughes는 하층 계급 흑인들의 문화적 요소를 반영한 인물을 만들었다.
④ Hughes는 인종편견을 엄숙한 문체로 공격하였다.

advice

translation

» Langston Hughes는 Missouri주, Joplin에서 태어났고, 많은 아프리카계 미국 학생들이 학업을 추구하는 링컨 대학을 졸업하였다. 18살의 나이에, Hughes는 그의 가장 잘 알려진 시집 중 하나인, "Negro Speaks of Rivers(흑인, 강에 대해 말하다)."를 출간했다. 창의적이고 실험적인 Hughes는 그의 작품에 진짜 방언을 포함시켰으며 블루스와 재즈의 억양과 분위기를 포용하기 위해 전통적인 시적 형태를 각색하였고 하층민의 흑인들의 문화 요소를 반영하는 등장인물과 주제를 만들어 내었다. 유머러스한 스타일과 진지한 내용을 융합할 수 있는 그의 능력으로, Hughes는 자연스럽고 재치 있게 인종 편견을 공격하였다.」

Vocabulary

- □ pursue 추구하다
- □ academic discipline 학과
- □ experimental 실험적인
- □ incorporate 포함시키다
- □ authentic 진짜의
- □ dialect 방언
- □ adapt 각색하다, 조정하다
- □ poetic 시적인
- □ embrace 포용하다
- □ cadence 억양
- □ fuse 융합하다
- □ racial 인종적인
- □ prejudice 편견

정답 ④

04 2018. 6. 23. 서울시 A책형 8번

밑줄 친 인물(Marcel Mauss)에 대한 설명으로 가장 옳지 않은 것은?

<u>Marcel Mauss</u> (1872-1950), French sociologist, was born in Épinal (Vosges) in Lorraine, where he grew up within a close-knit, pious, and orthodox Jewish family. Emile Durkheim was his uncle. By the age of 18 Mauss had reacted against the Jewish faith; he was never a religious man. He studied philosophy under Durkheim's supervision at Bordeaux ; Durkheim took endless trouble in guiding his nephew's studies and even chose subjects for his own lectures that would be most useful to Mauss. Thus Mauss was initially a philosopher (like most of the early Durkheimians), and his conception of philosophy was influenced above all by Durkheim himself, for whom he always retained the utmost admiration.

① He had a Jewish background.
② He was supervised by his uncle.
③ He had a doctrinaire faith.
④ He was a sociologist with a philosophical background.

Vocabulary

- □ a close-knit 긴밀하게 조직된 공동체
- □ pious 경건한, 독실한
- □ orthodox 정통의, 전통적인
- □ take trouble 수고하다, 노고를 아끼지 않다
- □ nephew 조카
- □ retain 간직하다, 보유하다
- □ utmost 최고의, 극도의
- □ admiration 감탄, 존경
- □ doctrinaire 교조적인

advice

translation

» 프랑스 사회학자인 마르셀 모스는 로레인의 에피날(보주)에서 태어났는데, 그곳에서 그는 친족들로 이루어진 경건하며 정통적인 유대인 가정에서 자랐다. 에밀 뒤르켐은 그의 삼촌이었다. 18살까지 모스는 유대적 신앙에 반대하는 반응을 나타냈다. 그는 결코 종교인이 아니었다. 그는 보르도에서 뒤르켐의 지휘 아래 철학을 공부했다. 뒤르켐은 조카의 학업을 지도하는 데 끊임없이 매진하였으며 심지어 모스에게 가장 유용할 것 같은 강의 주제를 선택했다. 그래서 모스는 처음에는 (대부분의 초기 뒤르켐주의자들과 마찬가지로) 철학자였으며, 철학에 대한 신념은 무엇보다도, 그가 항상 최고로 존경했던 뒤르켐에게 직접 영향을 받았다.

correct answer&distracter

» ① He had a Jewish background. 그는 유대인 출생이다.
② He was supervised by his uncle. 그는 삼촌의 지도를 받았다.
③ He had a doctrinaire faith. 그는 교리를 믿었다.
④ He was a sociologist with a philosophical background. 그는 철학적 배경을 가진 사회학자였다.

정답 ③

05 2018. 12. 22. 경찰(순경) 6번

다음 글의 내용과 가장 일치하지 않는 것은?

The aye-aye, the largest nocturnal primate in the world, displays an unusual degree of fearlessness towards humans. Wild aye-ayes have been known to appear unexpectedly from nowhere in the rainforest to sniff a researcher's shoes. It is different from the other *lemurs because it is highly specialized in many ways; its continuously growing incisor teeth (which led to its being considered a rodent during part of the 19th century), its large ears (almost certainly used in locating insect larvae in dead wood), and its long skeleton-like middle finger used to extract larvae from holes. So unique is it among the lemurs that it has proven extremely difficult to determine which other lemurs are its closest relatives. The aye-aye is so unusual that it is not only strange within the context of the primates, but it is one of the most distinctive mammals on earth.

*lemur 여우원숭이

① 야행성 영장류인 아이아이원숭이는 이상할 정도로 인간을 두려워하지 않는다.
② 아이아이원숭이는 계속 자라나는 앞니 때문에 19세기 이래로 설치류로 간주되고 있다.
③ 아이아이원숭이의 커다란 귀는 유충을 찾는 데, 긴 중지는 유충을 꺼내는 데 사용된다.
④ 아이아이원숭이는 가장 독특한 포유류 중 하나이다.

Vocabulary

- □ aye-aye 아이아이, 다람쥐원숭이
- □ nocturnal 야행성의
- □ primate 영장류
- □ fearlessness 겁 없음, 대담무쌍
- □ sniff 코를 킁킁거리다
- □ incisor teeth 앞니
- □ rodent 설치류
- □ larvae 유충
- □ skeleton 뼈대
- □ extract 꺼내다[뽑다/빼다]
- □ mammal 포유동물

advice

translation

» 세상에서 가장 큰 야행성 영장류인 아이아이원숭이는 인간을 향해 유별난 수준의 겁 없음을 보여준다. 야생의 아이아이원숭이는 열대우림에서 갑자기 예상 밖으로 나타나서 연구자의 신발을 코로 킁킁거리는 것으로 알려져 있다. 이는 다른 여우원숭이들과는 다른데 여러 가지 방식에서 매우 특별하기 때문이다; 이 동물의 계속 자라는 앞니(그것이 19세기 중 한때 그 원숭이들을 설치류라고 여겨지게 하였다), 큰 귀(죽은 나무 안의 벌레 유충의 위치를 찾아내는 데 거의 확실하게 사용된다), 그리고 구멍에서 유충을 꺼내는 데 사용되는 뼈대 같은 긴 가운데 손가락 등이다. 이것은 여우원숭이 중에서도 매우 독특해서 어떤 다른 여우원숭이가 이 동물의 가까운 친척인지를 밝히기가 매우 어렵다는 것이 입증되었다. 아이아이원숭이는 너무 독특해서 영장류의 맥락에서도 매우 낯설 뿐 아니라 지구상의 가장 독특한 포유동물 중 하나이다.

정답 ②

06 2018. 9. 1. 경찰(순경) 12번

다음 글의 내용으로 가장 적절하지 않은 것은?

Plastic bags were found in the digestive systems of more than 400 leatherback turtles. The leatherback turtle is a critically endangered species. Jellyfish is their main diet. Mistaking the increased amounts of plastic bags drifting in the currents for drifting jellyfish is causing the leatherbacks harm. Plastic bags account for 12 percent of all marine debris, and plastic bottles and plastic caps and lids are also prevalent at six and eight percent respectively. Marine litter is one of the most pervasive and solvable pollution problems plaguing the world's oceans and waterways. A simple solution to the plastic bag issue is reusable shopping bags. An increased awareness of the effects of plastic bags has caused many states and countries to implement plastic bag related legislation. For example, when Ireland imposed a fee on each plastic bag used by consumers, single-use plastic bag consumption dropped by 90 percent.

① 장수거북은 비닐봉지를 해파리로 착각하고 먹었다.
② 비닐봉지 외에도 플라스틱으로 만들어진 해양쓰레기가 있다.
③ 비닐봉지 사용으로 인한 해양오염에 대한 인식이 높아졌다.
④ 아일랜드는 1회용 비닐봉지 사용에 요금을 부과하였으나 큰 효과를 보지 못했다.

Vocabulary

- □ digestive system 소화기 계통
- □ leatherback turtle 장수거북
- □ drifting 표류하는
- □ current 해류
- □ marine debris 해양 쓰레기
- □ prevalent 일반적인, 널리 퍼져 있는
- □ respectively 각자, 각각

advice

translation

≫ 400마리가 넘는 장수거북의 소화기 계통에서 비닐봉지가 발견되었다. 장수거북은 멸종위기에 처한 종이다. 해파리는 그들의 주된 식량이다. 해류에 표류하는 많은 양의 비닐봉지를 떠다니는 해파리로 오해하는 것이 장수거북에게 해를 끼치고 있다. 비닐봉지는 전체 해양 쓰레기의 12%를 차지하며 플라스틱 병과 플라스틱 마개와 뚜껑도 각각 6%와 8%로 널리 퍼져 있다. 해양 쓰레기는 세계의 해양과 수로를 괴롭히는 가장 만연하고 해결할 수 있는 오염 문제들 중 하나이다. 비닐봉지 문제에 대한 간단한 해결책은 재사용 가능한 쇼핑백이다. 비닐봉지의 영향에 대한 인식이 높아지면서 많은 주와 국가가 비닐봉지 관련 법안을 시행하게 되었다. 예를 들어 아일랜드가 소비자가 사용하는 비닐봉지마다 수수료를 부과하자 1회용 비닐봉지 소비량이 90% 가량 줄었다.

정답 ④

07 2018. 3. 24. 경찰(순경) 14번

다음 글의 내용으로 가장 적절한 것은?

I was surprised to learn that the notion of a bedtime is not the norm around the world, even among other industrialized societies. For example, in Southern European countries like Italy, Spain, and Greece, children are typically allowed to participate in the family's late evening life, falling asleep in cars or laps instead of their own rooms, and there is no specified time for going to bed. The same is often true for families in Central and South America. In many tribal cultures, such as the Mayan or the Balinese, infants and toddlers are held, carried, or accompanied continuously by a series of caretakers. They are able to doze, fall asleep, stir, and waken under many circumstances, even in the middle of noisy, all-night ritual observances, with little need for special sleep aids like pacifiers, blankets, or stuffed animals.

① 많은 부족 문화권에서는 아이들의 숙면을 위해 담요와 같은 특별한 수면 보조기구들을 주로 활용한다.

② 남부 유럽 국가 아이들은 가족의 늦은 저녁 생활에 참여할 수 있지만 잠은 반드시 자신의 방에서 자는 것이 원칙이다.

③ 남아메리카의 아이들은 명시된 취침 시간이 없다.

④ 그리스 아이들은 명시된 취침 시간을 갖고 있다.

Vocabulary

- □ notion 관념, 개념
- □ norm 표준
- □ participate 참가하다
- □ specify 명시하다
- □ tribal 부족의
- □ infant 유아
- □ toddler 걸음마를 배우는 아이
- □ doze 졸다
- □ stir 움직이다, 휘젓다
- □ pacifier 고무젖꼭지

advice

translation

» 나는 취침 시간이라는 개념이 다른 산업화된 사회에서도 세계적으로 표준이 아니라는 것을 알고 놀랐다. 예를 들어, 이탈리아, 스페인, 그리스와 같은 남유럽 국가에서는, 아이들이 일반적으로 가족의 늦은 저녁 생활에 참여할 수 있고, 그들 자신의 방 대신 자동차나 무릎에서 잠들 수 있으며, 명시된 취침 시간이 없다. 중남미의 가족들도 종종 마찬가지다. 마야족이나 발리족과 같은 많은 부족 문화권에서는, 유아와 걸음마를 배우는 아이들은 일련의 양육자들에 의해 지속적으로 안기거나, 데리고 있거나, 동반된다. 그들은 많은 상황에서 심지어 소음 속에서 밤새 진행되는 의식 동안에도 고무젖꼭지, 담요, 또는 봉제 동물 인형과 같은 특별한 수면 보조기구가 거의 필요 없이, 졸고, 잠들고, 움직이고, 깨어날 수 있다.

정답 ③

chapter

R5 글의 순서

유형 focus

- "다음 주어진 문장이 들어가기에 가장 적절한 것은?"
- "주어진 글 다음에 이어질 글의 순서로 가장 적절한 것은?"
- 문장의 논리적 순서를 추론하여 글을 완성하는 유형
- 제시된 한 문장이 들어갈 위치를 파악하는 단순 유형과 주어진 글 뒤로 이어질 글의 순서를 추론하는 응용형

2018년	2019년	2020년	2021년
3, 13번	8, 15, 18번	–	–

Real 기출보기

01 2019. 4. 6. 소방(경채) 8번

주어진 글 다음에 이어질 글의 순서로 가장 적절한 것은?

What causes global warming?

(A) Once the heat from the sun reaches the earth, it cannot escape back into space because these gases trap it.
(B) When humans burn fossil fuels like oil or coal, gases are produced.
(C) As a result, the earth becomes like a greenhouse. This process is called global warming.

① (A) − (B) − (C)
② (A) − (C) − (B)
③ (B) − (A) − (C)
④ (C) − (A) − (B)

Vocabulary

- □ coal 석탄
- □ escape 빠져나가다
- □ trap 가두다
- □ greenhouse 온실

나노급 solution

step 1. 접근

'global warming'의 원인들에 대한 내용이 이어진다.

step 2. 지문 분석

- global warming 지구 온난화
- fossil fuels 화석연료

(A) Once the heat from the sun reaches the earth, it cannot escape back into space because these gases trap it. ♥ 정답 Point!

(B)에서 언급한 가스

(B) When humans burn fossil fuels like oil or coal, gases are produced.

(C) As a result, the earth becomes like a greenhouse. This process is called

(A)의 결과

global warming.

따라서 (B) – (A) – (C) 순이 적절하다.

「무엇이 지구 온난화를 일으키는가? (B) 인간이 석유나 석탄과 같은 화석연료를 태울 때, 가스가 발생한다. (A) 일단 태양으로부터의 열이 지구에 도달하면, 이 가스들이 그것을 가두기 때문에 그것은 우주로 다시 빠져나갈 수 없다. (C) 결과적으로 지구는 온실처럼 된다. 이 과정을 지구 온난화라고 한다.」

정답 ③

02 2019. 4. 6. 소방(경채) 15번

다음 문장이 들어가기에 가장 적절한 곳은?

Another way to be a good role model is to serve appropriate portions and not overeat.

Whether you have a baby or a teen, here is the best strategy to improve nutrition and encourage smart eating habits : Be a role model by eating healthy yourself. (①) The best way for you to encourage healthy eating is to eat well yourself. (②) Kids will follow the lead of the adults they see every day. (③) By eating fruits and vegetables and not overindulging in the less nutritious food, you'll be sending the right message. (④) Talk about your feelings of fullness, especially with younger children. You might say, "This is delicious, but I'm full, so I'm going to stop eating."

Vocabulary

- □ appropriate 적절한
- □ portion 부분, 양, 몫
- □ strategy 전략
- □ improve 개선하다
- □ nutrition 영양
- □ encourage 장려하다
- □ lead 선례
- □ overindulge 탐닉하다

나노급 solution

step 1. 접근

제시된 문장의 'Another way to be a good role model' 부분이 힌트가 된다. 먼저 좋은 역할 모델이 되는 방법(→ Be a role model by eating healthy yourself.)에 대한 내용이 제시되고, 그 다음으로 해당 문장이 이어져야 한다.

step 2. 지문 분석

- role model 역할 모델, 모범이 되는 사람
- overeat 과식하다
  - cf overwork 과로하다 / overuse 남용하다 / overlook 간과하다, 눈감아주다
- overindulge in ~에 탐닉하다
  - ex When depressed, they dramatically overindulge in chocolate and sweets.
    「우울할 때, 그들은 초콜릿과 단 것에 극적으로 탐닉한다.

「당신이 아기가 있든 아니면 십대가 있든, 여기 영양을 개선하고 똑똑한 식습관을 장려하기 위한 최선의 전략이 있다: 몸에 좋은 음식을 먹음으로써 역할 모델이 되어라. 건강한 식사를 장려하는 가장 좋은 방법은 스스로 잘 먹는 것이다. 아이들은 매일 보는 어른들의 선례를 따를 것이다. 과일과 야채를 먹고 영양가가 낮은 음식을 지나치게 탐내지 않음으로써, 당신은 옳은 메시지를 보낼 것이다. 좋은 역할 모델이 되는 또 다른 방법은 과식하지 않고 적절한 양을 제공하는 것이다. 특히 어린 아이들과 함께 당신의 포만감에 대해 이야기하라. 당신은 "이것은 맛있지만, 나는 배가 불러, 그래서 나는 그만 먹을 거야."라고 말할 수도 있다.」

정답 ④

03 2019. 4. 6. 소방(경채) 18번

주어진 글 다음에 이어질 글의 순서로 가장 적절한 것은?

Walt Disney liked being the class clown. He once said that he would do anything for attention. His schoolmates in Marceline, Missouri, loved his performances.

(A) They saw the little critter and screamed out in terror. Walt's teacher marched right over, put an end to the mischief, and punished Walt.

(B) Once he caught a field mouse and made a leash for it out of string. He waltzed into class and paraded his new pet around the room.

(C) But he didn't care. He and his mouse were famous for a day. Walt Disney didn't know it then. But one day another mouse — one named Mickey — would make him famous all over the world.

① (A) — (B) — (C)
② (A) — (C) — (B)
③ (B) — (A) — (C)
④ (B) — (C) — (A)

Vocabulary

- □ clown 광대
- □ attention 주의
- □ leash (개 등을 매어 두는) 가죽 끈, 목줄
- □ string 끈, 줄
- □ parade 퍼레이드를 하다
- □ critter 생물
- □ march 행군하다
- □ mischief 나쁜 짓, 장난

나노급 solution

step 1. 접근

각 문단의 처음과 끝 내용의 맥락을 잘 파악해야 한다.

step 2. 지문 분석

- class clown 반에서 가장 웃기는 사람
- put an end to ~을 끝내다, 폐지하다
- out of (수단 · 재료) ~으로

ⓔⓧ The statues were hewn out of solid rock.
「그 조상(彫像)들은 단단한 바위로 깎아서 만든 것이었다.」

「월트 디즈니는 반에서 가장 웃긴 사람이 되는 것을 좋아했다. 한번은 그가 주의를 끌기 위해 무슨 일이든 하겠다고 말한 적이 있다. 미주리 주 마셀린에 있는 그의 학교 친구들은 그의 공연을 좋아했다.

(B) 한번은 그가 들쥐를 잡아서 끈으로 그것을 위한 목줄을 만들었다. 그는 수업시간에 왈츠를 추고 그의 새 애완동물을 교실 주위로 행진시켰다.

(A) 그들은 그 작은 생물을 보고 겁에 질려 비명을 질렀다. 월트의 선생님은 바로 저쪽으로 데려 가서 그 장난에 종지부를 찍고 월트에게 벌을 주었다.
(B)에서 언급한 들쥐

(C) 그러나 그는 개의치 않았다. 그와 그의 생쥐는 하루 동안 유명했다. 월트 디즈니는 그때 그것을 몰랐다. 하지만 언젠가 또 다른 쥐가 – 미키라는 이름의 – 그를 전 세계적으로 유명하게 만들 것이다.」
(A) 마지막에서 언급한 벌을 받은 것을

정답 ③

04 2018. 10. 13. 소방(경채) 13번

다음 주어진 문장이 들어가기에 가장 적절한 것은?

The problem is particularly common among teens, who tend to believe it is OK to cross the street while texting or using social networking sites.

We have all been warned about the dangers of using cell phones while driving, but what about using phones while walking? (①) Bumping into walls, falling down stairs, stepping into traffic - these are just some of the many accidents. (②) Problems can occur if you are occupied with your cell phone while walking. (③) A lot of teens have been hit or nearly hit by passing cars, motorcycles, and bikes while texting. (④) Teens should pay more attention when they are crossing the streets without being distracted by the phones.

Vocabulary

- □ particularly 특히
- □ among ~의 사이에서
- □ occur 일어나다
- □ distracted 산만해진

나노급 solution

step 1. 접근

주어진 문장의 'The problem'이 힌트이다.

step 2. 지문 분석

- tend to (~하는) 경향이 있다.
  - ⓔⓧ Such jokes tend to reinforce racial stereotypes.
    「그러한 농담은 인종에 대한 고정관념을 강화하는 경향이 있다.」
- bump into somebody/something ~을 우연히 만나다, ~에 부딪히다
- pay more attention 좀 더 관심을 기울이다

「우리는 모두 운전 중에 휴대폰을 사용하는 것의 위험성에 대해 경고를 받았지만, 걸어가는 동안 휴대폰을 사용하는 것은 어떨까? 벽에 부딪히거나, 계단에서 떨어지거나, 교통체증에 빠져들거나 – 이것들은 단지 많은 사고들 중 일부에 불과하다. 만약 당신이 걷는 동안 휴대폰에 몰두하고 있다면 문제가 발생할 수 있다. 이 문제는 문자 메시지를 보내거나 소셜 네트워킹 사이트를 사용하는 동안 길을 건너도 괜찮다고 생각하는 십대들 사이에서 특히 흔하다. 많은 십대들이 문자 메시지를 보내는 동안 지나가는 자동차, 오토바이, 그리고 자전거에 치이거나 거의 치일 뻔 했다. 십대들은 길을 건널 때 휴대폰으로 인해 주의가 산만해지지 않도록 더 많은 주의를 기울여야 한다.」

정답 ③

01 2021. 4. 3. 소방(공채) 14번

주어진 글 다음에 이어질 글의 순서로 가장 적절한 것은?

As the body rebuilds its muscles, the muscles also increase in strength and capacity. Usually, the old tissue is discarded before the synthesis of new tissue. Consuming a lot of protein will help to provide raw material to help with the synthesis of new tissue.

(A) They are happening; you don't see them until the changes are substantial enough for you to notice. This is especially true if you have a lot of body fat.

(B) Your body will constantly be burning fat and building new tissue, which can give you the idea that you still look the same.

(C) Regarding the synthesis of new tissue, keep in mind that it will take a bit of time to start seeing body changes. However, this does not mean that the changes are not ongoing.

① (A) − (B) − (C)　　② (A) − (C) − (B)

③ (B) − (A) − (C)　　④ (C) − (A) − (B)

Vocabulary

- □ tissue (세포로 이루어진)조직
- □ synthesis 통합
- □ discard 폐기하다
- □ consume 먹다

advice

✤ translation

「신체가 근육을 다시 만들 때, 근육들도 힘과 능력을 증가시킨다. 보통 오래된 조직은 새로운 조직의 통합 전에 폐기된다. 많은 양의 단백질을 섭취하는 것은 새로운 조직 통합에 도움이 되는 원료를 공급하도록 도울 것이다.

(C) 새로운 조직 통합에 대해 말하자면, 신체 변화를 눈으로 보기까지 시간이 약간 걸릴 것임을 기억하라. 하지만, 이것이 변화가 계속되지 않음을 의미하는 것은 아니다.

(A) 변화는 일어나고 있다.; 당신이 알아차릴 만큼 변화가 상당할 때까지 당신은 알아보지 못한다. 이것은 당신이 체지방이 많다면 특히 더 그러하다.

(B) 당신의 몸은 지속적으로 지방을 태울 것이고 새로운 조직을 다시 만들어내고 있지만, 그것은 여전히 당신이 똑같아 보인다는 생각이 들도록 할 수 있다.」

정답 ④

02 2021. 4. 3. 소방(공채) 15번

주어진 글 다음에 이어질 글의 순서로 가장 적절한 것은?

There are hundreds of gas stations around San Francisco in the California Bay Area. One might think that gas stations would spread out to serve local neighborhoods.

(A) The phenomenon is partly due to population clustering. Gas stations will be more common where demand is high, like in a city, rather than in sparsely populated areas like cornfields.

(B) But this idea is contradicted by a common observation. Whenever you visit a gas station, there is almost alwaysan other in the vicinity, often just across the street. In general, gas stations are highly clustered.

(C) Moreover, there are many factors at play. Locating a gas station is an optimization problem involving demand, real estate prices, estimates of population growth, and supply considerations such as the ease of refueling.

① (A) − (C) − (B)　　❷ (B) − (A) − (C)

③ (C) − (A) − (B)　　④ (C) − (B) − (A)

Vocabulary

- □ **contradict** 모순되다
- □ **vicinity** 인근
- □ **clustered** 무리를 이룬
- □ **phenomenon** 현상
- □ **sparsely** 드문드문
- □ **real estate** 부동산
- □ **optimization** 최적화
- □ **refueling** 연료 보급의

advice

✤ translation

「California 만안지역에 있는 San Francisco 주위에는 수많은 주유소가 있다. 어떤 사람은 주유소가 지역 주민들을 위해 확산되었을 거라고 생각할지도 모른다.

(B) 하지만 이 생각은 일반적인 관찰로 볼 때 모순된다. 당신이 주유소를 가보면 인근에 거의 항상 다른 주유소가 있고, 종종 바로 길 건너편에 있다. 일반적으로 주유소는 매우 밀집되어 있다.

(A) 그 현상은 어느 정도 인구 밀집으로 인한 것이다. 주유소는 옥수수밭처럼 인구밀도가 희박한 지역 보다는 도시 같이 수요가 높은 지역에서 더 흔할 것이다.

(C) 게다가 많은 요소들이 작용하고 있다. 주유소의 입지 선정은 수요, 부동산 가격, 인구증가 추정치, 연료 공급의 용이성과 같은 충분한 고려사항을 포함하는 최적화 문제이다.」

정답 ②

03 2020. 6. 20. 소방(공채) 15번

주어진 글 다음에 이어질 글의 순서로 가장 적절한 것은?

In World War II, Japan joined forces with Germany and Italy. So there were now two fronts, the European battle zone and the islands in the Pacific Ocean.

(A) Three days later, the United States dropped bombs on another city of Nagasaki. Japan soon surrendered, and World War II finally ended.

(B) In late 1941, the United States, Britain and France participated in a fight against Germany and Japan; the U.S. troops were sent to both battlefronts.

(C) At 8:15 a.m. on August 6, 1945, a U.S. military plane dropped an atomic bomb over Hiroshima, Japan. In an instant, 80,000 people were killed. Hiroshima simply ceased to exist. The people at the center of the explosion evaporated. All that remained was their charred shadows on the walls of buildings.

① (A) − (B) − (C)　② (B) − (A) − (C)
③ (B) − (C) − (A)　④ (C) − (A) − (B)

Vocabulary

- □ front 전선
- □ cease 그만두다
- □ explosion 폭발
- □ evaporate 증발하다
- □ remain 남다
- □ char 까맣게 태우다
- □ surrender 항복하다

advice

✤ translation

「제2차 세계대전에서 일본은 독일과 이탈리아와 힘을 합쳤다. 그래서 이제 유럽 전투 지역과 태평양에 있는 섬 두 개의 전선이 있었다.

(B) 1941년 말, 미국, 영국, 프랑스는 독일과 일본에 대항하는 싸움에 참가했다; 미군은 두 전선에 모두 파견되었다.

(C) 1945년 8월 6일 오전 8시 15분, 미군 비행기가 일본 히로시마 상공에 원자 폭탄을 투하했다. 순식간에 8만 명이 목숨을 잃었다. 히로시마는 그저 존재하지 않게 되었다. 폭발의 중심에 있던 사람들이 증발했다. 남은 것은 건물 벽에 새까맣게 그을린 그림자뿐이었다.

(A) 3일 후, 미국은 다른 도시 나가사키에 폭탄을 투하했다. 일본은 곧 항복했고, 제2차 세계대전은 마침내 끝났다.」

정답 ③

04 2020. 6. 20. 소방(공채) 16번

주어진 글 다음에 이어질 글의 순서로 가장 적절한 것은?

Trivial things such as air conditioners or coolers with fresh water, flexible schedules and good relationships with colleagues, as well as many other factors, impact employees' productivity and quality of work.

(A) At the same time, there are many bosses who not only manage to maintain their staff's productivity at high levels, but also treat them nicely and are pleasant to work with.

(B) In this regard, one of the most important factors is the manager, or the boss, who directs the working process.

(C) It is not a secret that bosses are often a category of people difficult to deal with: many of them are unfairly demanding, prone to shifting their responsibilities to other workers, and so on.

① (A) − (B) − (C)　　② (B) − (A) − (C)

③ (B) − (C) − (A)　　④ (C) − (B) − (A)

Vocabulary

- □ trivial 사소한
- □ productivity 생산성
- □ in this regard 이러한 측면에서
- □ category 범주
- □ demanding 요구가 많은
- □ prone ~하기 쉬운

advice

✤ translation

「에어컨이나 신선한 물이 든 쿨러, 유연한 일정, 동료들과의 좋은 관계 등의 사소한 것들은 물론 많은 다른 요소들도 직원들의 생산성과 업무 질에 영향을 미친다.

(B) 이런 점에서 가장 중요한 요인 중 하나는 업무 프로세스를 지휘하는 관리자 또는 상사이다.

(C) 상사가 다루기 어려운 사람들의 범주인 것은 비밀이 아니다. 그들 중 많은 사람들은 부당하게 요구하고, 책임을 다른 노동자들에게 전가시키기 쉽다.

(A) 동시에, 직원들의 생산성을 높은 수준으로 유지하면서도 잘 대해주고 함께 일하기에 즐거운 상사들도 많다.」

정답 ③

05 2019. 4. 6. 소방(공채) 17번

주어진 글 다음에 이어질 글의 순서로 가장 적절한 것은?

But what if one year there was a drought and there wasn't much corn to go around?

When people bartered, most of the time they knew the values of the objects they exchanged. (①) Suppose that three baskets of corn were generally worth one chicken. (②) Two parties had to persuade each other to execute the exchange, but they didn't have to worry about setting the price. (③) Then a farmer with three baskets of corn could perhaps bargain to exchange them for two or even three chickens. (④) Bargaining the exchange value of something is a form of negotiating.

① (A) − (B) − (C)　　② (B) − (A) − (C)
③ (B) − (C) − (A)　　④ (C) − (B) − (A)

Vocabulary

- □ barter (물물) 교환하다
- □ exchange 교환하다
- □ persuade 설득하다
- □ execute 처형하다, 실행하다
- □ what if ~라면 어떨까?
- □ go around (사람들에게 몫이) 돌아가다
- □ bargain 흥정하다
- □ negotiate 협상하다

advice

caution

가뭄이 있었다는 내용과 함께 옥수수가 많지 않다는 주어진 문장은 3바구니의 옥수수와 2~3마리의 치킨과 바꿀 수 있다는 내용의 앞에 와야 한다. 따라서 정답은 ③번이다.

translation

「사람들이 물물교환을 할 때, 대부분 그들은 그들이 교환하는 사물의 가치를 안다. 옥수수가 들어있는 3개의 바구니가 일반적으로 닭 한 마리의 값어치가 있다고 가정해 보자. 두 사람이 서로에게 교환을 실행하도록 설득해야 하지만, 그들은 가격을 정하는 것에 대해서는 걱정할 필요가 없다. 하지만 일 년 동안 가뭄이 있었고 사람들에게 돌아갈 옥수수가 많지 않다면 어떨까? 그러면 옥수수 3바구니를 가지고 있는 한 농부는 아마 그것들을 2마리나 심지어 3마리의 닭과 교환할 것을 흥정할 수도 있다. 어떤 것을 교환 가치를 흥정하는 것은 협상의 한 형태이다.」

정답 ③

06 2019. 4. 6. 소방(공채) 20번

주어진 글 다음에 이어질 글의 순서로 가장 적절한 것은?

When people eat, they tend to confuse or combine information from the tongue and mouth (the sense of taste, which uses three nerves to send information to the brain) with what is happening in the nose (the sense of smell, which utilizes a different nerve input).

(A) With your other hand, pinch your nose closed. Now pop one of the jellybeans into your mouth and chew, without letting go of your nose. Can you tell what flavor went into your mouth?

(B) It's easy to demonstrate this confusion. Grab a handful of jellybeans of different flavors with one hand and close your eyes.

(C) Probably not, but you most likely experienced the sweetness of the jellybean. Now let go of your nose. Voilà — the flavor makes its appearance.

① (B) − (A) − (C)　　② (B) − (C) − (A)

③ (C) − (A) − (B)　　④ (C) − (B) − (A)

Vocabulary

- □ confuse 혼란스럽게 하다
- □ combine 결합하다
- □ tongue 혀
- □ nerve 신경
- □ utilize 이용하다
- □ input 입력 정보
- □ pinch 꼬집다
- □ pop (물건을) 탁 놓다
- □ chew 씹다
- □ let go of 놔주다
- □ tell 알다, 판단하다
- □ demonstrate 설명하다
- □ confusion 혼란
- □ grab 잡다
- □ a handful of 한 움큼의
- □ appearance 출현, 나타남

advice

✤ caution

주어진 글 후반부에 혼란스러워(confuse)하는 경향이 있다는 내용이 (B)에 confusion으로 받고 있다. 또한 후반부에 한 손으로 젤리빈을 움켜쥐라는 내용과 함께, 다른 손으로 코를 막으라는 내용이 나오는 (A)가 오는 것이 자연스럽고, 후반부에 이어지는 질문에 대한 답이 나오는 (C)가 마지막에 오는 것이 가장 자연스럽다.

✤ translation

「사람들이 먹을 때, 그들은 혀와 입(정보를 뇌로 보내기 위해 3개의 신경을 사용하는 미각)으로부터 오는 정보를 코(다른 신경 입력정보를 사용하는 후각)에서 일어나는 것과 혼란스러워하거나 결합하는 경향이 있다.

(B) 이 혼란스러움을 설명하는 것은 쉽다. 한 움큼의 다른 맛의 젤리빈을 한 손에 움켜쥐고 눈을 감아 보라.

(A) 다른 손으로, 너의 코를 막아라. 이제 젤리빈 중 하나를 코를 막은 상태로 너의 입속에 넣고 씹어라. 너는 어떤 맛이 너의 입속으로 들어갔는지를 알 수 있나?

(C) 아마도 아닐 것이다. 하지만 당신은 아마 젤리빈의 달콤함은 경험할 것이다. 이제 막고 있었던 너의 코를 놓아라. 자, 어떤가 – 맛이 느껴질 것이다.」

정답 ①

07 2018. 10. 13. 소방(공채) 18번

다음 주어진 문장이 들어가기에 가장 적절한 것은?

But road traffic crashes and injuries are preventable.

Road traffic injuries are a growing public health issue, disproportionately affecting vulnerable groups of road users, including the poor. (①) More than half the people killed in traffic crashes are young adults aged between 15 and 44 years - often the breadwinners in a family. (②) Furthermore, road traffic injuries cost low-income and middle-income countries between 1% and 2% of their gross national product - more than the total development aid received by these countries. (③) In high-income countries, an established set of interventions have contributed to significant reductions in the incidence and impact of road traffic injuries. (④) These include the enforcement of legislation to control speed and alcohol consumption, mandating the use of seat belts and crash helmets.

* breadwinner 생계를 책임지는 사람

Vocabulary

- □ road traffic injury 교통사고 부상
- □ disproportionately 불균형적으로
- □ vulnerable 취약한
- □ breadwinner 가장
- □ intervention 개입
- □ incidence 발생 정도
- □ legislation 입법

advice

✤ translation

「교통사고 부상은 점점 대중의 건강 이슈가 되고 있고, 가난한 사람들을 포함한 도로 이용자들의 취약한 집단에 불균형적으로 영향을 미치고 있다. 교통사고에서 죽는 사람의 절반 이상이 15세에서 44세 사이의 젊은 성인들이다 – 종종 가족의 가장인. 더욱이, 교통사고 부상은 저소득과 중소득 국가들에게 그들 국가총생산량의 1~2%의 비용이 들게 한다 – 이런 나라들에 의해서 받는 전체적인 발전기금보다 많은. 그러나 도로 교통사고와 부상들은 예방할 수 있다. 고소득 국가에서, 확립된 일련의 개입은 교통사고 부상의 영향과 발생 정도의 상당한 감소에 기여했다. 이것들은 속도제한과 술의 소비, 안전벨트와 충돌 헬멧의 의무화에 대한 입법의 강화를 포함한다.」

정답 ③

08 2018. 10. 13. 소방(공채) 19번

다음 주어진 문장이 들어가기에 가장 적절한 것은?

However, if the same fire spreads in an uncontrolled manner, it can be a vicious enemy for the mankind, property and any living creature nearby.

Fire may occur anytime anywhere and in any kind of facility. (①) No one denies that fire is nothing but a chemical reaction ignited by heat energy where the presence of oxygen in the air facilitates the substance to burn. (②) No doubt, it is a great friend of humanity when used in a controlled and safe manner. (③) Thus, a fire-fighting system assumes importance for a building, a public place or an industrial house, etc. (④) Unfortunately, it is a fact that a fire-fighting system is not a priority item while raising a building or holding an event for a certain purpose.

Vocabulary

- □ vicious 잔인한
- □ facility 시설, 기능
- □ ignite 불이 붙다
- □ assume (양상을) 띠다
- □ priority 우선사항

advice

✤ translation

「불은 언제 어디서나 그리고 어떤 종류의 시설에서도 발생할 수 있다. 아무도 불이 공기 중에 있는 산소의 존재가 탈 수 있는 물질이 열에너지에 의해 발화하기 용이하게 해주는 화학반응에 지나지 않음을 부인하지 않는다. 의심할 여지없이, 통제되고 안전한 방식으로 사용이 되었을 때는 불은 인간의 매우 좋은 친구이다. 그러나, 만약 불이 통제되지 않는 방식으로 퍼진다면, 그것은 인간, 재산 그리고 주변에 살아있는 생물에게 잔인한 적이 될 수 있다. 그래서 방재시스템은 빌딩과 공공장소 또는 산업시설 등등에서 중요성을 띤다. 불행하게도, 방재시스템은 빌딩을 올리고 특정 목적의 이벤트를 개최하는 동안에는 우선사항이 아니다.」

정답 ③

09 2018. 10. 13. 소방(공채) 20번

다음에 이어질 글의 순서로 가장 적절한 것은?

The twentieth century has been labeled the Plastic Age, and for good reason. In 1909, New York chemist Leo Baekeland introduced Bakelite, the world's synthetic plastic. Bakelite was a durable substance that could be molded into almost anything; by the 1930's, manufacturers were producing 90,000 tons of it every year.

(A) Nylon fabrics for parachutes, for example, were turned into ladies' stockings. Today, plastic is replacing metal in buildings and machines, and almost all electronic data is stored on plastic.
(B) After the war, plastic synthetics used for military purposes were adapted for everyday life.
(C) During World War Ⅱ, shortages of natural resources increased the demand for plastic even more. The result was vinyl, a rubber substitute that provided soldiers with tents and boots.

① (B)－(A)－(C) ② (B)－(C)－(A)
③ (C)－(A)－(B) ④ (C)－(B)－(A)

Vocabulary

- □ synthetic 합성한
- □ durable 내구성이 있는
- □ substitute 대용품
- □ adapt for ~용으로 조정하다
- □ parachute 낙하산

advice

✤ translation

「20세기는 플라스틱의 시대로 불려 왔고, (거기엔) 좋은 이유가 있다. 1909년 뉴욕의 화학자 Leo Baekeland는 Bakelite라는 세계의 합성 플라스틱을 소개했다. Bakelite는 거의 어떤 형태로든 주조될 수 있는 내구성이 있는 물질이었다; 1930년대에는, 제조업자들이 매년 90,000톤을 생산하고 있었다.
(C) 제2차 세계대전 동안, 천연자원의 고갈이 플라스틱의 수요를 훨씬 더 증가시켰다. 그 결과는 군인들에게 텐트와 부츠를 제공해 주는 고무 대용품인 비닐이었다.
(B) 전쟁이 끝난 후, 군사목적으로 쓰였던 플라스틱 화합물은 일상생활용으로 조정되었다.
(A) 예를 들어, 낙하산을 위한 나일론 섬유는 여성의 스타킹으로 바뀌게 되었다. 오늘날, 플라스틱은 빌딩과 기계에서 금속을 대체하고 있다, 그리고 거의 모든 전자 데이터는 플라스틱 위에 저장된다.」

정답 ④

01 2021. 4. 17. 국가직 나책형 18번

주어진 글 다음에 이어질 글의 순서로 가장 적절한 것은?

To be sure, human language stands out from the decidedly restricted vocalizations of monkeys and apes. Moreover, it exhibits a degree of sophistication that far exceeds any other form of animal communication.

(A) That said, many species, while falling far short of human language, do nevertheless exhibit impressively complex communication systems in natural settings.

(B) And they can be taught far more complex systems in artificial contexts, as when raised alongside humans.

(C) Even our closest primate cousins seem incapable of acquiring anything more than a rudimentary communicative system, even after intensive training over several years. The complexity that is language is surely a species-specific trait.

① (A) − (B) − (C) ② (B) − (C) − (A)

③ (C) − (A) − (B) ④ (C) − (B) − (A)

Vocabulary

- □ stand out from ~에서 두드러지다
- □ decidedly 확실히
- □ restricted 제한[한정]된
- □ vocalization 발성(법)
- □ ape 유인원
- □ exhibit 드러내다
- □ sophistication 정교
- □ exceed 능가하다
- □ fall short of ~에 못 미치다
- □ impressively 인상적으로
- □ artificial 인위적인
- □ alongside ~와 함께
- □ primate 영장류
- □ incapable of ~할 수 없는
- □ rudimentary 기초[초보]의
- □ intensive 집중적인
- □ species-specific 종 특이(성)의
- □ trait 특성

advice

translation

» 분명히, 인간의 언어는 원숭이나 영장류들의 명백히 제한된 발성과는 구별된다. 또한 이는 동물들의 어떠한 의사소통 형태보다 훨씬 능가하는 정도의 정교함을 보여준다.

(C) 심지어 우리와 가장 가까운 영장류 사촌들조차 심지어 몇 년 이상의 집중적인 훈련을 거친 이후에도 기초적인 의사소통 체계 이상의 것은 어떤 것도 획득하지 못하는 것처럼 보인다. 언어라는 복잡함은 분명 종의 고유한 특성이다.

(A) 그렇다 쳐도, 인간의 언어에는 훨씬 못 미치기는 하지만, 그럼에도 불구하고 많은 종들이 자연환경에서는 인상적으로 복잡한 의사소통 체계를 보여준다.

(B) 그리고 인간과 함께 길러지는 경우와 같이 인위적인 상황에서 이들은 훨씬 더 복잡한 체계를 배울 수 있다.

정답 ③

02 2020. 6. 13. 지방직 / 서울시 B책형 18번

다음에 이어질 글의 순서로 가장 적절한 것은?

Nowadays the clock dominates our lives so much that it is hard to imagine life without it. Before industrialization, most societies used the sun or the moon to tell the time.

(A) For the growing network of railroads, the fact that there were no time standards was a disaster. Often, stations just some miles apart set their clocks at different times. There was a lot of confusion for travelers.

(B) When mechanical clocks first appeared, they were immediately popular. It was fashionable to have a clock or a watch. People invented the expression "of the clock" or "o'clock" to refer to this new way to tell the time.

(C) These clocks were decorative, but not always useful. This was because towns, provinces, and even neighboring villages had different ways to tell the time. Travelers had to reset their clocks repeatedly when they moved from one place to another. In the United States, there were about 70 different time zones in the 1860s.

① (A) − (B) − (C)
② (B) − (A) − (C)
③ (B) − (C) − (A)
④ (C) − (A) − (B)

Vocabulary

- □ dominate 지배하다, 위압하다
- □ industrialization 산업화
- □ decorative 장식적인
- □ province 지방, 지역
- □ neighboring village 인근 마을
- □ disaster 재난, 재앙

advice

translation

» 요즘 시계가 우리의 삶을 너무 지배해서 시계가 없는 삶은 상상하기 어렵다. 산업화 이전에, 대부분의 사회는 시간을 알기 위해 태양이나 달을 사용했다.

(B) 기계 시계가 처음 등장했을 때, 즉시 인기가 있어졌다. 시계나 손목시계를 가지고 있는 것은 유행이 되었다. 사람들은 시간을 알려 줄 수 있는 새로운 방법을 언급하기 위해 "시계의" 또는 "시간"이라는 표현을 발명했다.

(C) 이 시계들은 장식적이었지만 항상 유용하지는 않았다. 마을, 지방, 심지어 인근 마을들도 시간을 알 수 있는 다른 방법을 가지고 있었기 때문이다. 여행자들은 한 곳에서 다른 곳으로 이동할 때 시계를 반복적으로 재설정해야 했다. 미국에서는 1860년대에 약 70개의 다른 시간대가 있었다.

(A) 철도망의 성장으로 시간 기준이 없다는 사실은 재앙이었다. 종종, 몇 마일 떨어진 역들은 다른 시간에 시계를 맞추었다. 여행객들에게는 많은 혼란이 있었다.

정답 ③

03 2020. 5. 3. 경찰(순경) 12번

다음 글의 흐름으로 보아 〈보기〉의 문장이 들어갈 곳으로 가장 적절한 것은?

<보기>

When the adversity is threatening enough or comes without warning, it can unbalance the leader at a single stroke.

There are times when even the best leaders lose their emotional balance. (㉠) Leadership brings with it responsibility, and responsibility, in times of serious adversity, brings emotional confusion and strain. (㉡) In this sense responsibility is like a lever, which can upset a leader's emotional balance when adversity presses down hard on one end. (㉢) Even a leader as great as Lincoln was floored more than once in this way. (㉣) Other times the effect is cumulative, coming after a period of sustained high tension — of pressure on one end and resistance on the other — until finally the leader's equanimity begins to give way. The point is that every leader had their emotional limits, and there is no shame in exceeding them.

① ㉠　　② ㉡
③ ㉢　　④ ㉣

Vocabulary

- □ emotional 감정의
- □ responsibility 책임
- □ strain 긴장
- □ lever 지레
- □ cumulative 누적되는, 누계의
- □ resistance 저항
- □ equanimity 평정

advice

translation

» 최고의 지도자라도 정서적 균형을 잃을 때가 있다. 리더십은 그것에 책임을 가져오고, 책임감은 심각한 역경의 시기에 정서적 혼란과 긴장을 가져온다. 이런 의미에서 책임감은 지렛대와 같아서 역경이 한쪽 끝을 세게 누를 때 지도자의 정서적 균형을 깨뜨릴 수 있다. <u>역경이 충분히 위협적이거나 예고 없이 다가올 때 단박에 지도자의 균형을 흔들 수 있다</u>. 링컨만큼 위대한 지도자라도 이런 식으로 한 번 이상 주저앉았다. 다른 때에는 그 영향이 누적되어, 마침내 리더의 평정심이 무너지기 시작할 때까지 한쪽 끝에는 높은 긴장도의 압력이, 다른 쪽 끝에는 저항이 지속된 후에 온다. 요점은 모든 지도자들이 감정적인 한계를 가졌고, 그것을 초과해도 부끄러운 것이 아니라는 것이다.

정답 ③

04 2019. 6. 15. 서울시 A책형 19번

〈보기〉의 문장이 들어갈 위치로 가장 적절한 것은?

<보기>

In this situation, we would expect to find less movement of individuals from one job to another because of the individual's social obligations toward the work organization to which he or she belongs and to the people comprising that organization.

Cultural differences in the meaning of work can manifest themselves in other aspects as well. (①) For example, in American culture, it is easy to think of works imply as a means to accumulate money and make a living. (②) In other cultures, especially collectivistic ones, work may be seen more as fulfilling an obligation to a larger group. (③) In individualistic cultures, it is easier to consider leaving one job and going to another because it is easier to separate jobs from the self. (④) A different job will just as easily accomplish the same goals.

Vocabulary

- □ manifest 나타내다, 분명해지다
- □ obligation 의무
- □ comprise 구성하다
- □ accumulate 축적하다
- □ collectivistic 집산주의적인
- □ fulfill 성취하다
- □ individualistic 개인주의적인
- □ separate A from B A를 B와 구분하다

advice

translation

» 일의 의미에서 문화적 차이는 다른 측면에서도 나타날 수 있다. 예를 들어, 미국 문화에서는, 일을 단지 돈을 모으고 생계를 꾸리는 수단으로 생각하기 쉽다. 다른 문화, 특히 집산주의적 문화에서, 일은 더 큰 그룹에 대한 의무를 성취하는 것으로서 더 여겨질지도 모른다. <u>이러한 상황에서 우리는 그 또는 그녀가 속한 직장 조직을 향한, 그리고 그 조직을 구성하고 있는 사람들에 대한 개인의 사회적 의무 때문에 한 직장에서 다른 직장으로 이동하는 것이 덜할 거라고 예상한다</u>. 개인주의적 문화에서는, 직업을 자신과 분리하는 것이 더 쉽기 때문에 한 직업을 떠나 다른 직업으로 가는 것을 고려하는 게 더 쉽다. 다른 직업도 그만큼 쉽게 같은 목표를 달성할 것이다.

정답 ③

05 2019. 6. 15. 지방직 A책형 15번

주어진 문장이 들어갈 위치로 가장 적절한 것은?

The same thinking can be applied to any number of goals, like improving performance at work.

The happy brain tends to focus on the short term. (①) That being the case, it's a good idea to consider what short-term goals we can accomplish that will eventually lead to accomplishing long-term goals. (②) For instance, if you want to lose thirty pounds in six months, what short-term goals can you associate with losing the smaller increments of weight that will get you there? (③) Maybe it's something as simple as rewarding yourself each week that you lose two pounds. (④) By breaking the overall goal into smaller, shorter-term parts, we can focus on incremental accomplishments instead of being overwhelmed by the enormity of the goal in our profession.

Vocabulary

- □ that being the case 사정이 그렇다면
- □ associate 관련짓다
- □ incremental 증가하는
- □ enormity 거대함
- □ profession 직업

advice

caution

>> 주어진 문장에 '그 같은 생각(the same thinking)'이 ④번 앞에 있는 2파운드와 같은 작은 목표로 시작하는 것을 의미한다.

translation

>> 행복한 두뇌는 단기간에 집중하는 경향이 있다. 사정이 그렇다면, 결국에는 장기적인 목표를 성취하도록 만드는, 우리가 해낼 수 있는 단기 목표는 무엇일지 고려하는 것이 좋다. 예를 들어, 만약 당신이 6개월 안에 30파운드를 감량하기를 원한다면, 어떤 단기 목표를 그 목표에 이르게 해 줄 더 작은 무게 증가분을 빼는 것과 연관시킬 수 있는가? 아마도 그것은 매주 당신이 2파운드를 감량할 때 당신 자신에게 보상하는 것만큼 간단한 일이다. 동일한 생각이 직장에서의 성과를 향상시키는 것과 같은 어떤 종류의 목표에서도 적용될 수 있다. 전체적인 목표를 더 작고 단기적인 부분으로 나눔으로써, 우리는 우리의 직업에서 목표의 거대함에 의해 압도되는 대신에 점진적인 성취에 초점을 맞출 수 있다.

정답 ④

06 2019. 4. 6. 국가직 나책형 20번

주어진 문장 다음에 이어질 글의 순서로 가장 적절한 것은?

South Korea boasts of being the most wired nation on earth.

(A) This addiction has become a national issue in Korea in recent years, as users started dropping dead from exhaustion after playing online games for days on end. A growing number of students have skipped school to stay online, shockingly self-destructive behavior in this intensely competitive society.

(B) In fact, perhaps no other country has so fully embraced the Internet.

(C) But such ready access to the Web has come at a price as legions of obsessed users find that they cannot tear themselves away from their computer screens.

① (A)－(B)－(C) ② (A)－(C)－(B)
③ (B)－(A)－(C) ④ (B)－ (C)－(A)

Vocabulary

- □ boast of
  ~을 뽐내다, 자랑하다
- □ wired
  네트워크를 사용할 수 있는 환경의
- □ addiction
  중독
- □ drop dead
  급사하다
- □ exhaustion
  탈진
- □ for days on end
  여러 날 동안
- □ shockingly
  깜짝 놀랄 만큼
- □ self-destructive
  자기 파괴적인
- □ intensely
  심하게
- □ embrace
  포용하다
- □ come at a price
  대가가 따르다
- □ legion
  군단, 부대, 무리
- □ obsessed
  중독된, 빠진
- □ tear away
  떼어놓다

advice

caution

>> 주어진 문장에 인터넷이 가장 잘 보급된 내용이 제시되고 (B)에서 다른 나라들은 이러한 인터넷을 갖추지 못했다는 내용이 이어진다. 또 (C)에서는 이러한 인터넷의 많은 보급이 온라인 게임에 중독된 사용자들에 대해 언급하고 (A)에서 그것이 사회적인 문제가 된다는 내용으로 마무리가 된다.

translation

>> 대한민국은 지구상에서 인터넷이 가장 잘 보급된 나라가 된 것을 자랑스럽게 여긴다.
(B) 사실, 아마 다른 어떤 나라들도 그렇게 완전하게 인터넷을 포용하진 않았을 것이다.
(C) 하지만 많은 중독된 사용자들이 그들의 컴퓨터 스크린으로부터 그들 자신을 떼어낼 수 없다는 것을 발견하면서 그러한 즉각적인 웹 접근성은 대가가 따르게 되었다.
(A) 사용자들이 며칠 동안 쉬지 않고 온라인 게임을 한 후에 지쳐서 급사하기 시작하면서, 이러한 중독이 최근 몇 년 동안 한국에서 국가적 문제가 되었다. 점점 더 많은 학생들이 인터넷에 접속해 있기 위해 학교를 빠지고 있는데, 이는 이렇게나 심각한 경쟁적인 사회에서 말도 안 되게 자기 파괴적인 행동이다.

정답 ④

글의 맥락(흐름)

★★☆

유형 focus

- "다음 글에서 전체 내용의 흐름과 관계없는 문장은?"
- 글 전체의 통일성을 해치는 문장을 찾는 유형

2018년	2019년	2020년	2021년
10번	14번	–	–

Real 기출보기

01 2019. 4. 6. 소방(경채) 14번

다음 글에서 전체 내용의 흐름과 관계없는 문장은?

It is important to have your family practice what to do during an emergency. ① Schools are required to have fire drills on a regular basis, and you should too. ② If you live in an earthquake prone area you should have earthquake drills as well. ③ The goal of these drills is to help your children know what to do during an emergency. ④ Every airport should have a number of restaurants in different places. You should avoid scaring your children or making them worry unnecessarily.

Vocabulary

- □ drill 훈련, 반복연습
- □ basis 기초
- □ earthquake 지진
- □ prone ~ 하기 쉬운
- □ avoid 피하다

나노급 solution

⊙ step 1. 접근

이 글은 소방 훈련의 필요성에 대해 언급하고 있다. 따라서 관계 업는 내용을 고르면 된다.

⊙ step 2. 지문 분석

- be required to ~하도록 요구되다

  ex All candidates will be required to take a short test.

  「모든 후보자들은 간단한 테스트를 받아야 한다.」
- as well 또한, 역시 (유) also, too 역시, 또한
- a number of 얼마간의, 다수의
- unnecessarily 불필요하게, 무익하게

  cf unnecessarily (부사형) / unnecessary (형용사형) 불필요한

「비상시에 당신의 가족에게 무엇을 해야 할지 연습하도록 하는 것은 중요하다. ① 학교는 정기적으로 소방 훈련을 받아야 하고, 당신 역시도 그렇다. ② 만약 당신이 지진이 일어나기 쉬운 지역에 산다면, 당신은 또한 지진 훈련을 받아야 한다. ③ 이러한 훈련의 목적은 당신의 아이들이 비상시에 무엇을 해야 하는지 알 수 있도록 돕는 것이다. ④ 모든 공항에는 서로 다른 장소에 많은 식당이 있어야 한다. 아이들을 겁주거나 쓸데없이 걱정하게 하는 일은 피해야 한다.」

정답 ④

02 2018. 10. 13. 소방(경채) 10번

다음 글에서 전체 내용의 흐름과 관계없는 문장은?

Many people are overconfident, and prone to place too much faith in their intuitions. ① It appears that they find slow thinking at least slightly unpleasant and avoid it as much as possible. ② However, we do need slow thinking to monitor fast thinking. ③ In a similar vein, fast thinking leads us to an intuitive solution that focuses on what we see and conclude that is all there is. ④ Even though intense concentration and conscious doubt may put a strain on our mental processes, slow thinking can spare us from making costly mistakes when the stakes are high.

Vocabulary

- □ overconfident 지나치게 자신만만한
- □ intuition 직감
- □ intense 극심한
- □ concentration 정신집중
- □ spare (불쾌한 일을) 모면하게 하다
- □ stake 판돈, 이해관계
- □ costly 대가가 큰

나노급 solution

step 1. 접근

제시된 글은 느린 사고의 필요성과 그 이유에 대해 언급하고 있다.

step 2. 지문 분석

- prone to ~을 잘 하는, ~의 경향이 있는
- in a similar vein(맥락) 비슷한 맥락에서
- even though 비록 ~일지라도
  - ex) It's a thrilling movie even though it lacks subtlety.
  「그것은 비록 치밀함은 부족하지만 스릴 있는 영화이다.」
- put a strain on ~에 중압을 가하다, ~을 짓누르다

「많은 사람들이 지나치게 자신만만하고 자신의 직감에 너무 많은 믿음을 두는 경향이 있다. ① 그것은 그들이 느린 사고를 적어도 약간은 불쾌하게 여기고 가능한 한 많이 피하는 것처럼 보인다. ② 그러나 우리는 빠른 사고를 감시하기 위해 느린 사고가 필요하다. ③ 비슷한 맥락에서, 빠른 사고는 우리가 보는 것에 초점을 맞추고, 그것이 전부라고 결론을 내리는 직관적인 해결책으로 우리를 이끈다. ④ 극심한 집중과 의식적인 의심이 우리의 정신적 과정에 부담을 줄지라도, 느린 사고는 이해관계가 클 때 대가가 큰 실수를 하는 것을 모면하게 한다.」

정답 ③

Plus

01 2021. 4. 3. 소방(공채) 19번

다음 글에서 전체 흐름과 관계없는 문장은?

Genetic engineering of food and fiber products is inherently unpredictable and dangerous — for humans, for animals, for the environment, and for the future of sustainable and organic agriculture. ① As Dr. Michael Antoniou, a British molecular scientist, points out, gene-splicing has already resulted in the "unexpected production of toxic substances in genetically engineered (GE) bacteria, yeast, plants, and animals." ❷ So many people support genetic engineering which can help to stop the fatal diseases. ③ The hazards of GE foods and crop sfall basically into three categories: human health hazards, environmental hazards, and socioeconomic hazards. ④ A brief look at the already-proven and likely hazards of GE products provides a convincing argument for why we need a global moratorium on all GE foods and crops.

Vocabulary

- □ genetic 유전학의
- □ fiber 섬유
- □ inherently 본질적으로
- □ sustainable 지속 가능한
- □ organic agriculture 유기농업
- □ molecular 분자의
- □ gene-splicing 유전자 접합
- □ fatal 치명적인
- □ hazard 위험
- □ fall into -로 나뉘다
- □ socioeconomic 사회 경제적

advice

✤ caution

② 유전공학의 위험에 대해 서술하는 전체 흐름과 관계없이 유전공학에 대한 사람들의 지지를 서술하고 있다.

✤ translation

「식품과 섬유 제품의 유전 공학은 인간, 동물, 환경, 그리고 지속 가능한 유기농업의 미래에 본질적으로 예측할 수 없고 위험하다. ① 영국의 분자 과학자인 Michael Antoniou 박사가 지적한 바와 같이 유전자 접합은 이미 "유전자공학에 의해 생성된(GE) 박테리아, 효모, 식물, 동물에서 예기치 못한 독성 물질 생성"이라는 결과를 냈다. (② 그래서 많은 사람들이 치명적인 질병들을 멈추는 데 도움을 줄 수 있는 유전공학을 지지한다.) ③ GE 식품과 농작물의 위험은 기본적으로 세 가지 범주로 분류된다.: 인간의 건강 위험, 환경 위험, 사회 경제적 위험. ④ 이미 입증된 GE 생산품의 위험 여지를 간략히 살펴보는 것은 왜 우리가 GE 식품과 농작물에 글로벌 모라토리엄이 필요한지에 대해 설득력 있는 주장을 가능하게 해준다.」

정답 ②

02 2020. 6. 20. 소방(공채) 9번

다음 글에서 전체 흐름과 관계없는 문장은?

Social media is some websites and applications that support people to communicate or to participate in social networking. ① That is, any website that allows social interaction is considered as social media. ② We are familiar with almost all social media networking sites such as Facebook, Twitter, etc. ③ It makes us easy to communicate with the social world. ④ It becomes a dangerous medium capable of great damage if we handled it carelessly. We feel we are instantly connecting with people around us that we may not have spoken to in many years.

Vocabulary

- □ application 응용프로그램
- □ participate 참여하다
- □ interaction 상호작용
- □ medium 매체
- □ handle 다루다
- □ carelessly 부주의하게

advice

✤ translation

「소셜 미디어는 사람들이 소셜 네트워킹에 참여하거나 의사 소통을 지원하는 일부 웹사이트 및 응용 프로그램이다. ① 즉, 사회적 상호작용을 허용하는 모든 웹사이트는 소셜 미디어로 간주된다. ② 우리는 페이스북, 트위터 등 거의 모든 소셜 미디어 네트워킹 사이트에 익숙하다. ③ 그것은 우리를 소셜 세계와 쉽게 의사소통하게 한다. ④ 만약 우리가 그것을 부주의하게 다루면 큰 피해를 줄 수 있는 위험한 매체가 된다. 우리는 우리가 수년 동안 이야기하지 않았을지도 모르는 우리 주변의 사람들과 즉시 연결되어 있다고 느낀다.」

정답 ④

03 2019. 4. 6. 소방(공채) 9번

다음 글에서 전체 흐름과 관계없는 문장은?

Gum disease is frequently to blame for bad breath. In fact, bad breath is a warning sign for gum disease. ① This issue occurs initially as a result of plaque buildup on the teeth. ② Bacteria in the plaque irritate the gums and cause them to become tender, swollen and prone to bleeding. ③ Foul-smelling gases emitted by the bacteria can also cause bad breath. ④ Smoking damages your gum tissue by affecting the attachment of bone and soft tissue to your teeth. If you pay attention when you notice that bacteria-induced bad breath, though, you could catch gum disease before it gets to its more advanced stages.

advice

✤ caution

잇몸과 입 냄새와의 관계를 설명한 글로서 ④번은 흡연이 잇몸 조직에 영향을 미치는 내용이므로 글의 흐름과 맞지 않다.

✤ translation

「잇몸 질환은 종종 나쁜 입 냄새의 원인으로 돌려진다. 사실 나쁜 입 냄새는 잇몸 질환에 대한 경고 표시이다. ① 이 문제는 처음에 치아에 생기는 플라크의 생성의 결과로 발생한다. ② 플라크의 박테리아가 잇몸을 자극하고 그것들이 더 부드러워지고 부풀어 오르고 쉽게 출혈되도록 야기한다. ③ 박테리아에 의해서 발생되는 냄새나는 가스 역시 나쁜 입 냄새를 야기할 수 있다. ④ 흡연은 당신의 이에 붙어 있는 뼈 부착물과 부드러운 조직에 영향을 미침으로서 당신의 잇몸 조직에 해를 끼칠 수 있다. 하지만 만약 당신이 박테리아가 야기하는 나쁜 입 냄새를 알아차릴 때 주의를 기울인다면, 당신은 그것이 더 진보된 단계로 나아가기 전에 잇몸 질환을 알아 챌 수 있다.」

Vocabulary

- □ gum 잇몸
- □ be to blame for~ ~에 대한 책임이 있다
- □ in fact 사실
- □ occur 발생하다
- □ initially 처음에
- □ plaque 플라크
- □ buildup 강화, 축적
- □ irritate 자극하다
- □ swollen 부풀어 오른
- □ prone to~ ~하기 쉬운
- □ bleeding 출혈
- □ foul-smelling 냄새가 역겨운
- □ emit 내뿜다
- □ tissue 조직
- □ attachment 부착물
- □ pay attention 주의를 기울이다
- □ induce 유발하다
- □ advance 진보하다, 향상하다

정답 ④

04 2018. 10. 13. 소방(공채) 17번

다음 글에서 전체 흐름과 관계없는 문장은?

Filmed entertainment occupies a special place in the media industry because it drives revenues beyond the box office to many different businesses in the media industries. ① For example, when a motion picture is successful at the box office, it is likely to attract DVD purchases and rentals as well. ② The choice of movies and TV shows is made easier by allowing viewers to search the listings by name, genre, and other keywords. ③ It may spawn a sequel, prequel, or TV series, and its characters may be spun off to other properties. ④ If the movie appeals to children, there may be lucrative licensing opportunities for everything from calendars to bedsheets.

* spawn 낳다, 생산하다

Vocabulary

- □ occupy 차지하다
- □ revenue 수익
- □ sequel 속편
- □ spawn (어떤 결과상황을) 낳다
- □ spin off 파생되다
- □ lucrative 수익성이 좋은

advice

caution

제시된 글은 영화 산업의 성공이 가져올 수 있는 다양한 분야의 수익에 대한 것으로 ②는 글의 내용과 관계가 없다.

translation

「영화 산업은 그것이 박스 오피스를 넘어서 미디어 산업의 많은 다른 사업에서 수익을 끌어내기 때문에 미디어 산업에서 특별한 위치를 차지하고 있다. ① 예를 들어서, 영화가 박스 오피스에서 성공적일 때, 그것은 DVD 구매와 대여 또한 불러일으키기 쉽다. ② 영화나 TV 쇼의 선택은 시청자들을 이름, 장르, 그리고 다른 키워드로 리스트를 검색하게 허용함으로써 점점 쉬워지고 있다. ③ 그것은 속편, 프리퀄, 혹은 TV 시리즈를 낳을 수 있고, 그것의 등장인물들도 다른 재산권들로 파생될 수 있다. ④ 만약 영화가 아이들에게 어필한다면, 달력에서부터 침대 시트까지 모든 것에 대해 수익성이 좋은 특허 기회가 된다.」

정답 ②

01 2021. 4. 17. 국가직 나책형 10번

다음 글의 흐름상 가장 어색한 문장은?

The term burnout refers to a "wearing out" from the pressures of work. Burnout is a chronic condition that results as daily work stressors take their toll on employees. ① The most widely adopted conceptualization of burnout has been developed by Maslach and her colleagues in their studies of human service workers. Maslach sees burnout as consisting of three interrelated dimensions. The first dimension—emotional exhaustion—is really the core of the burnout phenomenon. ② Workers suffer from emotional exhaustion when they feel fatigued, frustrated, used up, or unable to face another day on the job. The second dimension of burnout is a lack of personal accomplishment. ③ This aspect of the burnout phenomenon refers to workers who see themselves as failures, incapable of effectively accomplishing job requirements. ④ Emotional labor workers enter their occupation highly motivated although they are physically exhausted. The third dimension of burnout is depersonalization. This dimension is relevant only to workers who must communicate interpersonally with others (e.g. clients, patients, students) as part of the job.

Vocabulary

- □ chronic condition 만성 질환
- □ stressor 스트레스 요인
- □ take a toll on ~에 피해를 주다
- □ conceptualization 개념화, 개념적인 해석
- □ interrelated 서로 밀접하게 연관된
- □ dimension 크기, 차원
- □ exhaustion 피로, 기진맥진
- □ fatigued 심신이 지친, 피로한
- □ requirement 필요조건, 요구 사항
- □ motivated 의욕을 가진
- □ depersonalization 몰개인화, 비인격화
- □ interpersonally 대인 관계에서

advice

caution

④ 근로자들이 겪는 번 아웃에 대해 서술하는 본문의 흐름을 벗어나 긍정적인 측면을 담고 있다.

translation

» 번 아웃이라는 용어는 업무의 압박으로 인한 "지치는 것"을 의미한다. 번 아웃은 일상적인 업무 스트레스 요인이 직원에게 피해를 입힐 때 발생하는 만성 질환이다. 가장 널리 채택된 번 아웃의 개념적인 해석은 Maslach와 그녀의 동료들이 대인 서비스 근로자들에 대한 연구에서 개발되었다. Maslach는 번 아웃이 서로 밀접하게 연관된 세 가지 차원으로 구성되어 있다고 본다. 첫 번째 차원인 정서적 피로는 실제로 번 아웃 현상의 핵심이다. 근로자들은 피로감, 좌절감, 기진맥진함을 느끼거나 직장에서 또 다른 하루를 맞이할 수 없을 때 정서적 피로로 고통받는다. 번 아웃의 두 번째 차원은 개인적인 성취의 부족이다. 번 아웃 현상의 이러한 측면은 스스로를 업무 요구 사항을 효과적으로 달성할 수 없는 실패자로 여기는 근로자들을 나타낸다. (감정 노동자들은 육체적으로 지쳤음에도 왕성한 의욕을 가지고 그들의 업무를 시작한다.) 번 아웃의 세 번째 차원은 몰개인화다. 이 차원은 직무의 일부로 다른 사람들(예를 들면 고객, 환자, 학생)과 대인 관계를 맺어야 하는 근로자들에게만 해당된다.

정답 ④

02 2020. 6. 13. 지방직 / 서울시 B책형 15번

글의 흐름상 가장 어색한 문장은?

Philosophers have not been as concerned with anthropology as anthropologists have with philosophy. ① Few influential contemporary philosophers take anthropological studies into account in their work. ② Those who specialize in philosophy of social science may consider or analyze examples from anthropological research, but do this mostly to illustrate conceptual points or epistemological distinctions or to criticize epistemological or ethical implications. ③ In fact, the great philosophers of our time often drew inspiration from other fields such as anthropology and psychology. ④ Philosophy students seldom study or show serious interest in anthropology. They may learn about experimental methods in science, but rarely about anthropological fieldwork.

advice

translation

» 철학자들은 인류학자들이 철학에 대해 가지고 있는 것만큼 인류학에 관심이 없었다. ① 소수의 영향력 있는 현대 철학자들만이 그들의 작업에서 인류학적 연구를 고려한다. ② 사회과학 철학을 전공하는 사람들은 인류학적 연구의 예를 고려하거나 분석할 수 있지만, 대부분 개념적 포인트나 인식론적 구별을 설명하거나 인식론적 또는 윤리적 의미를 비판하기 위해 그렇게 한다. ③ 사실 우리 시대의 위대한 철학자들은 인류학이나 심리학 같은 다른 분야에서 영감을 얻는 경우가 많았다. ④ 철학 학생들은 인류학에 대해 진지한 관심을 보이거나 공부하는 경우가 드물다. 그들은 과학에서 실험적인 방법에 대해 배울 수도 있지만, 인류학적 현장 연구에 대해서는 거의 배우지 않는다.

Vocabulary

- □ anthropology 인류학
- □ anthropologist 인류학자
- □ influential 영향력 있는
- □ contemporary 현대의, 동시대의
- □ take into account 고려하다
- □ illustrate 묘사하다
- □ epistemological 인식론의
- □ distinction 구분
- □ criticize 비판하다
- □ ethical 윤리의
- □ implication 함축, 함의
- □ inspiration 영감
- □ seldom 드물게, 좀처럼 ~ 않는
- □ experimental 실험상의
- □ rarely 거의 ~ 않다
- □ fieldwork 야외 연구, 현장 연구

정답 ③

03 2019. 6. 15. 지방직 A책형 10번

글의 흐름상 가장 어색한 문장은?

Children's playgrounds throughout history were the wilderness, fields, streams, and hills of the country and the roads, streets, and vacant places of villages, towns, and cities. ① The term playground refers to all those places where children gather to play their free, spontaneous games. ② Only during the past few decades have children vacated these natural playgrounds for their growing love affair with video games, texting, and social networking. ③ Even in rural America few children are still roaming in a free-ranging manner, unaccompanied by adults. ④ When out of school, they are commonly found in neighborhoods digging in sand, building forts, playing traditional games, climbing, or playing ball games. They are rapidly disappearing from the natural terrain of creeks, hills, and fields, and like their urban counterparts, are turning to their indoor, sedentary cyber toys for entertainment.

Vocabulary

- □ wilderness 황무지
- □ stream 시내, 개울
- □ vacant 텅 빈
- □ spontaneous 자발적인
- □ vacate 비게 하다, 떠나가다
- □ roam 배회하다
- □ creek 개울
- □ counterpart 상대물
- □ sedentary 앉은 채 있는

advice

translation

» 전 역사에 걸쳐서 아이들의 놀이터는 시골의 황야와 들판, 개울, 언덕이었고 마을과 도시의 도로, 거리, 공터였다. ① 놀이터라는 용어는 아이들이 그들의 자유롭고 자발적인 게임을 하기 위해서 모이는 모든 장소들을 일컫는다. ② 아이들이 비디오 게임, 문자 메시지, 소셜 네트워크에 대한 그들의 커져가는 과도한 사랑을 위해서 자연의 놀이터를 비워둔 것은 단지 지난 몇 십 년에 불과했다. ③ 심지어 미국 시골에서도 어른과 함께하지 않고는 자유롭게 돌아다니는 아이들이 거의 없다. ④ 학교 밖에 있을 때, 그들은 모래를 파거나, 요새를 짓거나, 전통 게임을 하거나, 등산을 하거나, 공놀이를 하면서 동네에서 흔히 발견된다. 그들은 계곡, 언덕, 그리고 들판의 자연 지형에서 빠르게 사라지고 있고, 도시 아이들처럼 오락을 위해 실내에서, 앉아서 하는 사이버 장난감으로 향하고 있다.

정답 ④

04 2019. 6. 15. 서울시 A책형 18번

글의 흐름상 가장 적절하지 않은 문장은?

It seems to me possible to name four kinds of reading, each with a characteristic manner and purpose. The first is reading for information-reading to learn about a trade, or politics, or how to accomplish something. ① We read a newspaper this way, or most textbooks, or directions on how to assemble a bicycle. ② With most of this material, the reader can learn to scan the page quickly, coming up with what he needs and ignoring what is irrelevant to him, like the rhythm of the sentence, or the play of metaphor. ③ We also register a track of feeling through the metaphors and associations of words. ④ Courses in speed reading can help us read for this purpose, training the eye to jump quickly across the page.

Vocabulary

- □ assemble 모으다, 조립하다
- □ material 자료, 내용
- □ irrelevant 관련 없는
- □ metaphor 은유
- □ register 나타내다, 등록하다
- □ association 연합

advice

translation

» 나에게는 네 종류의 독서를 명명하는 것이 가능한 것처럼 보이는데, 각각은 특징적인 형식과 목적을 가지고 있다. 첫 번째는 정보를 위한 독서 – 무역, 정치, 또는 무언가를 성취하는 방법에 관해서 배우기 위한 독서이다. ① 우리는 이런 식으로 신문을 읽거나, 대부분의 교과서 또는 자전거를 조립하는 방법에 관한 설명서를 읽는다. ② 대부분의 이러한 자료를 가지고, 그가 필요로 하는 것을 생각해 내고 문장의 운율 또는 은유의 사용 같이 그에게 관련 없는 것을 무시하면서, 독자는 페이지를 빨리 훑어보는 것을 배울 수 있다. ③ 우리는 또한 은유와 단어의 연상을 통해서 감정의 경로를 나타낸다. ④ 속독에 관한 강좌는 눈이 페이지를 가로질러 빠르게 건너뛰도록 훈련시키면서, 우리가 이 목적을 위해 읽도록 도와줄 수 있다.

정답 ③

05 2019. 4. 6. 국가직 나책형 12번

밑줄 친 부분 중 글의 흐름상 가장 어색한 것은?

In 2007, our biggest concern was "too big to fail." Wall Street banks had grown to such staggering sizes, and had become so central to the health of the financial system, that no rational government could ever let them fail. ① Aware of their protected status, banks made excessively risky bets on housing markets and invented ever more complicated derivatives. ② New virtual currencies such as bitcoin and ethereum have radically changed our understanding of how money can and should work. ③ The result was the worst financial crisis since the breakdown of our economy in 1929. ④ In the years since 2007, we have made great progress in addressing the too-big-to-fail dilemma. Our banks are better capitalized than ever. Our regulators conduct regular stress tests of large institutions.

advice

translation

» 2007년에, 우리의 가장 큰 염려는 "실패하기엔 너무 크다"는 것이었다. Wall Street에 있는 은행들은 믿기 어려운 규모까지 성장했고 금융 시스템의 건전성에 너무 중요해져서, 어떠한 이성적인 정부도 그 은행들이 실패하도록 놔둘 수 없었다. ① 그들의 보호받는 지위를 알고, 은행들은 주택시장에서 과도하게 위험한 도박을 하고 더 복잡한 파생상품을 만들어 냈다. ② 비트코인과 이더리움과 같은 새로운 가상 화폐는 돈이 어떻게 작동할 수 있고 어떻게 작동해야 하는지에 대한 이해를 빠르게 바꿔놓고 있다. ③ 그 결과는 1929년의 경제 붕괴 이후 최악의 금융 위기로 나타났다. ④ 2007년 이후로 몇 년 동안, 우리는 너무 커서 실패할 수 없는 딜레마를 다루는 데 큰 발전을 이뤄왔다. 은행들은 이전보다 더 자본주의화되었다. 우리의 규제당국은 거대 기관들을 대상으로 정기적인 스트레스 테스트를 수행한다.

Vocabulary

- □ concern 관심, 우려
- □ staggering 믿기 어려운
- □ rational 이성적인
- □ status 지위
- □ make a bet 내기(도박)를 하다
- □ excessively 과도하게
- □ risky 위험한
- □ complicated 복잡한
- □ derivative 파생상품
- □ virtual 가상의
- □ currency 화폐, 통화
- □ crisis 위기
- □ address 다루다
- □ capitalize 자본화하다
- □ regulator 규제자

정답 ②

06 2018. 5. 19. 지방직 A책형 9번

다음 글의 흐름상 가장 어색한 문장은?

The Renaissance kitchen had a definite hierarchy of help who worked together to produce the elaborate banquets. ① At the top, as we have seen, was the scalco, or steward, who was in charge of not only the kitchen, but also the dining room. ② The dining room was supervised by the butler, who was in charge of the silverware and linen and also served the dishes that began and ended the banquet—the cold dishes, salads, cheeses, and fruit at the beginning and the sweets and confections at the end of the meal. ③ This elaborate decoration and serving was what in restaurants is called "the front of the house." ④ The kitchen was supervised by the head cook, who directed the undercooks, pastry cooks, and kitchen help.

advice

translation

» 르네상스 시대 주방에는 정교한 만찬을 만들어내기 위해서 함께 일하는 조력자들의 명확한 위계질서가 있었다. ① 우리가 보아왔던 것처럼 꼭대기에는 집사 또는 집사장이 있었고 그는 주방뿐 아니라 식당까지도 책임을 지고 있었다. ② 식당은 집사에 의해서 감독되었다. 그는 은식기와 식탁용 리넨제품을 담당하고 있었으며 연회를 시작하고 마치는 요리, 즉 식사를 시작할 때는 차가운 요리, 샐러드, 치즈, 과일을, 그리고 식사를 마칠 때는 스위츠와 단 음식들을 서빙했다. ③ 이렇게 정교한 장식과 접객은 레스토랑에서 "FoH"라고 불리는 것이다. ④ 그 주방은 수석 주방장에 의해서 감독되었으며, 그는 휘하 요리사들과 페이스트리 요리사들, 주방 보조들을 감독했다.

Vocabulary

- □ definite 확실한
- □ hierarchy 계급, 위계질서
- □ elaborate 정교한
- □ banquet 연회
- □ scalco 식탁에서 고기를 잘라주는 사람
- □ steward 집사장
- □ in charge of ~을 맡아서
- □ supervise 감독하다
- □ butler 집사
- □ silverware 은제품
- □ linen 아마 섬유, 리넨
- □ undercook (휘하 요리사), 설익히다
- □ pastry cook 페이스트리 요리사

정답 ③

빈칸 채우기

★☆☆

유형 focus

- "빈칸에 들어갈 말로 가장 적절한 것은?"
- 제시된 글을 읽고 전체적인 내용을 바탕으로 빈칸에 들어갈 말을 유추하는 유형
- 장문독해를 바탕으로 하는 문제풀이가 관건인 유형으로 경채 시험보다 공채 시험에서 높은 빈도로 출제

2018년	2019년	2020년	2021년
–	–	4번	15번

Real 기출보기

01 2021. 4. 3. 소방(경채) 15번

빈칸에 들어갈 말로 가장 적절한 것은?

Almost every successful online membership company offers free trials. By offering a free trial to consumers, you're giving customers ________________ over that product or service, which develops an emotional attachment. When the trial period ends, consumers have to choose between losing the product or paying for continuing the service. Customers new to VOD can take out a 30-day free trial to see if the service works for them, which you'd think is a big loss-maker for the company — but it's quite the opposite.

① the loss of health
② the choice of candidates
③ the feeling of ownership
④ the permanent residence

Vocabulary

□ trial
(특히 최종 결정을 내리기 전의) 시험
□ attachment
애착
□ period
기간

나노급 solution

step 1. 접근

글의 전반적인 주제와 빈칸 앞, 뒤의 내용을 종합하여 빈칸에 들어갈 단어를 유추한다. 무료 체험판을 경험한 소비자가 제품에 대해 어떠한 것을 느끼게 되는 지 파악한다.

step 2. 지문 분석

- free trial 무료 사용, 무료 체험판
  cf free trial issues 무료 증정(시험)본, free trial period 무료 체험 기간
- by ~ing ~함으로써
  → By offering a free trial to consumers~
  소비자들에게 무료 체험판을 제공함으로써

「거의 모든 성공적인 온라인 회원 회사는 무료 체험판을 제공한다. 소비자들에게 무료 체험판을 제공함으로써, 고객에게 제품이나 서비스에 대한 소유의 느낌을 주고, 이는 정서적인 애착을 갖게 한다. 체험판 사용 기간이 종료되면 소비자들은 제품을 잃거나 서비스를 지속하는 데 드는 비용 지불 중 하나를 선택해야 한다. VOD를 처음 접한 고객은 30일 무료 체험판을 통해 서비스가 제대로 작동하는지 확인할 수 있다. 이는 회사에 큰 손실 요인처럼 생각된다 – 하지만 이는 정반대이다.」

step 3. 보기 분석

① the loss of health 건강의 상실
② the choice of candidates 후보자의 선택
③ the feeling of ownership 소유의 느낌
④ the permanent residence 영주(永住)

정답 ③

02 2020. 6. 20. 소방(경채) 4번

빈칸에 들어갈 말로 가장 적절한 것은?

Place an egg in a bowl of water. If the egg immediately sinks and lies on its side at the bottom, it is quite fresh. This is because the amount of air inside the egg is very small. However, when the egg starts to lose its freshness and has more air, it will start to float and stand upright. Therefore, if the egg completely floats to the top and doesn't touch the bottom at all, it means that ______________.

① it's at its prime
② you should throw it away
③ the water is not clean enough
④ it is still good to eat

Vocabulary

- □ immediately 즉시
- □ upright 직립한, 똑바로
- □ completely 완전히

나노급 solution

step 1. 접근

'it means that'으로 보아 앞에서 언급한 내용이 의미하는 바를 찾아야 한다.

step 2. 지문 분석

- place (조심스럽게) 놓다[두다], 설치하다
- lies on its side 옆으로 눕다
- starts to lose 잃기 시작하다,
- sink 가라앉다 반 float 뜨다
- because → However → Therefore 접속부사를 통해 글의 흐름을 파악할 수 있다.

「달걀을 물이 담긴 그릇에 조심히 놓아라. 만약 달걀이 즉시 가라앉아 밑바닥에 옆으로 눕는다면, 그 달걀은 꽤 신선한 것이다. 이것은 달걀 내부의 공기의 양이 매우 적기 때문이다. 그러나 달걀이 신선함을 잃기 시작하고 공기가 많아지면, 달걀은 뜨기 시작해서 똑바로 서게 된다. 따라서 만약 달걀이 완전히 위에 떠서 전혀 바닥에 닿지 않으면 당신은 그것을 버려야 한다는 뜻이다.」

step 3. 보기 분석

① it's at its prime 한창때가 되다
prime 한창때, 전성기
② you should throw it away 당신은 그것을 버려야 한다
③ the water is not clean enough 그 물이 충분히 깨끗하지 않다
④ it is still good to eat 그것은 아직 먹기에 좋다

정답 ②

01 2020. 6. 20. 소방(공채) 14번

빈칸에 들어갈 말로 가장 적절한 것은?

A well known speaker started off his seminar by holding up a $20 bill. In the room of 200, he asked, "Who would like this $20 bill?" Hands started going up. He said, "I am going to give this $20 to one of you but first, let me do this." He proceeded to crumple the dollar bill up. He then asked, "Who still wants it?" Still the hands were up in the air. "My friends, no matter what I did to the money, you still wanted it because it did not decrease in value. It was still worth $20. Many times in our lives, we are dropped, crumpled, and ground into the dirt by the decisions we make and the circumstances that come our way. We feel as though we are worthless. But no matter what has happened or what will happen, you will never ______________. You are special. Don't ever forget it."

① lose your value ② suffer injury
③ raise your worth ④ forget your past

Vocabulary

- □ proceed 나아가다, 전진하다
- □ crumple 구기다, 찌부러 뜨리다
- □ ground 지상에 떨어지다
- □ worthless 가치없는

advice

translation

「잘 알려진 한 연설가는 20달러짜리 지폐를 들고 세미나를 시작했다. 200명이 있는 방에서 그는 "누가 이 20달러짜리 지폐를 좋아합니까?"라고 물었다. 손이 올라가기 시작했다. 그는 "제가 여러분 중 한 분께 이 20달러를 드릴 겁니다. 그런데 우선 제가 이렇게 하도록 하죠."라고 말했다. 그는 계속해서 달러 지폐를 구겨버렸다. 그러고 나서 그는 "누가 아직도 이것을 원합니까?"라고 물었다. 여전히 손은 공중에 들려 있었다. "나의 친구들이여, 제가 이 돈에 어떤 행동을 했든 간에, 그것의 가치가 감소하지 않았기 때문에 여러분들은 여전히 그것을 원했습니다. 그것은 여전히 20달러의 가치가 있습니다. 우리는 살면서 여러 번 우리가 내리는 결정과 우리에게 닥쳐오는 상황에 의해 떨어지고, 구겨지고, 진흙탕으로 좌초됩니다. 우리는 마치 우리가 가치 쓸모없다고 느낄 것입니다. 그러나 무슨 일이 일어났든, 무슨 일이 일어나든 결코 여러분은 가치를 잃지 않을 것입니다. 여러분은 특별합니다. 절대 잊지 마십시오."」

correct answer & distracter

① lose your value 가치를 잃다
② suffer injury 상처를 입다
③ raise your worth 가치를 높이다
④ forget your past 과거를 잊다

정답 ①

02 2020. 6. 20. 소방(공채) 19번

빈칸에 들어갈 말로 가장 적절한 것은?

Thunberg, 16, has become the voice of young people around the world who are protesting climate change and demanding that governments around the world ___________. In August 2018, Thunberg decided to go on strike from school and protest in front of the Swedish parliament buildings. She wanted to pressure the government to do something more specific to reduce greenhouse gases and fight global warming. People began to join Thunberg in her protest. As the group got larger, she decided to continue the protests every Friday until the government met its goals for reducing greenhouse gases. The protests became known as Fridays for Future. Since Thunberg began her protests, more than 60 countries have promised to eliminate their carbon footprints by 2050.

① fear the people
② give free speech
③ save more money
④ take more action

Vocabulary

- □ protest 시위하다
- □ demand 요구하다
- □ take action 조치를 취하다
- □ go on strike 파업하다
- □ parliament 의회
- □ pressure 압박하다
- □ eliminate 제거하다
- □ carbon footprint

advice

✤ translation

「툰버그(16)는 기후변화에 항의하고 전 세계 정부들이 더 많은 조치를 취할 것을 요구하는 전 세계 젊은이들의 목소리가 됐다. 2018년 8월, 툰버그는 학교에서 파업을 벌이며 스웨덴 의회 건물 앞에서 시위를 벌이기로 결정했다. 그녀는 정부가 온실가스를 줄이고 지구 온난화와 싸우기 위해 좀 더 구체적인 일을 하도록 압력을 가하기를 원했다. 사람들은 그녀의 항의에 툰버그와 합류하기 시작했다. 이 단체가 규모가 커지면서, 그녀는 정부가 온실가스를 줄이기 위한 목표를 달성할 때까지 매주 금요일 시위를 계속하기로 결정했다. 그 시위는 미래를 위한 금요일로 알려지게 되었다. 툰버그가 시위를 시작한 이후, 60개 이상의 나라들이 2050년까지 탄소 발자국을 제거하겠다고 약속했다.」

✤ correct answer & distracter

① fear the people 사람들을 두려워 하도록
② give free speech 자유 연설을 하도록
③ save more money 더 많은 돈을 절약하도록
④ take more action 더 많은 조치를 취하도록

정답 ④

03 2019. 4. 6. 소방(공채) 13번

다음 빈칸에 들어갈 말로 가장 적절한 것은?

When you are with Marines gathering to eat, you will notice that the most junior are served first and the most senior are served last. When you witness this act, you will also note that no order is given. Marines just do it. At the heart of this very simple action is the Marine Corps' approach to leadership. Marine leaders are expected to eat last because the true price of leadership is the willingness to place the needs of others above your own. Great leaders truly care about those they are privileged to lead and understand that the true cost of the leadership privilege comes at the expense of ________.

① health ② self-interest
③ faith ④ freedom

advice

✤ caution

빈칸 바로 앞 문장 Marine leaders are expected to eat last because the true price of leadership is the willingness to place the needs of others above your own.에서 본인의 필요 위에 다른 사람들의 필요를 둔다는 내용에서 희생하는 것이 개인의 이익이라는 것을 유추할 수 있다.

✤ translation

「당신이 식사를 하기 위해서 모인 해병대와 함께 있을 때, 당신은 음식이 가장 하급자에게 가장 먼저 제공되고, 가장 상급자에게 가장 늦게 제공된다는 것을 알아차릴 것이다. 당신이 이 행동을 목격할 때, 당신은 어떤 명령도 내려지지 않는다는 것에 주목할 것이다. 해병대들은 그렇게 한다. 이러한 매우 간단한 행동의 중심에 리더십에 대한 해병대의 접근이 있다. 해병대 지도자들은 가장 마지막에 식사할 것으로 예상된다. 왜냐하면 리더십의 진정한 가치가 다른 사람들의 필요를 기꺼이 너 자신의 필요 위에 두고자 하는 마음이기 때문이다. 위대한 지도자는 그들이 지도할 특권을 가진 사람들을 진정으로 돌보고 리더십의 특권의 진정한 대가가 개인의 이익을 희생해서 온다는 것을 이해한다.」

✤ correct answer & distracter

① health 건강
② self-interest 개인의 이익
③ faith 믿음
④ freedom 자유

Vocabulary

- □ Marines 해병대
- □ gather 모이다
- □ junior 하급자, 아랫사람
- □ serve (음식을) 제공하다
- □ witness 목격하다
- □ note 주목하다
- □ order 명령(하다)
- □ Corps 부대
- □ approach 접근(하다)
- □ willingness 기꺼이 하고자 하는 마음
- □ privilege 특권을 주다
- □ at the expense of~ ~를 희생하여

정답 ②

04 2019. 4. 6. 소방(공채) 14번

다음 빈칸에 들어갈 말로 가장 적절한 것은?

A large body of evidence suggests that a single decision to vote in fact increases the likelihood that others will vote. It is well known that when you decide to vote it also increases the chance that your friends, family, and coworkers will vote. This happens in part because they imitate you and in part because you might make direct appeals to them. And we know that direct appeals work. If I knock on your door and ask you to head to the polls, there is an increased chance that you will. This simple, old-fashioned, person-to-person technique is still the primary tool used by the sprawling political machines in modern-day elections. Thus, we already have a lot of evidence to indicate that __________may be the key to solving the voting puzzle.

① financial aid
② social connections
③ political stance
④ cultural differences

Vocabulary

- □ evidence 증거
- □ vote 투표하다
- □ likelihood 가능성
- □ coworker 직장 동료
- □ in part 부분적으로
- □ imitate 모방하다
- □ appeal 호소(하다)
- □ old-fashioned 구식의
- □ person-to-person 직접 대면하는
- □ primary 주요한
- □ sprawling 제 멋대로 뻗어 나가는
- □ political 정치적인
- □ modern-day 현대의
- □ election 선거

advice

❖ caution

한사람의 투표가 직/간접적으로 주위의 친구, 가족과 같이 사회적으로 연결되어 있는 사람들로 하여금 투표하도록 독려하는 역할을 한다는 내용의 글이므로 ②번에 사회적 연결성이 정답이다.

❖ translation

「많은 증거가 실제 투표하고자 하는 한 사람의 결정이 다른 사람들이 투표할 가능성을 높여준다는 것을 암시한다. 당신이 투표하기로 결정할 때 그것이 당신의 친구들, 가족, 그리고 동료들이 투표할 가능성을 증가시켜준다는 것은 잘 알려져 있다. 이것은 부분적으로 그들이 당신을 모방하기 때문에 일어나고, 또 부분적으로는 당신이 직접적인 호소를 그들에게 보내기 때문이다. 그리고 우리는 직접적인 호소가 효과가 있다는 것을 알고 있다. 만약에 내가 당신의 문을 두드리고 당신에게 투표장으로 향하라고 요청한다면, 당신이 그렇게 할 가능성이 증가한다. 이 간단하고 옛날 방식이며 직접 대면하는 기법은 현대 시대의 선거에 있어서 아무렇게나 뻗어 나가는 정당 조직에 의해 여전히 사용되는 주된 도구이다. 그래서, 우리는 이미 사회적 연결성들이 선거 퍼즐을 해결하는 열쇠가 될지도 모른다는 것을 나타내는 많은 증거를 가지고 있다.」

❖ correct answer & distracter

① financial aid 재정적인 도움
② social connections 사회적 연계성
③ political stance 정치적 입장
④ cultural differences 문화적인 차이점들

정답 ②

05 2019. 4. 6. 소방(공채) 15번

다음 빈칸에 들어갈 말로 가장 적절한 것은?

In *The Joy of Stress*, Dr. Peter Hanson described an experiment in which two groups of office workers were exposed to a series of loud and distracting background noises. One group had desks equipped with a button that could be pushed at any time to shut out the annoying sounds. The other group had no such button. Not surprisingly, workers with the button were far more productive than those without. But what's remarkable is that no one in the button group actually pushed the button. Apparently, the knowledge that they could shut out the noise if they wanted to was enough to enable them to work productively in spite of the distractions. Their sense of ___________ resulted in a reduction in stress and an increase in productivity.

① humor ② achievement
③ control ④ responsibility

advice

caution

One group had desks equipped with a button that could be pushed at any time to shut out the annoying sounds.에서 생산성이 높은 직원들의 특징이 소음에 대한 통제력을 가지고 있는 직원들임을 알 수 있다.

translation

「"스트레스의 기쁨"이라는 책속에서, Peter Hanson 박사는 두 그룹의 사무실 직원들이 일련의 시끄럽고 산만한 배경의 소음에 노출된 실험을 묘사했다. 한 그룹은 누르기만 하면 어느 때든지 짜증나게 하는 소리를 멈출 수 있는 버튼이 장착된 책상을 가지고 있었다. 또 다른 그룹은 그러한 버튼을 가지고 있지 않았다. 당연히, 버튼이 있는 노동자들은 버튼이 없는 노동자들보다 훨씬 더 생산적이었다. 하지만 눈에 띄는 것은 버튼을 가지고 있는 어느 누구도 버튼을 누르지 않았다는 것이다. 분명히, 원한다면 그들이 그 소음을 끌 수 있다고 알고 있는 것이 방해하는 소음에도 불구하고 충분히 그들이 생산적으로 일할 수 있도록 하였다는 것이다. 그들의 통제력은 스트레스에 있어서의 감소와 생산성에 있어서 증가를 야기했다는 것이다.」

correct answer & distracter

① humor 유머
② achievement 성취
③ control 통제력
④ responsibility 책임

Vocabulary

- describe 묘사하다
- experiment 실험하다
- expose 노출시키다
- a series of 일련의
- distract 산만하게 하다
- background 배경(의)
- shut out 가로막다
- annoying 짜증나는
- not surprisingly 당연히
- remarkable 눈에 띄는
- apparently 분명히
- enable~ to~ ~가 ~할 수 있게 하다
- productively 생산적으로
- in spite of ~에도 불구하고
- distraction 주의산만(하게 하는 것)
- reduction 감소
- productivity 생산성

정답 ③

01 2021. 4. 17. 국가직 나책형 16번

밑줄 친 부분에 들어갈 말로 가장 적절한 것은?

Social media, magazines and shop windows bombard people daily with things to buy, and British consumers are buying more clothes and shoes than ever before. Online shopping means it is easy for customers to buy without thinking, while major brands offer such cheap clothes that they can be treated like disposable items—worn two or three times and then thrown away. In Britain, the average person spends more than ￡1,000 on new clothes a year, which is around four percent of their income. That might not sound like much, but that figure hides two far more worrying trends for society and for the environment. First, a lot of that consumer spending is via credit cards. British people currently owe approximately ￡670 per adult to credit card companies. That's 66 percent of the average wardrobe budget. Also, not only are people spending money they don't have, they're using it to buy things ___________________. Britain throws away 300,000 tons of clothing a year, most of which goes into landfill sites.

① they don't need
② that are daily necessities
③ that will be soon recycled
④ they can hand down to others

Vocabulary

- □ bombard 쏟아 붓다
- □ disposable 일회용의
- □ figure 수치
- □ via 통하여
- □ wardrobe 의상, 옷
- □ landfill 쓰레기 매립지

advice

translation

» 소셜 미디어, 잡지 그리고 상점 진열장은 사람들에게 구매할 것을 매일 쏟아내고, 영국 소비자들은 과거 어느 때보다 더 많은 옷과 신발을 구매하고 있다. 온라인 쇼핑이란 소비자들이 생각하지 않고 쉽게 구매할 수 있다는 것을 의미하며, 주요 브랜드들은 — 두세 번 입히고 나면 버려지는 — 일회용품처럼 취급될 수 있을 만큼 너무나 값싼 의류를 공급한다. 영국에서, 보통 사람은 새 옷에 연간 1천 파운드 이상을 쓰는데, 이는 그들의 수입 중 약 4 퍼센트에 해당한다. 그것은 대단한 액수처럼 들리지 않겠지만, 그 숫자는 사회와 환경의 측면에서 한층 더 걱정스러운 두 가지 경향을 감추고 있다. 첫째, 많은 소비자 지출이 신용카드를 통해 이루어진다. 현재 영국 사람들은 신용카드 회사에 성인 한 사람당 거의 670파운드를 빚지고 있다. 그것은 평균 의류 예산의 66퍼센트이다. 또한, 사람들은 수중에 없는 돈을 쓰고 있을 뿐 아니라, 그들이 필요하지 않은 것을 구매하는 데 돈을 쓰고 있다. 영국은 연간 30만 톤의 의류를 버리는데, 그것의 대부분이 쓰레기 매립지로 간다.

correct answer&distracter

» ① they don't need 필요하지 않은
② that are daily necessities 생활필수품인
③ that will be soon recycled 곧 재활용 될
④ they can hand down to others 다른 사람들에게 물려줄 수 있는

정답 ①

02 2020. 7. 11. 국가직 가책형 20번

밑줄 친 부분에 들어갈 말로 가장 적절한 것은?

All creatures, past and present, either have gone or will go extinct. Yet, as each species vanished over the past 3.8-billion-year history of life on Earth, new ones inevitably appeared to replace them or to exploit newly emerging resources. From only a few very simple organisms, a great number of complex, multicellular forms evolved over this immense period. The origin of new species, which the nineteenth-century English naturalist Charles Darwin once referred to as "the mystery of mysteries," is the natural process of speciation responsible for generating this remarkable ____________________ with whom humans share the planet. Although taxonomists presently recognize some 1.5 million living species, the actual number is possibly closer to 10 million. Recognizing the biological status of this multitude requires a clear understanding of what constitutes a species, which is no easy task given that evolutionary biologists have yet to agree on a universally acceptable definition.

① technique of biologists
② diversity of living creatures
③ inventory of extinct organisms
④ collection of endangered species

Vocabulary

- □ extinct 멸종된
- □ vanish 사라지다
- □ inevitably 불가피하게
- □ exploit 이용하다
- □ emerge 나타나다
- □ multicellular 다세포의
- □ evolve 진화하다
- □ immense 거대한
- □ naturalist 박물학자, 자연주의자
- □ speciation 종(種)형성
- □ taxonomist 분류학자
- □ status 지위
- □ multitude 다수, 군중
- □ constitute 구성하다
- □ evolutionary 진화의
- □ acceptable 받아들여질 수 있는
- □ definition 정의

advice

translation

>> 과거와 현재를 막론하고 모든 생명체는 사라졌거나 멸종될 것이다. 그러나 지구에서의 지난 38억 년의 생명의 역사에 걸쳐 각 종들이 사라지면서, 새로운 종들은 필연적으로 그들을 대체하거나 새로 생겨난 자원을 이용하기 위해 나타났다. 아주 단순한 몇 가지 유기체에서, 많은 수의 복잡한 다세포 형태가 이 거대한 기간 동안 진화했다. 19세기 영국의 자연주의자 찰스 다윈이 "미스터리 중의 미스터리"라고 일컬었던 새로운 종의 기원은 인간이 지구를 공유하는 생물의 다양성을 만들어내는 것을 담당했던 종(種)형성의 자연적인 과정이다. 분류학자들은 현재 150만 종의 살아있는 종을 인정하지만, 실제 숫자는 아마도 1,000만 종에 가까울 것이다. 이런 다수의 무리의 생물학적 지위를 인식하는 것은 종을 구성하는 것에 대한 명확한 이해가 필요하며, 진화 생물학자들이 보편적으로 허용되는 정의에 아직 동의하지 않았다는 점을 감안할 때 쉬운 일이 아니다.

correct answer&distracter

>> ① technique of biologists 생물학자의 기술
② diversity of living creatures 생물의 다양성
③ inventory of extinct organisms 멸종된 생물의 목록
④ collection of endangered species 멸종위기종의 수집

정답 ②

03 2020. 6. 13. 지방직 / 서울시 B책형 16번

밑줄 친 부분에 들어갈 말로 가장 적절한 것은?

All of us inherit something: in some cases, it may be money, property or some object—a family heirloom such as a grandmother's wedding dress or a father's set of tools. But beyond that, all of us inherit something else, something ______________________, something we may not even be fully aware of. It may be a way of doing a daily task, or the way we solve a particular problem or decide a moral issue for ourselves. It may be a special way of keeping a holiday or a tradition to have a picnic on a certain date. It may be something important or central to our thinking, or something minor that we have long accepted quite casually.

① quite unrelated to our everyday life
② against our moral standards
③ much less concrete and tangible
④ of great monetary value

Vocabulary

- □ inherit 물려받다
- □ property 재산
- □ heirloom 가보
- □ concrete 구체적인
- □ tangible 만져서 알 수 있는, 실체적인
- □ moral 도덕적인

advice

translation

» 우리 모두는 무언가를 물려받는다. 어떤 경우에는 돈, 재산 또는 어떤 물건 — 할머니의 웨딩드레스 또는 아버지의 도구 세트와 같은 가족 가보일 수도 있다. 하지만 그 너머에 우리 모두는 다른 것, 훨씬 덜 구체적이고 실체적인 것, 심지어 우리가 완전히 알지 못하는 것을 물려받는다. 그것은 일상의 일을 하는 방법일 수도 있고, 특정한 문제를 해결하거나 우리 자신을 위해 도덕적인 문제를 결정하는 방법일 수도 있다. 특정 날짜에 소풍을 가는 것은 휴일이나 전통을 유지하는 특별한 방법일 수도 있다. 그것은 우리의 사고에 중요하거나 중심적인 것일 수도 있고, 우리가 오랫동안 무심코 받아들인 사소한 것일 수도 있다.

correct answer&distracter

» ① quite unrelated to our everyday life 우리의 일상생활과는 전혀 무관한 것
② against our moral standards 우리의 도덕적 기준에 반하는
③ much less concrete and tangible 훨씬 덜 구체적이고 실체적인
④ of great monetary value 매우 금전적으로 가치가 있는

정답 ③

04 2019. 6. 15. 서울시 A책형 17번

글의 흐름상 빈칸에 들어갈 말로 가장 적절한 것은?

Ever since the time of ancient Greek tragedy, Western culture has been haunted by the figure of the revenger. He or she stands on a whole series of borderlines: between civilization and barbarity, between ______________ and the community's need for the rule of law, between the conflicting demands of justice and mercy. Do we have a right to exact revenge against those who have destroyed our loved ones? Or should we leave vengeance to the law or to the gods? And if we do take action into our own hands, are we not reducing ourselves to the same moral level as the original perpetrator of murderous deeds?

① redemption of the revenger from a depraved condition
② divine vengeance on human atrocities
③ moral depravity of the corrupt politicians
④ an individual's accountability to his or her own conscience

Vocabulary

- □ haunt 출몰하다
- □ revenger 복수하는 사람
- □ borderline 국경선
- □ barbarity 야만, 만행
- □ mercy 자비
- □ exact 가하다
- □ vengeance 복수
- □ perpetrator 가해자, 범인
- □ murderous 살인의
- □ deed 행위
- □ redemption 구원, 구함
- □ deprave 타락하게 하다
- □ atrocity 잔혹 행위
- □ accountability 책임, 의무

advice

translation

≫ 고대 그리스 비극 시대 이후로 지금까지, 서양 문화에는 복수자의 인물이 등장해 왔다. 그 또는 그녀는 그 모든 일련의 경계선에 서 있는데, 다시 말해서 문명과 야만 사이에, 그 또는 그녀 자신의 양심에 대한 개인의 책임과 법규에 대한 공동체의 요구 사이에, 상충되는 정의와 자비의 요구 사이에 서 있다. 우리는 우리의 사랑하는 사람들을 파괴한 사람들에게 복수를 가할 권리가 있는가? 아니면 우리는 복수를 법이나 신들에게 맡겨야 하는가? 그리고 만약 우리가 정말 스스로 조치를 취한다면, 우리는 우리 자신을 살인 행위의 원래 가해자와 같은 도덕적 수준으로 낮추는 것이 아닌가?

correct answer&distracter

≫ ① redemption of the revenger from a depraved condition 타락한 상황으로부터의 복수자의 구원
② divine vengeance on human atrocities 인간의 잔학한 행위에 대한 신의 복수
③ moral depravity of the corrupt politicians 부패한 정치가들의 도덕적 타락
④ an individual's accountability to his or her own conscience 그 또는 그녀 자신의 양심에 대한 개인적 책임

정답 ④

05 2019. 6. 15. 지방직 A책형 19번

밑줄 친 부분에 들어갈 말로 가장 적절한 것을 고르시오.

Language proper is itself double-layered. Single noises are only occasionally meaningful; mostly, the various speech sounds convey coherent messages only when combined into an overlapping chain, like different colors of ice-cream melting into one another. In birdsong also, ____________________: the sequence is what matters. In both humans and birds, control of this specialized sound-system is exercised by one half of the brain, normally the left half, and the system is learned relatively early in life. And just as many human languages have dialects, so do some bird species: in California, the white-crowned sparrow has songs so different from area to area that Californians can supposedly tell where they are in the state by listening to these sparrows.

① individual notes are often of little value
② rhythmic sounds are important
③ dialects play a critical role
④ no sound-system exists

Vocabulary

- □ proper
  (명사 뒤에서 쓰여) 엄밀한 의미의
- □ coherent
  일관된
- □ sequence
  순서, 연속성
- □ sparrow
  참새

advice

caution

» 빈칸 앞 문장 the various speech sounds convey coherent messages only when combined into an overlapping chain의 내용으로 보아 개별적 음들은 아무런 의미가 없다는 내용이 들어가야 한다.

translation

» 엄밀한 의미의 언어는 그 자체로 두 개의 층을 이루고 있다. 개별적 소음들은 단지 가끔씩만 의미가 있다; 대개 다양한 말의 소리가 중복되는 고리들과 결합되었을 때에만 일관성 있는 메시지를 전달하게 되는데, 다양한 색깔의 아이스크림이 서로 서로 녹아 들어가는 것과 같다. 새소리에 있어서도, 개별적 음들은 종종 거의 의미가 없다: 순서가 중요한 것이다. 인간과 새 둘 다에게 있어, 이러한 특화된 음성 체계에 대한 조절은 뇌의 절반, 주로 왼쪽 절반에 의해 행하여지며 그 체계는 비교적 삶의 초기에 학습된다. 그리고 인간의 많은 언어가 방언을 가지고 있듯이, 몇몇 새들의 종도 그러하다: 캘리포니아에서 흰줄무늬 참새는 지역마다 너무 다른 노랫소리를 갖고 있어서 캘리포니아 사람들은 아마도 이러한 참새 소리를 듣고 자신이 그 주의 어디에 있는지를 구별할 수 있을 것이다.

correct answer&distracter

» ① individual notes are often of little value 개별적 음들은 종종 거의 의미가 없다.
② rhythmic sounds are important 리듬감 있는 소리가 중요하다.
③ dialects play a critical role 방언이 중요한 역할을 한다.
④ no sound–system exists 어떤 소리 체계도 존재하지 않는다.

정답 ①

06 2018. 6. 23. 서울시 A책형 19번

글의 흐름상 빈칸에 들어갈 표현으로 가장 옳은 것은?

The idea of clowns frightening people started gaining strength in the United States. In South Carolina, for example, people reported seeing individuals wearing clown costumes, often hiding in the woods or in cities at night. Some people said that the clowns were trying to lure children into empty homes or the woods. Soon, there were reports of threatening-looking clowns trying to frighten both children and adults. Although there were usually no reports of violence, and many of the reported sightings were later found to be false, this __________________.

① benefited the circus industry
② promoted the use of clowns in ads
③ caused a nationwide panic
④ formed the perfect image of a happy clown

Vocabulary

- □ clown 광대
- □ frightening 무서운
- □ lure 유인하다
- □ violence 폭행, 폭력
- □ sighting 목격

advice

translation

» 광대가 사람들을 무섭게 한다는 생각이 미국에서 힘을 얻기 시작했다. 예를 들어, 사우스캐롤라이나 주에서는 사람들이 종종 밤에 광대 복장을 하고 숲속이나 도시에 숨어있는 이상한 사람들을 보았다고 보고했다. 어떤 사람들은 광대들이 아이들을 빈 집이나 숲으로 유인하려 한다고 말했다. 곧, 어린이와 어른들 모두를 무섭게 하려는 위협적인 모습을 한 광대에 대한 보고가 있었다. 일반적으로 폭력에 대한 보고는 없었고, 보고된 많은 목격들이 나중에 거짓인 것으로 밝혀졌지만, 이것은 전국적으로 공황을 일으켰다.

correct answer&distracter

» ① benefited the circus industry. 서커스 산업에 혜택을 주었다.
② promoted the use of clowns in ads. 광고에 광대의 사용을 장려하였다.
③ caused a nationwide panic. 전국적으로 공황을 일으켰다.
④ formed the perfect image of a happy clown. 행복한 광대에 대한 완벽한 이미지를 형성했다.

정답 ③

07 2017. 6. 17. 제1회 지방직 B책형 20번

밑줄 친 부분에 들어갈 말로 가장 적절한 것을 고르시오.

For many big names in consumer product brands, exporting and producing overseas with local labor and for local tastes have been the right thing to do. In doing so, the companies found a way to improve their cost structure, to grow in the rapidly expanding consumer markets in emerging countries. But, Sweets Co. remains stuck in the domestic market. Even though its products are loaded with preservatives, which means they can endure long travel to distant markets, Sweets Co. ______________, let alone produce overseas. The unwillingness or inability to update its business strategy and products for a changing world is clearly damaging to the company.

① is intent on importing
② does very little exporting
③ has decided to streamline operations
④ is expanding into emerging markets

Vocabulary

- □ preservative 방부제
- □ let alone 커녕
- □ unwillingness 본의 아님, 자발적이 아님
- □ inability 무능

advice

caution

» 밑줄 친 부분의 앞부분에 Sweet Co. remains stuck in domestic market의 내용을 보면 Sweet 회사는 국내 시장에만 몰두하고 있다는 내용이므로 빈칸에는 수출을 거의 하지 않는다는 내용인 ②번이 적절하다.

translation

» 소비재 브랜드에 있어서 많은 큰 회사에게 해외의 노동력과 그 지역 입맛에 맞추어 물건을 생산하고 수출하는 것은 옳은 일이다. 그렇게 함으로써, 그 회사들은 그들의 가격 구조를 향상시킬 수 있는 방법과 신흥공화국에서 소비자 시장을 빠르게 성장시킬 수 있는 방법을 찾았다. 그러나 Sweet Co.는 여전히 국내 시장에 머물러 있다. 그 생산품이 방부제와 함께 적재되는데도 – 이것은 멀리 있는 시장까지 가는 장거리 여행을 견딜 수 있는 걸 뜻한다 – Sweets Co.는 해외생산은커녕 거의 수출을 하지 않는다. 변화하는 세상에서 사업 전략과 생산품을 향상시키려는 것에 게으르고 무능력한 것은 분명히 그 회사에 손해를 끼치고 있다.

correct answer&distracter

» ① is intent on importing 수입에 열중하다.
② does very little exporting 수출을 거의 하지 않는다.
③ has decided to streamline operations 기업들을 간소화하기로 결정하다.
④ is expanding into emerging markets 신흥 시장으로 확대되고 있다.

정답 ②

PART D

생활영어(Dialogue) 기출문제

D1 생활 속 표현

D2 질문과 대답

D3 어색한 대화

chapter

D1 생활 속 표현

★★★

유형 focus

- "밑줄 친 부분의 의미와 가장 유사한 것은?"
- "다음 대화의 빈칸에 들어갈 말로 가장 적절한 것은?"
- 같은 의미를 나타내는 다른 표현을 찾는 단순 유형과 주어진 대화를 바탕으로 빈칸에 필요한 표현이나 문장을 추론하는 응용형

2018년	2019년	2020년	2021년
11, 14, 15, 18, 19번	5번, 7번	12, 13, 14, 16, 17번	–

Real 기출보기

01 2021. 4. 3. 소방(경채) 4번

빈칸에 들어갈 말로 가장 적절한 것은?

A : So, ______________________?
B : It's small, but it's very convenient.
A : That's good. Where is it?
B : It's downtown, on Pine Street.
A : How many rooms are there?
B : It has one bedroom, a living room, a kitchen, and a small bathroom.

① where is your apartment
② how far is your apartment from here
③ what else do you need for your move
④ what's your new apartment like

Vocabulary

- □ convenient 편리한, 간편한
- □ downtown 시내에

나노급 solution

step 1. 접근

B의 대답을 종합하여 A의 질문을 유추한다.

step 2. 지문 분석

- how many … 몇개

「A : 그래, 새 아파트는 어떤가요?
B : 작지만, 아주 편리해요.
A : 잘됐네요. 어디에 있지요?
B : Pine Street에 있는 시내에 있어요.
A : 방이 몇 개예요?
B : 침실 하나, 거실, 부엌, 그리고 작은 화장실이 있어요.」

step 3. 보기 분석

① where is your apartment 아파트는 어디에 있나요?
② how far is your apartment from here 당신의 아파트는 여기서 얼마나 먼가요?
③ what else do you need for your move 이사를 위해 또 무엇이 필요한가요?
④ what' s your new apartment like 새 아파트는 어떤가요?

정답 ④

02 2021. 4. 3. 소방(경채) 11번

빈칸에 들어갈 말로 가장 적절한 것은?

A : Hey, have you heard of the new parking rules?
B : No, I haven't heard of any changes. What's up?
A : There are new rules about how close you can park to a fire hydrant.
B : Sounds like something I need to know.
A : Yes, anyone parking within five meters of a fire hydrant will be fined.
B : That could make parking difficult, but I know in the long run this ________________ for everyone.

① costs a lot
② sounds so noisy
③ makes it dangerous
④ will be beneficial

Vocabulary

□ fire hydrant
소화전

나노급 solution

step 1. 접근

소화전과 거리를 두고 주차를 해야 하는 규정이 주차를 불편하게 할 것이라는 주장에 'but'으로 연결되어 뒤의 내용이 이어지고 있다. 따라서 빈칸에는 해당 규정이 장기적으로 긍정적인 영향을 미친다는 내용이 오는 것이 적절하다.

step 2. 지문 분석

• be fined 벌금에 처해지다
• in the long run 결국에는, 장기적으로는

「A : 저기, 새로운 주차 규정 들어봤어요?
B : 아니요, 어떤 변경도 들어본 적이 없어요. 뭔가요?
A : 소화전에 얼마나 가까이 주차할 수 있는지에 대한 새로운 규정이 있어요.
B : 제가 알아야 할 것 같은데요.
A : 네, 소화전에서 5미터 이내에 주차하는 사람은 벌금을 물어야 해요.
B : 그렇게 하면 주차하기가 어려울 수도 있지만, 장기적으로 보면 모두에게 이익이 될 것이라는 건 알아요.」

step 3. 보기 분석

① costs a lot 비용이 많이 든다.
② sounds so noisy 소리가 시끄럽다.
③ makes it dangerous 위험하게 만든다.
④ will be beneficial 이익이 될 것이다.

정답 ④

03 2021. 4. 3. 소방(경채) 14번

빈칸에 들어갈 말로 가장 적절한 것은?

A : Hey Anna, what's up?

B : Well, it's my birthday on Sunday, and I'm having a party. Can you come?

A : Sure! I'd love to.

B : Great. I live in the Evergreen Apartment.

A : ________________________?

B : From the park just go up First Avenue. Take a left on Pine Street.

① Can you give me directions

② What's your apartment number

③ Is there a park nearby

④ When was Evergreen Apartment built

Vocabulary

나노급 solution

step 1. 접근

빈칸 다음으로 오는 B의 답변이 길 안내에 대한 내용임을 파악하고 답을 찾는다.

step 2. 지문 분석

「A : Anna, 무슨 일이에요?

B : 음, 일요일은 제 생일이고, 파티를 열 거예요. 오실 수 있나요?

A : 물론이죠! 그러고 싶어요.

B : 좋아요. 저는 Evergreen 아파트에 삽니다.

A : 길을 좀 가르쳐 주시겠어요?

B : 공원에서 1번가로 올라가면 돼요. Pine Street에서 왼쪽으로 가세요.」

step 3. 보기 분석

① Can you give me directions 길을 좀 알려주시겠어요?

② What's your apartment number 아파트 몇 호인가요?

③ Is there a park nearby 근처에 공원이 있나요?

④ When was Evergreen Apartment built 에버그린 아파트는 언제 지어졌나요?

정답 ①

04 2021. 4. 3. 소방(경채) 19번

빈칸에 들어갈 말로 가장 적절한 것은?

A : Excuse me, but will you look at this form?

B : Sure, are you having problems with it?

A : I don't understand this one. What does "MM/DD/YY" mean?

B : Oh, that means "Month/Day/Year." Use numbers. For example, if your birth date is January 12, 1997, write 01/12/97.

A : ______________________________.

B : Also, don't forget to sign before you submit the form.

① That's simple enough
② I didn't bring my photo ID
③ I have already complained about it
④ My wife's birthday is just two weeks away

Vocabulary

□ form
종류, 양식

나노급 solution

step 1. 접근

B의 설명에 대한 A의 적절한 반응을 고른다.

step 2. 지문 분석

「A : 실례지만, 이 양식을 좀 봐주시겠어요?
B : 물론이죠, 그것에 문제가 있나요?
A : 이게 이해가 안 돼요. "MM/DD/YY"는 무엇을 의미하나요?
B : 아, 그건 "월/일/년"이라는 뜻이에요. 숫자를 사용합니다. 예를 들어, 생일이 1997년 1월 12일인 경우, 01/12/97이라고 씁니다.
A : <u>그거면 충분해요</u>. (= 충분한 설명이 됐어요.)
B : 또한, 양식을 제출하기 전에 서명하는 것도 잊지 마세요.」

step 3. 보기 분석

① That's simple enough 그거면 충분해요.
② I didn't bring my photo ID 사진 아이디를 안 가져왔어요.
③ I have already complained about it 저는 그것에 대해 이미 불평했어요.
④ My wife's birthday is just two weeks away 제 아내의 생일이 2주 앞으로 다가왔어요.

정답 ①

05 2020. 6. 20. 소방(경채) 12번

다음 대화의 빈칸에 들어갈 말로 가장 적절한 것은?

A : Reception desk. How may I help you?

B : Hello. Would you send a hair dryer up to my room?

A : Well, madam, there should be one in your room. Have you had a look in the bathroom, by the basin?

B : Yes, and ______________________.

A : I'm sorry about that. I'll see to it immediately. And your room number, please?

B : Room 301.

① I can see it here

② I can't find one anywhere

③ there is one in the bathroom

④ I don't need it anymore

Vocabulary

- □ Reception 응접, 접대
- □ basin = washbasin 세면기, 대야
- □ immediately 즉시

나노급 solution

step 1. 접근

호텔에 묵는 손님과 프런트 직원의 통화 상황이다.

step 2. 지문 분석

- Reception desk 접수처, 프런트
- How may I help you? 무엇을 도와드릴까요?
- see to something ~을 처리하다

ⓔⓧ Don't worry, I'll <u>see to</u> it.

「걱정하지 마세요, 제가 처리할게요.」

「A : 프런트입니다. 무엇을 도와드릴까요?

B : 여보세요. 드라이기를 제 방으로 보내 주시겠어요?

A : 저, 손님, 방에 하나 있을 겁니다. 화장실, 세면대 옆을 보셨나요?

B : 네, 그리고 <u>어디에서도 찾을 수가 없어요.</u>

A : 죄송합니다. 즉시 처리하겠습니다. 방 번호가 어떻게 되십니까?

B : 301호입니다.」

step 3. 보기 분석

① I can see it here 여기 보이네요.

② I can't find one anywhere 어디에서도 찾을 수가 없어요.

③ there is one in the bathroom 화장실에 하나 있네요.

④ I don't need it anymore 더 이상 필요 없어요.

정답 ②

06 2020. 6. 20. 소방(경채) 13번

밑줄 친 부분의 의미와 가장 유사한 것은?

A : A doctor! I need a doctor!

B : Give me some details, sir.

A : Something is wrong with my wife. She's lying on the floor.

B : Sir, if you don't calm down, you might have a stroke yourself.

A : You're right, <u>I'm beside myself with worry</u>.

B : Hold on, sir. I'm connecting you with 119.

A : Hurry up!

① I'm out of my mind with worry.

② I don't have to bring her out.

③ I stand by her as much as I can.

④ I sit on the floor next to her.

Vocabulary

□ detail
세부 사항, 정보

□ stroke
뇌졸중

나노급 solution

step 1. 접근

의식이 없는 사람에 대한 신고 전화를 받은 상황이다. 이 상황은 2018. 10. 13. 소방(경채) 4번 문제에서도 유사하게 출제되었다.

step 2. 지문 분석

- something is wrong 무언가 잘못되다, 문제가 생기다
- lying 누워 있다
  cf lie – lay – lain – lying
- 지문에서 'you might have a stroke yourself'는 '쓰러질 수도 있다' 정도로 해석하는 것이 자연스럽다.
- be beside oneself with ~으로 제정신이 아니다, 이성을 잃다 ♥ 정답 Point!

「A : 의사! 의사가 필요해요!
B : 자세한 사항을 말씀해 주세요, 선생님.
A : 아내에게 문제가 생겼어요. 그녀가 바닥에 누워 있어요.
B : 선생님, 진정하지 않으시면, 쓰러지실 수도 있습니다.
A : 맞네요, <u>걱정으로 이성을 잃었어요.</u>
B : 잠시만 기다리세요. 119와 연결 중입니다.
A : 서둘러요!」

step 3. 보기 분석

① I'm <u>out of</u> my <u>mind</u> with worry. 걱정으로 제정신이 아니에요.
제정신이 아니다, 정신이 나가다

② I don't have to bring her out. 나는 그녀를 데리고 나갈 필요가 없어요.
bring out 데리고 나가다

③ I <u>stand by</u> her as much as I can. 나는 할 수 있는 한 그녀를 변함없이 지지해요.
~의 곁을 지키다, ~을 지지하다

④ I sit on the floor next to her. 나는 그녀 옆 바닥에 앉았어요.

정답 ①

07 2020. 6. 20. 소방(경채) 14번

다음 대화의 빈칸에 들어갈 말로 가장 적절한 것은?

A : This is 911. What's your emergency?
B : My friend's hurt! We need an ambulance!
A : ________________________________?
B : Yes, she was hit by a car! I think her leg is broken.
A : I'll send an ambulance. Where are you?
B : We're at 203 North Rose Avenue.
A : OK, someone will come soon. Stay on the line, please.

① What do you like most about her
② Why don't you take her out for a walk
③ Can you explain exactly what happened
④ Can you give me some advice on staying healthy

Vocabulary

- □ hurt 다치다
- □ avenue 거리, -가

나노급 solution

step 1. 접근

의식이 없는 사람에 대한 신고 전화를 받은 상황이다. 이 상황은 2018. 10. 13. 소방(경채) 4번 문제에서도 유사하게 출제되었다.

step 2. 지문 분석

교통사고 신고를 받은 상황이다. 빈칸 뒤 B의 대답을 바탕으로 들어갈 말을 유추할 수 있다.

step 2. 지문 분석

• Stay on the line. 수화기를 들고 계세요.

「A : 911입니다. 어떤 응급상황입니까?
B : 친구가 다쳤어요! 구급차가 필요해요!
A : 무슨 일이 있었는지 정확히 설명해 주실 수 있습니까?
B : 네, 그녀는 차에 치였어요! 제 생각에 그녀의 다리가 부러진 것 같아요.
A : 구급차를 보내겠습니다. 어디 계십니까?
B : 저희는 North Rose가 203에 있어요.
A : 알겠습니다, 누군가 곧 올 겁니다. 전화를 끊지 말고 기다리세요.」

step 3. 보기 분석

① What do you like most about her? 당신은 그녀의 어떤 점을 가장 좋아합니까?
② Why don't you take her out for a walk? 그녀를 데리고 나가서 산책하는 게 어때요?
③ Can you explain exactly what happened? 무슨 일이 있었는지 정확히 설명해 주실 수 있습니까?
④ Can you give me some advice on staying healthy? 건강 유지에 대해 조언 좀 해 줄 수 있나요?

정답 ③

08 2020. 6. 20. 소방(경채) 16번

다음은 기자 A와 소방관 B와의 인터뷰이다. 빈칸에 들어갈 말로 가장 적절한 것은?

A : This is Hugh Craig. He helped to fight a big fire in Lust Forest last night. Thank you for letting ABC News interview you.
B : No problem.
A : Was it hard to put out the fire?
B : Yes. We needed 15 firefighters, and it took about 3 hours to put it out.
A : ______________________________?
B : Some campers left a campfire burning in the forest.
A : That's too bad. People need to be very careful with campfires. They can cause forest fires.
B : That's right. Everyone, make sure you put out your campfires before you leave!

① What caused the fire
② What is the main reason of today's deforestation
③ How was your campfire last night
④ How long does it take to get there

Vocabulary

□ firefighter 소방관
□ camper 야영객
□ campfire 모닥불

나노급 solution

step 1. 접근

소방관을 인터뷰하는 상황이다. 빈칸 뒤 B의 대답을 바탕으로 들어갈 말을 유추할 수 있다.

step 2. 지문 분석

- let (~을 하도록) 허락하다
- put out (불을) 끄다

ⓔⓧ She was rushing around madly trying to put out the fire.
「그녀는 불을 끄려고 미친 듯이 이리저리 뛰어 다녔다.」

- need to be very careful 매우 주의할 필요가 있다
- make sure 반드시 (~하도록) 하다

「A : 이 분은 Hugh Craig입니다. 그는 어젯밤 Lust Forest에서 큰불과 싸우는 것을 도왔습니다. ABC뉴스가 인터뷰하는 것을 허락해 주셔서 감사합니다.

B : 문제없어요.(→ '고맙기는요'의 의미로 이해하는 것이 자연스럽다.)

A : 불을 끄기가 힘들었습니까?

B : 네. 소방관 15명이 필요했는데, 그것을 끄는 데 3시간 정도가 걸렸습니다.

A : 무엇이 화재를 일으켰나요?

B : 몇몇 야영객들이 숲에 불이 타고 있는 모닥불을 남겨뒀습니다.

A : 안타깝군요. 사람들은 모닥불에 매우 주의할 필요가 있습니다. 그것들은 산불을 초래할 수 있습니다.

B : 맞습니다. 모두들 떠나기 전에 반드시 모닥불을 꺼 주십시오!」

step 3. 보기 분석

① What caused the fire? 무엇이 화재를 일으켰나요?

② What is the main reason of today's deforestation? 오늘날 삼림 벌채의 주된 이유는 무엇인가?
산림 벌채 ↔ forestation 조림

③ How was your campfire last night? 어젯밤 캠프파이어는 어땠나요?

④ How long does it take to get there? 거기 가려면 얼마나 걸리죠?

정답 ①

09 2020. 6. 20. 소방(경채) 17번

다음 대화의 빈칸에 들어갈 말로 가장 적절한 것은?

A : Could you take a look at my legs? They hurt so much.

B : Oh my! What happened to your legs? They're really red and all swollen!

A : I don't know. I just slept on my electric blanket with a heat pack.

B : An electric blanket and a heat pack? I think you got burned!

A : It can't be. I kept the blanket temperature on low. It was 30℃ or so.

B : ______________________________.

A : Why?

B : That's because our skin could be damaged if it is exposed to any heat for a long while.

A : Really? I didn't know that. I didn't even feel it hot!

B : Anyway, you need to see a doctor.

① Setting it too low doesn't warm your body at all

② It's important not to set the temperature too high

③ It doesn't matter whether you set it at low or high

④ Sleeping on an electric blanket can dehydrate your body

Vocabulary

□ swollen 부어오른

□ temperature 온도

□ exposed 노출된

나노급 solution

step 1. 접근

전기담요에 저온화상을 입은 상황이다. 빈칸 앞에서 A는 전기담요 온도를 낮게 해 놔서 화상을 입었을 리 없다고 말하고 있으므로, 온도는 문제가 되지 않는다는 내용이 들어가는 것이 적절하다.

step 2. 지문 분석

- take a look at ~을 보다
- slept 잤다
  cf sleep – slept – slept – sleeping
- or so ~쯤(정도)
  ex We stayed for an hour or so.
  「우리는 한 시간쯤 머물렀다.」
- a long while 오랫동안

「A : 내 다리 좀 봐줄래? 너무 아파.
B : 이런! 다리가 왜 그래? 그것들은 되게 빨갛고 모두 부었어!
A : 모르겠어. 난 그냥 전기담요 위에 온열 팩을 깔고 잤어.
B : 전기담요와 온열 팩? 내 생각엔 화상을 입은 것 같아!
A : 그럴 리 없어. 담요 온도를 낮게 유지했는걸. 30도쯤이었다고.
B : 온도를 낮거나 높게 설정하는 것은 문제가 되지 않아.
A : 왜?
B : 그것은 우리의 피부가 오랫동안 어떤 열에 노출되면 손상을 입을 수 있기 때문이야.
A : 정말? 나는 몰랐어. 뜨겁다는 느낌조차 못 느꼈는데!
B : 어쨌든, 병원에 가봐야 해.」

step 3. 보기 분석

① Setting it too low doesn't warm your body at all. 너무 낮게 설정하는 것은 몸을 전혀 따뜻하게 하지 않는다.
② It's important not to set the temperature too high. 온도를 너무 높게 설정하지 않는 것이 중요하다.
③ It doesn't matter whether you set it at low or high. 낮거나 높게 설정하는 것은 문제가 되지 않아.
④ Sleeping on an electric blanket can dehydrate your body. 전기담요 위에서 자는 것은 당신의 몸을 탈수시킬 수 있다.
(dehydrate: (식품을) 건조시키다, (사람이) 탈수 상태가 되게 하다)

정답 ③

10 2019. 4. 6. 소방(경채) 5번

다음 대화의 빈칸에 들어갈 말로 가장 적절한 것은?

A : Hello, Mr. Johnson. How can I help you?
B : Hello, doctor. I think ______________________ when I tripped over a rock yesterday.
A : OK, we need a quick examination. Can you tell me where it hurts?
B : Yeah, just here.
A : I see. I suppose we'd better get an X-ray.

① I caught the flu
② I sprained my ankle
③ I had a skin problem
④ I developed a sore throat

Vocabulary

□ examination
검사

□ suppose
추정하다, 가정하다

나노급 solution

step 1. 접근

의사와 환자의 대화이다. 마지막에서 X-ray를 찍는 게 좋을 것 같다고 하였으므로, 이와 관련된 내용을 찾는다.

step 2. 지문 분석

- trip over ~에 발이 걸려 넘어지다
  ⓔⓧ Someone will trip over that cable.
  「누군가가 저 전선에 걸려 넘어질 것이다.」
- Can you tell me ~ 제게 얘기해 줄 수 있나요?

「A : 안녕하세요, Johnson씨. 무엇을 도와드릴까요?
B : 안녕하세요, 의사선생님. 어제 바위에 발이 걸려 넘어지면서 발목을 삐었어요.
A : 그렇군요, 빠른 검사가 필요합니다. 어디가 아픈지 말해줄래요?
B : 네, 바로 여기에요.
A : 알겠어요. 엑스레이를 찍는 것이 더 나을 것 같네요.」

step 3. 보기 분석

① I caught the flu. 감기에 걸리다.
② I sprained my ankle. 발목을 삐다.
삐다 ♥ 정답 Point!
③ I had a skin problem. 피부 질환에 걸리다.
④ I developed a sore throat. 인후염이 생기다.
인후염

정답 ②

11 2019. 4. 6. 소방(경채) 7번

다음 대화의 빈칸에 들어갈 말로 가장 적절한 것은?

A : John, look. Can you believe this?

B : Oh, my! What happened to your smartphone?

A : It's totally broken. I dropped it while I was trying to put on my coat.

B : Sorry to hear that. Did you take it to a customer service center?

A : Yes, but they said buying a new one would ________________ than getting it fixed.

B : I know what you mean. Have you decided which phone you want to buy?

A : Not yet! I don't know which one to buy. Can you help me to choose one?

B : Of course, we can go tomorrow.

① cost me less
② be less productive
③ take me more effort
④ be more harmful to the environment

Vocabulary

- □ totally 완전히
- □ drop (잘못해서) 떨어뜨리다

나노급 solution

step 1. 접근

'buying a new one'과 'getting it fixed' 중 새로 사는 것을 선택하게 된 타당한 이유가 들어가야 한다.

step 2. 지문 분석

- Sorry to hear that. 유감이에요.
  반 I'm glad to hear that. 다행이네요.
- customer service center 고객 서비스센터
- which one 어느 것
  ex Which one do you like best?
  「어느 게 가장 좋니?」

「A : 존, 봐봐. 이게 믿어져?
B : 오, 이런! 스마트폰이 왜 이래?
A : 완전히 망가졌어. 코트를 입으려다가 폰을 떨어뜨렸어.
B : 안됐네. 고객 서비스 센터에 가지고 가 봤어?
A : 그래, 하지만 새 것을 사는 게 고치는 것보다 비용이 덜 든다고 했어.
B : 무슨 말인지 알겠다. 어떤 전화기를 사고 싶은지는 결정했어?
A : 아직! 어떤 것을 사야 할지 모르겠어. 고르는 걸 도와줄 수 있을까?
B : 물론, 우리 내일 가보자.」

step 3. 보기 분석

① cost me less 비용이 덜 든다.
② be less productive 생산성이 떨어지다.
③ take me more effort 더 많은 수고가 들다.
④ be more harmful to the environment 환경에 더 해롭다.

정답 ①

12 2018. 10. 13. 소방(경채) 11번

다음 대화의 빈칸에 들어갈 말로 가장 적절한 것은?

A : What would you like to have?
B : I'm not sure. Everything looks great!
A : The steak sandwiches are good here. Would you like to try one?
B : No, thanks. ____________.
A : Oh, I forgot! How about some stir-fried vegetables?
B : That sounds great!
A : Let's also order a garden salad and share.
B : OK. That'll be nice.

① I'm done
② I'm bored
③ I'm vegetarian
④ I'm starving

Vocabulary

□ vegetable
야채
□ order
주문하다

나노급 solution

step 1. 접근

식당에서 음식을 주문하는 상황이다. 'steak sandwiches'를 권하자 거절을 하였고, 그에 이어지는 대답이다. ♥ 정답 Point!

step 2. 지문 분석

• stir-fried 볶다

「A : 뭐가 먹고 싶어?
B : 잘 모르겠어. 다 좋아 보여!
A : 여기 스테이크 샌드위치가 좋아. 한 번 먹어 볼래?
B : 고맙지만 괜찮아. 나는 채식주의자야.
A : 아, 깜빡했다! 볶은 야채는 어때?
B : 좋은 생각이야!
A : 가든 샐러드도 주문하고 나눠 먹자.
B : 그래. 좋겠다.」

step 3. 보기 분석

① I'm done. 잘 먹었어.
② I'm bored. 지루해.
③ I'm vegetarian. 나는 채식주의자야.
④ I'm starving. 배고파 죽겠어.

정답 ③

13 2018. 10. 13. 소방(경채) 14번

다음 대화의 빈칸에 들어갈 말로 가장 적절한 것은?

A : I've got a terrible stomachache.
B : Let's go to the doctor and get it checked out.
A : I can barely move.
B : Here. ________________________________.
A : Thank you. I really appreciate that.
B : You're welcome. Just be careful with your steps.
A : I'm trying, but now I'm starting to feel dizzy, too.

① I'll give a hand
② I'll make it to the top
③ I'll get right to the point then
④ I'll be looking forward to meeting you

Vocabulary

□ stomachache 복통
□ barely 간신히

나노급 solution

step 1. 접근

A가 아파서 움직이기 힘든 상황에서 B가 도와주자 고마워하고 있다.

step 2. 지문 분석

- go to the doctor 의사의 진찰을 받다, 병원에 가다
- check out ~ 확인하다
  ⓔⓧ Check out the lie of the land before you make a decision.
  「결정을 내리기 전에 형세를 확인하라.」
- be careful 조심하다
- feel dizzy 현기증을 느끼다

「A : 끔찍한 복통이 있어.
B : 병원에 가서 확인해 보자.
A : 나는 간신히 움직일 수 있어.(= 거의 움직일 수 없다)
B : 여기. 내가 도와줄게.
A : 고마워. 정말 고마워.
B : 천만해. 조심해서 걸어.
A : 나도 노력하고 있지만, 이제 어지러워지기까지 시작했어.」

step 3. 보기 분석

① I'll give a hand. 내가 도와줄게.
② I'll make it to the top. 나는 정상에 오를 거야.
③ I'll get right to the point then. 바로 요점만 말할게.
④ I'll be looking forward to meeting you. 널 만나기를 기대하고 있을게.

정답 ①

14 2018. 10. 13. 소방(경채) 15번

다음 대화의 빈칸에 들어갈 말로 가장 적절한 것은?

A : Evans, I heard heavy storms hit your area last weekend. Did anything in your house get damaged?
B : Yes. The basement was flooded and my garden totally damaged.
A : I'm sorry to hear that. There must have been a lot of work to do.
B : ______________________.

① Definitely, I prepared for heavy storms
② Exactly, you'd better move to my town
③ For sure, I lost my job due to heavy storms
④ Certainly, it took me four days to clean up everything

Vocabulary

- □ storm 폭풍
- □ hit (폭풍 등이) 강타하다, 엄습하다
- □ basement 지하실
- □ flooded 물에 잠긴, 침수된

나노급 solution

step 1. 접근

폭풍으로 피해를 입은 지인에게 안부 전화를 하고 있는 상황이다.

step 2. 지문 분석

• get damaged 손상되다, 피해를 입다
ex A physical object could change or get damaged.
「물체는 변하거나 손상될 수 있다.」

「A : 에반스, 지난 주말에 심한 폭풍이 너희 지역에 강타했다고 들었어. 너희 집에 뭐 피해 입은 거 있니?
B : 응. 지하실이 물에 잠겼고 내 정원이 완전히 망가졌어.
A : 안됐구나. 할 일이 많을 거야.
B : 정확히, 내가 전부 치우는 데 4일이 걸렸어.」

step 3. 보기 분석

① Definitely, I prepared for heavy storms. 확실히, 나는 심한 폭풍에 대비했어.
prepared for: ~을 준비하다
② Exactly, you'd better move to my town. 맞아, 우리 마을로 이사 오는 게 좋을 거야.
③ For sure, I lost my job due to heavy storms. 확실히, 나는 심한 폭풍 때문에 직장을 잃었어.
due to: ~ 때문에
④ Certainly, it took me four days to clean up everything. 정확히, 내가 전부 치우는 데 4일이 걸렸어.
clean up: ~을 치우다

정답 ④

15 2018. 10. 13. 소방(경채) 18번

다음 대화의 빈칸에 들어갈 말로 가장 적절한 것은?

A : I'm really worried about soil pollution.
B : Me, too! Most people don't realize how serious the problem is.
A : Right. People throw away too much waste.
B : I think ______________________.

① it is time to go
② we're all responsible
③ it is not that serious
④ we need to produce more

Vocabulary

□ realize
깨닫다, 알아차리다

나노급 solution

step 1. 접근

토양 오염에 대한 사람들의 자세에 대해 이야기 하고 있다.

step 2. 지문 분석

• worry about ~에 대해 걱정하다
ex Don't worry about me.
「내 걱정은 하지마.」

• soil pollution 토양 오염
cf marine pollution 해양 오염 / air[atmospheric] pollution 대기 오염

• throw away (더 이상 필요 없는 것을) 버리다, (기회 등을) 허비하다

「A : 토양 오염이 정말 걱정돼요.
B : 저도 그래요! 대부분의 사람들은 그 문제가 얼마나 심각한지 깨닫지 못 해요.
A : 맞아요. 사람들은 너무 많은 쓰레기를 버려요.
B : 우리 모두에게 책임이 있다고 생각해요.」

step 3. 보기 분석

① it is time to go. 이제 가야 할 시간이에요.
② we're all responsible. 우리 모두 책임이 있어요.
③ it is not that serious. 그렇게 심각하지는 않아요.
④ we need to produce more. 더 많이 생산해야 해요.

정답 ②

16 2018. 10. 13. 소방(경채) 19번

다음 대화의 빈칸에 들어갈 말로 가장 적절한 것은?

A : I'm calling to make an appointment with Doctor Smith.
B : What day works best for you?
A : Can you ____________ on Tuesday morning?
B : We have a slot at 10:30 a.m.
A : That works for me.
B : We'll see you Tuesday morning then.
A : Thank you. See you on Tuesday.

① fit me in
② get me out
③ put me up
④ take me off

Vocabulary

□ slot
자리(시간/틈)

나노급 solution

step 1. 접근

전화로 진료 예약을 하고 있는 상황이다.

step 2. 지문 분석

- fit somebody in 시간을 내어 ~를 만나다
- put somebody up (자기 집에) ~를 묵어가게 하다
- take somebody off (재미로) ~를 흉내 내다, ~를 떠나게[나가게] 하다

「A : 스미스 의사 선생님과 약속을 잡으려고 전화했습니다.
B : 어떤 날이 가장 좋으십니까?
A : 화요일 아침에 저를 만나 주실 (→ 예약을 잡을) 수 있나요?
B : 오전 10시 30분에 자리가 있습니다.
A : 그거 딱 이네요.
B : 그럼 화요일 아침에 뵙겠습니다.
A : 감사합니다. 화요일에 뵐게요.」

step 3. 보기 분석

① fit me in 나를 만나다
② get me out 나를 내보내다
③ put me up 나를 재워주다
④ take me off 나를 흉내 내다/나를 나가게 하다

정답 ①

소방 기출 Plus

01 2021. 4. 3. 소방(공채) 5번

빈칸에 들어갈 말로 가장 적절한 것은?

A : Ryan and I are having a chess match today. Do you think I'll win?
B : Of course, you'll win. I'm ______________. After all, I'm betting ten bucks that you'll win.
A : Thanks.

① counting on you
② worn out
③ expecting company
④ all ears

Vocabulary

□ emergency 응급상황
□ unconscious 의식이 없는
□ bleed 피를 흘리다

advice

✤ translation

「A : Ryan과 나는 오늘 체스 경기가 있어. 너는 내가 이길 거라고 생각하니?
B : 물론 네가 이길 거야. 난 너를 믿어. 네가 이긴다에 10달러를 걸게.
A : 고마워.」

✤ correct answer & distracter

① counting on you 너를 믿는
② worn out 지친
③ expecting company 일행이 있는
④ all ears 경청하는

정답 ①

02 2020. 6. 20. 소방(공채) 3번

밑줄 친 부분의 뜻으로 가장 옳은 것은?

A : 119, what is your emergency?
B : There is a car accident.
A : Where are you?
B : I'm not sure. I'm somewhere on Hamilton Road.
A : Can you see if anyone is hurt?
B : One of the drivers is lying on the ground unconscious and the other one is bleeding.
A : Sir, <u>I need you to stay on the line</u>. I'm sending an ambulance right now.
B : Okay, but hurry!

① 전화 끊지 말고 기다려 주세요.
② 차선 밖에서 기다려 주세요.
③ 전화번호를 알려 주세요.
④ 차례를 기다려 주세요.

Vocabulary

- □ emergency 응급상황
- □ unconscious 의식이 없는
- □ bleed 피를 흘리다

advice

✤ translation

「A : 119입니다. 무슨 응급상황이세요?
B : 교통사고가 났어요.
A : 어디 있어요?
B : 잘 모르겠어요. 해밀턴 로드 어딘가에 있어요.
A : 누가 다쳤는지 알 수 있나요?
B : 운전자 중 한 명은 의식을 잃고 바닥에 누워 있고 다른 한 명은 피를 흘리고 있어요.
A : 선생님, <u>전화 끊지 말고 기다리세요</u>. 지금 구급차를 보내겠습니다.
B : 네, 하지만 서둘러 주세요!」

정답 ①

03 2018. 10. 13. 소방(공채) 6번

다음 대화의 빈칸에 들어갈 말로 가장 옳은 것은?

A: I am totally drained.
B: What do you mean? You drank too much water?
A: No, I mean I am exhausted.
B: You are quite tired today.
A: Much more than that. I am totally worn out.
B: Okay. Then you should ____________________.

① keep your promise
② find the door and leave
③ take a rest and get some sleep
④ work out at a gym and go hiking

Vocabulary

- □ drained 진이 빠진
- □ exhausted 기진맥진한
- □ worn out 매우 지친

advice

✥ translation

「A : 나는 완전히 진이 빠졌어.
B : 무슨 뜻이야? 너무 많은 물을 마셨다고?
A : 아니, 내 말은 나는 기진맥진하다는 뜻이야.
B : 너 오늘 꽤 피곤하구나.
A : 그것보다 훨씬 더해. 나는 완전히 지쳤어.
B : 그래. 그러면 넌 휴식을 취하고 잠을 좀 자야 해.」

✥ correct answer & distracter

① keep your promise. 약속을 지키다.
② find the door and leave. 문을 찾아 떠나다.
③ take a rest and get some sleep. 휴식을 취하고 잠을 좀 자다.
④ work out at a gym and go hiking. 체육관에서 운동을 하고 하이킹을 가다.

정답 ③

01 2021. 4. 17. 국가직 나책형 11번

밑줄 친 부분에 들어갈 말로 가장 적절한 것을 고르면?

A : Were you here last night?
B : Yes. I worked the closing shift. Why?
A : The kitchen was a mess this morning. There was food spattered on the stove, and the ice trays were not in the freezer.
B : I guess I forgot to go over the cleaning checklist.
A : You know how important a clean kitchen is.
B : I'm sorry. ______

① I won't let it happen again.
② Would you like your bill now?
③ That's why I forgot it yesterday.
④ I'll make sure you get the right order.

Vocabulary

- □ shift (교대제의) 근무 시간
- □ mess 엉망인 상태
- □ spatter 튀기다, 튀다
- □ go over ~을 점검(검토)하다
- □ bill 계산서

advice

translation

>> A : 어젯밤에 여기에 있었나요?
B : 네, 제가 마감 근무를 했어요. 무슨 일인가요?
A : 오늘 아침 주방이 엉망이었어요. 음식이 레인지 위에 튀어 있었고, 얼음 트레이가 냉동실 안에 있지 않았어요.
B : 제가 청소 목록을 점검하는 걸 잊었나봐요.
A : 깨끗한 주방이 얼마나 중요한지 알잖아요.
B : 죄송합니다. 다시는 그런 일 없도록 하겠습니다.

correct answer&distracter

>> ① I won't let it happen again. 다시는 그런 일 없도록 하겠습니다.
② Would you like your bill now? 지금 계산해 드릴까요?
③ That's why I forgot it yesterday. 그래서 제가 어제 그걸 잊은 거예요.
④ I'll make sure you get the right order. 주문하신 것을 제대로 받도록 하겠습니다.

정답 ①

02 2021. 4. 17. 국가직 나책형 12번

밑줄 친 부분에 들어갈 말로 가장 적절한 것을 고르면?

A : Have you taken anything for your cold?
B : No, I just blow my nose a lot.
A : Have you tried nose spray?
B : ______________________
A : It works great.
B : No, thanks. I don't like to put anything in my nose, so I've never used it.

① Yes, but it didn't help.
❷ No, I don't like nose spray.
③ No, the pharmacy was closed.
④ Yeah, how much should I use?

Vocabulary

□ pharmacy
약국

advice

translation

» A : 감기에 무엇이라도 하셨습니까?
B : 아뇨, 그저 코를 많이 풀고 있습니다.
A : 코 스프레이는 사용해보셨습니까?
B : 아뇨, 저는 코 스프레이를 좋아하지 않습니다.
A : 그거 효과 좋습니다.
B : 사양할게요. 제 코에 무언가 넣는 것을 좋아하지 않아요. 그래서 그것을 사용해본 적 없습니다.

correct answer&distracter

» ① Yes, but it didn't help. 네, 하지만 그건 도움이 되지 않았어요.
② No, I don't like nose spray. 아뇨, 저는 코 스프레이를 좋아하지 않습니다.
③ No, the pharmacy was closed. 아뇨, 약국이 닫았습니다.
④ Yeah, how much should I use? 네, 얼마나 사용해야 하죠?

정답 ②

03 2020. 7. 11. 국가직 가책형 12번

밑줄 친 부분에 들어갈 말로 가장 적절한 것은?

A : Thank you for calling the Royal Point Hotel Reservations Department. My name is Sam. How may I help you?
B : Hello, I'd like to book a room.
A : We offer two room types: the deluxe room and the luxury suite.
B : ______________________________?
A : For one, the suite is very large. In addition to a bedroom, it has a kitchen, living room and dining room.
B : It sounds expensive.
A : Well, it's $ 200 more per night.
B : In that case, I'll go with the deluxe room.

① Do you need anything else
② May I have the room number
③ What's the difference between them
④ Are pets allowed in the rooms

Vocabulary

□ department 부서
□ book (식당 · 호텔 등에) 예약하다
□ offer 제공하다

advice

translation

» A : 로열 포인트 호텔 예약 부서에 전화해 주셔서 감사합니다. 제 이름은 Sam입니다. 어떻게 도와드릴까요?
B : 안녕하세요, 방을 예약하고 싶은데요.
A : 저희는 두 가지 유형의 방을 제공하고 있습니다. 디럭스 룸과 스위트룸입니다.
B : 그것들 사이에 차이점은 무엇인가요?
A : 우선, 그 스위트룸은 매우 큽니다. 침실 외에도 부엌, 거실, 식당이 있습니다.
B : 비싸게 들리는군요.
A : 하룻밤에 200달러 더 비쌉니다.
B : 그렇다면, 디럭스 룸으로 하겠습니다.

correct answer&distracter

» ① Do you need anything else? 다른 것도 필요하신가요?
② May I have the room number? 방 번호를 알려주시겠습니까?
③ What's the difference between them? 그것들 사이에 차이점은 무엇인가요?
④ Are pets allowed in the rooms? 애완동물이 허용되나요?

정답 ③

04 2020. 6. 13. 지방직 / 서울시 B책형 11번

밑줄 친 부분에 들어갈 말로 가장 적절한 것은?

A : Oh, another one! So many junk emails!
B : I know. I receive more than ten junk emails a day.
A : Can we stop them from coming in?
B : I don't think it's possible to block them completely.
A : ______________________________?
B : Well, you can set up a filter on the settings.
A : A filter?
B : Yeah. The filter can weed out some of the spam emails.

① Do you write emails often
② Isn't there anything we can do
③ How did you make this great filter
④ Can you help me set up an email account

Vocabulary

- □ junk email = spam email 광고성 단체 메일
- □ completely 완전히
- □ filter 필터, 여과 장치
- □ weed out 제거하다

advice

translation

» A : 아, 하나 더! 정크 메일 너무 많아요!
B : 알아요. 저는 하루에 10통 이상의 정크 메일을 받아요.
A : 그것들이 들어오는 것을 차단할 수 있나요?
B : 그들을 완전히 차단하는 것은 불가능하다고 생각해요.
A : 우리가 할 수 있는 일이 없을까요?
B : 음, 설정에서 필터를 설정할 수 있어요.
A : 필터요?
B : 네, 필터가 스팸 메일의 일부를 제거할 수 있어요.

correct answer&distracter

» ① Do you write emails often? 당신은 자주 이메일을 쓰나요?
② Isn't there anything we can do? 우리가 할 수 있는 일이 없을까요?
③ How did you make this great filter? 어떻게 이 훌륭한 필터를 만들었습니까?
④ Can you help me set up an email account? 이메일 계정 설정을 도와줄 수 있습니까?

정답 ②

05 2019. 6. 15. 지방직 A책형 4번

밑줄 친 부분에 들어갈 말로 가장 적절한 것은?

> A : Hello. I need to exchange some money.
> B : Okay. What currency do you need?
> A : I need to convert dollars into pounds. What's the exchange rate?
> B : The exchange rate is 0.73 pounds for every dollar.
> A : Fine. Do you take a commission?
> B : Yes, we take a small commission of 4 dollars.
> A : ______________________________?
> B : We convert your currency back for free. Just bring your receipt with you.

① How much does this cost
② How should I pay for that
③ What's your buy-back policy
④ Do you take credit cards

Vocabulary

- □ exchange 환전하다
- □ currency 통화
- □ exchange rate 환율
- □ commission 수수료

advice

translation

» A : 안녕하세요. 제가 돈을 좀 환전해야 해요.
B : 그래요. 어떤 통화가 필요하세요?
A : 달러를 파운드로 바꿔야 해요. 환율이 어떻게 되죠?
B : 환율은 달러당 0.73파운드입니다.
A : 좋아요. 수수료를 받으시나요?
B : 네, 우리는 4달러의 약간의 수수료를 받습니다.
A : 재매입 방침은 어떻게 되나요?
B : 우리는 당신의 통화를 무료로 바꿔드려요. 그냥 영수증만 가져오세요.

correct answer&distracter

» ① How much does this cost? 이거 얼마입니까?
② How should I pay for that? 제가 그것을 어떻게 결제하면 됩니까?
③ What's your buy-back policy? 재매입 방침은 어떻게 되나요?
④ Do you take credit cards? 신용카드도 되나요?

정답 ③

06 2019. 4. 6. 국가직 나책형 4번

밑줄 친 부분에 들어갈 말로 가장 적절한 것은?

> A : Would you like to try some dim sum?
> B : Yes, thank you. They look delicious. What's inside?
> A : These have pork and chopped vegetables, and those have shrimps.
> B : And, um, ______________________________?
> A : You pick one up with your chopsticks like this and dip it into the sauce. It's easy.
> B : Okay. I'll give it a try.

① how much are they
② how do I eat them
③ how spicy are they
④ how do you cook them

Vocabulary

- □ dim sum 딤섬
- □ pork 돼지고기
- □ chop 잘게 썰다
- □ dip 담그다

advice

translation

» A : 딤섬 좀 드시겠습니까?
B : 네, 감사합니다. 맛있어 보이는군요. 안에 뭐가 들어 있나요?
A : 이것들은 돼지고기와 잘게 썰은 야채가 들어 있고, 저것들은 새우가 들어 있습니다.
B : 음, 그러면 이것들을 어떻게 먹나요?
A : 이렇게 젓가락으로 하나를 들어서 소스에 찍어서 먹으면 됩니다. 쉽습니다.
B : 알겠습니다. 한번 먹어보죠.

correct answer&distracter

» ① how much are they? 그것들은 얼마나 많은가요?
② how do I eat them? 이것들을 어떻게 먹나요?
③ how spicy are they? 그것들은 얼마나 맵나요?
④ how do you cook them? 어떻게 요리하나요?

정답 ②

07 2018. 12. 22. 경찰(순경) 12번

다음 밑줄 친 표현의 의미와 가장 가까운 것은?

A : I've heard that you got a job offer.
B : Yes, but I am not sure whether to take it or not.
A : Really? I thought you wanted to make a change in your career.
B : Yes, but it is hard to make a decision.
A : Take your time and <u>ponder it</u>.
B : Thank you.

① mull it over
② weigh it down
③ make up for it
④ take it down

Vocabulary

- □ offer
  제안
- □ take your time
  천천히(신중하게) 해
- □ ponder
  숙고하다, 곰곰이 생각하다

advice

translation

» A : 네가 취업 제안을 받았다고 들었어.
B : 응, 그런데 그걸 수락해야 할지 말아야 할지 모르겠어.
A : 정말? 나는 네가 경력에 변화를 주길 원한다고 생각했어.
B : 응, 하지만 결정하기가 어려워.
A : 여유를 가지고 <u>그것을 곰곰이 생각해 봐</u>.
B : 고마워.

correct answer&distracter

» ① mull it over ~에 대해 숙고하다
② weigh down ~을 (마음, 기분을) 짓누르다
③ make up for ~에 대해 보상하다, 만회하다
④ take down 분해하다, 치우다

정답 ①

chapter

D2 질문과 대답

★☆☆

유형 focus

- "다음 대화에서 A에 대한 대답으로 가장 적절한 것은?"
- 질문에 대한 적절한 대답을 찾는 유형으로 어색한 대화를 찾는 유형과 유사
- 난도와 출제 빈도 모두 낮은 편으로 참고적으로 확인하고 넘어가도록 한다.

2018년	2019년	2020년	2021년
5번	–	–	6번

Real 기출보기

01 2021. 4. 3. 소방(경채) 6번

빈칸에 들어갈 말로 가장 적절한 것은?

W : You look tired. Are you okay?
M : I'm not tired. I have a cold and I'm suffering from an allergy, too. I have no idea what to do.
W : That's terrible. Did you go see a doctor?
M : ____.

① I happen to have the same allergy
② Drink hot herbal tea and take a rest
③ Yes, I did. But the medication doesn't help much
④ Excuse me, but I'd like to change my appointment

Vocabulary

□ cold 감기
□ allergy 알레르기

나노급 solution

step 1. 접근

의사에게 가보았냐는 질문에 적절한 답을 찾아야 한다.

step 2. 지문 분석

• suffer from ~로 고통받다

「W : 피곤해 보이네요. 괜찮으세요?

M : 난 피곤하지 않아요. 감기에 걸렸고 알레르기로 고통받고 있어요. 어떻게 해야 할지 모르겠어요.

W : 정말 안됐군요. 의사한테 가봤어요?

M : 네, 그랬어요. 하지만 그 약은 별로 도움이 되지 않았어요.」

step 3. 보기 분석

① I happen to have the same allergy 저도 같은 알레르기가 있어요.

② Drink hot herbal tea and take a rest 따뜻한 허브차를 마시고 휴식을 취하세요.

③ Yes, I did. But the medication doesn't help much 네, 그랬어요. 하지만 그 약은 별로 도움이 되지 않았어요.

④ Excuse me, but I'd like to change my appointment 미안하지만, 약속을 변경하고 싶어요.

정답 ③

02 2018. 10. 13. 소방(경채) 5번

다음 대화에서 A에 대한 B의 대답으로 가장 적절한 것은?

> A : This is 119. What is your emergency?
> B : ______________________________

① I saw buildings collapse on TV. I felt real horror that day.

② The animal is an endangered species. Special treatment is required.

③ Food poisoning is fatal to newborn babies. Medical advice can be useful.

④ All the bridges around my town are flooded. I am completely isolated.

Vocabulary

□ emergency 비상사태, 위급

나노급 solution

step 1. 접근

119에 전화할 수 있는 용건으로 적합한 내용이 대답으로 와야 한다.

step 2. 지문 분석

「A : 119입니다. 무슨 일이십니까?」

step 3. 보기 분석

① I saw buildings collapse on TV. I felt real horror that day.
collapse: 붕괴되다, 무너지다
TV에서 건물이 무너지는 것을 보았어요. 저는 그 날 진짜 공포를 느꼈어요.

② The animal is an endangered species. Special treatment is required.
endangered: 멸종 위기에 처한 / treatment: 취급, 치료
그 동물은 멸종 위기에 처한 종이에요. 특별한 취급이 필요해요.

③ Food poisoning is fatal to newborn babies. Medical advice can be useful.
fatal: 치명적인 / newborn: 갓난, 신생의
식중독은 신생아들에게 치명적이에요. 의학적인 조언은 유용할 수 있어요.

④ All the bridges around my town are flooded. I am completely isolated.
flooded: 침수된 / isolated: 고립한, 격리된
우리 마을 주변의 모든 다리들이 물에 잠겼어요. 나는 완전히 고립됐어요.

정답 ④

어색한 대화

★★★

유형 focus

- "두 사람의 대화에서 가장 어색한 것은?"
- "다음 대화문 중 어색한 것은?"
- 간단한 대화문을 통해 질문과 대답이 부자연스러운 것을 고르는 유형
- 공채 시험에는 출제되지 않는 경채 시험만의 유형

2018년	2019년	2020년	2021년
17번	6번	5번	16번

Real 기출보기

01 2021. 4. 3. 소방(경채) 16번

다음 대화문 중 가장 어색한 것은?

① A : Why did your computer suddenly shut down?
B : I tried to figure it out, but I couldn't find what's wrong.

❷ A : Did you get the guide book for rock-climbing?
B : I'd like to go there someday.

③ A : This skirt doesn't fit me.
B : How about getting a refund or an exchange?

④ A : I am going to buy some souvenirs for my family.
B : How about making a shopping list?

Vocabulary

- □ shut down
  문을 닫다, (기계가)멈추다
- □ refund
  환불
- □ exchange
  교환
- □ souvenir
  기념품

나노급 solution

step 1. 접근

A의 말과 흐름상 연결되지 않는 문장을 찾는다.

step 2. 보기 분석

- figure out 계산해 내다, 생각해 내다, 이해하다

① A : Why did your computer suddenly shut down? 왜 갑자기 컴퓨터가 꺼졌어요?
B : I tried to figure it out, but I couldn't find what's wrong. 알아내려고 했는데, 뭐가 잘못됐는지 모르겠어요.

② A : Did you get the guide book for rock–climbing? 암벽등반 안내서 받았어요?
B : I'd like to go there someday. 언젠가 가보고 싶어요.

③ A : This skirt doesn't fit me. 이 치마는 저한테 안 맞아요.
B : How about getting a refund or an exchange? 환불하거나 교환하는 건 어때요?

④ A : I am going to buy some souvenirs for my family. 나는 우리 가족을 위해 기념품을 좀 살 거예요.
B : How about making a shopping list? 쇼핑 목록을 만드는 게 어때요?

정답 ②

02 2020. 6. 20. 소방(경채) 5번

다음 대화문 중 어색한 것은?

① A : I think I've come down with flu.
   B : I'm glad you've recovered.
② A : Can you give me a hand after class?
   B : Why not? What's the occasion?
③ A : How about going fishing this weekend?
   B : Sorry. I have an appointment.
④ A : When does the festival take place?
   B : It's from February 2nd to March 3rd.

Vocabulary

- flu = influenza 독감
- appointment 약속

나노급 solution

step 1. 접근

A의 말을 바탕으로 B의 대답이 적절하지 않은 것을 찾아야 한다.
※ 빈출되는 표현은 반드시 암기하도록 하자.

step 2. 보기 분석

① A : I think I've come down with flu. 나 독감에 걸린 것 같아.
   (come down with: (병에) 걸리다)
   B : I'm glad you've recovered. 네가 회복되어서 기뻐.
   (recovered: (건강이) 회복되다)
② A : Can you give me a hand after class? 수업 끝나고 나 좀 도와줄래?
   (give a hand: 도와주다)
   B : Why not? What's the occasion? 왜 그래? 무슨 일이야?
   (occasion: 상황, 일)
③ A : How about going fishing this weekend? 이번 주말에 낚시하러 가는 게 어때?
   (How about: ~는 어때?(제안))
   B : Sorry. I have an appointment. 미안해. 나 약속이 있어.
④ A : When does the festival take place? 축제는 언제 개최되니?
   (take place: 개최되다)
   B : It's from February 2nd to March 3rd. 2월 2일부터 3월 3일까지야.

정답 ①

알아보기 'What's the occasion?'과 유사한 표현

- What's the problem?
- What's the matter?
- What happened?
- What's wrong?

03 2019. 4. 6. 소방(경채) 6번

다음 대화문 중 어색한 것은?

① A : I don't want to go alone.
B : Do you want me to come along?

② A : I feel a little tired.
B : I think you need to take a break.

③ A : I can't take it anymore.
B : Calm down.

④ A : I'll keep my fingers crossed for you.
B : When did you hurt your fingers?

Vocabulary

□ anymore
이제는, 더 이상

나노급 solution

step 1. 접근

자연스럽게 연결되지 않는 대화가 정답이다.

step 2. 보기 분석

① A : I don't want to go alone. 나 혼자 가기 싫어.
B : Do you want me to come along? 내가 같이 가길 원하니?

② A : I feel a little tired. 좀 피곤해.
B : I think you need to take a break. 넌 좀 쉬어야 할 것 같아.
(take a break: 잠시 휴식을 취하다)

③ A : I can't take it anymore. 더 이상 참을 수 없어.
B : Calm down. 진정해.

④ A : I'll keep my fingers crossed for you. 네게 행운을 빌어줄게.
(keep my fingers crossed: (인지 위에 중지를 교차시켜) 행운을 빌다) ♥ 정답 Point!
B : When did you hurt your fingers? 언제 손가락을 다쳤어?

정답 ④

04 2018. 10. 13. 소방(경채) 17번

두 사람의 대화에서 가장 어색한 것은?

① A : This is Carol. How may I help you?
B : Hi, I am calling to inform you that my child is sick and will not be in school today.

② A : Hi, this is Nidia. Is Sherri there?
B : I'm sorry. You have the wrong number.

③ A : I have been working hard lately.
B : Well, I was wondering if you would like to come to the beach with me this weekend.

④ A : Hey, if you are bored you should play basketball with us.
B : I was going to ask them if they wanted to come.

Vocabulary

□ lately
요즘, 최근에

□ bored
지루해하는

나노급 solution

step 1. 접근

질문과 대답이 어색한 대화를 찾는다.

step 2. 보기 분석

① A : This is Carol. How may I help you?
캐롤입니다. 무엇을 도와드릴까요?
B : Hi, I am calling to inform you that my child is sick and will not be in school today.
안녕하세요. 저희 아이가 아파서 오늘 학교에 결석한다고 알리려고 전화했어요.

② A : Hi, this is Nidia. Is Sherri there?
안녕하세요, 니디아인데요. 셰리 있나요?
B : I'm sorry. You have the wrong number. 미안합니다. 잘못 거셨어요.
(have the wrong number: 전화를 잘못 걸다)

③ A : I have been working hard lately.
나는 최근에 열심히 일하고 있어.
B : Well, I was wondering if you would like to come to the beach with me this weekend.
그렇구나. 나는 이번 주말에 네가 나와 함께 해변에 오는 게 어떨까 궁금한데.

④ A : Hey, if you are bored you should play basketball with us. 야, 지루하면 우리와 농구하자.
B : I was going to ask them if they wanted to come. 나는 그들에게 오고 싶은지 물어보려고 했어.

정답 ④

01 2020. 7. 11. 국가직 가책형 11번

두 사람의 대화 중 가장 어색한 것은?

① A : When is the payment due?
B : You have to pay by next week.

② A : Should I check this baggage in?
B : No, it's small enough to take on the plane.

③ A : When and where shall we meet?
B : I'll pick you up at your office at 8:30.

④ A : I won the prize in a cooking contest.
B : I couldn't have done it without you.

Vocabulary

□ due
지급 기일이 된, 만기된

advice

correct answer&distracter

» ① A : When is the payment due?
지불 기한은 언제입니까?
B : You have to pay by next week.
다음 주까지는 돈을 내야 합니다.

② A : Should I check this baggage in?
이 수하물을 부쳐야 할까요?
B : No, it's small enough to take on the plane.
아닙니다. 가지고 탑승하셔도 됩니다.

③ A : When and where shall we meet?
언제 어디서 만날까요?
B : I'll pick you up at your office at 8:30.
8시 30분에 당신 사무실로 데리러 갈게요.

④ A : I won the prize in a cooking contest.
요리 경연 대회에서 상을 받았습니다.
B : I couldn't have done it without you.
당신이 없었다면 난 할 수 없었을 거예요.

정답 ④

02 2020. 6. 13. 지방직 / 서울시 B책형 13번

두 사람의 대화 중 가장 자연스러운 것은?

① A : Do you know what time it is?
B : Sorry, I'm busy these days.

② A : Hey, where are you headed?
B : We are off to the grocery store.

③ A : Can you give me a hand with this?
B : OK. I'll clap for you.

④ A : Has anybody seen my purse?
B : Long time no see.

Vocabulary

- □ grocery 식료품류
- □ purse 돈지갑

advice

correct answer&distracter

» ① A : Do you know what time it is?
지금 몇 시인지 알아?
B : Sorry, I'm busy these days.
미안, 요즘 바빠.

② A : Hey, where are you headed?
이봐, 어디 가는 거야?
B : We are off to the grocery store.
우리는 식료품점에 가.

③ A : Can you give me a hand with this?
이것 좀 도와줄래?
B : OK. I'll clap for you.
좋아. 박수를 쳐줄게.

④ A : Has anybody seen my purse?
누가 내 지갑을 봤습니까?
B : Long time no see.
오랜만입니다.

정답 ②

03 2019. 6. 15. 서울시 A책형 6번

대화 중 가장 어색한 것은?

① A : What was the movie like on Saturday?
B : Great. I really enjoyed it.

② A : Hello. I'd like to have some shirts pressed.
B : Yes, how soon will you need them?

③ A : Would you like a single or a double room?
B : Oh, it's just for me, so a single is fine.

④ A : What time is the next flight to Boston?
B : It will take about 45 minutes to get to Boston.

Vocabulary

□ pressed
납작하게 누른, 다림질한

advice

correct answer&distracter

» ① A : What was the movie like on Saturday?
토요일 영화는 어땠나요?
B : Great. I really enjoyed it.
좋았어요. 정말 재밌게 봤어요.

② A : Hello. I'd like to have some shirts pressed.
안녕하세요. 셔츠 몇 벌 다림질하기를 원합니다.
B : Yes, how soon will you need them?
네, 얼마나 빨리 그것들이 필요하신가요?

③ A : Would you like a single or a double room
싱글룸으로 하시겠습니까, 더블룸으로 하시겠습니까?
B : Oh, it's just for me, so a single is fine.
아, 나만을 위한 것이요. 그래서 싱글룸이 좋겠어요.

④ A : What time is the next flight to Boston?
Boston으로 가는 다음 비행기는 몇 시인가요?
B : It will take about 45 minutes to get to Boston.
Boston에 가는 데 약 45분 걸릴 것입니다.

정답 ④

04 2019. 6. 15. 지방직 A책형 3번

두 사람의 대화 중 가장 어색한 것은?

① A : What time are we having lunch?
B : It'll be ready before noon.

② A : I called you several times. Why didn't you answer?
B : Oh, I think my cell phone was turned off.

③ A : Are you going to take a vacation this winter?
B : I might. I haven't decided yet.

④ A : Hello. Sorry I missed your call.
B : Would you like to leave a message?

Vocabulary

- □ several 몇몇의, 수개의
- □ turn off 끄다
- □ miss 놓치다

advice

correct answer&distracter

» ① A : What time are we having lunch?
우리 몇 시에 점심 먹나요?
B : It'll be ready before noon.
정오 전에는 준비가 될 거예요.

② A : I called you several times. Why didn't you answer?
제가 당신에게 여러 번 전화했었어요. 왜 안 받았어요?
B : Oh, I think my cell phone was turned off.
아, 제 핸드폰이 꺼졌던 것 같아요.

③ A : Are you going to take a vacation this winter?
올 겨울에 휴가 가실 건가요?
B : I might. I haven't decided yet.
아마도요. (하지만) 아직 결정하지 않았어요.

④ A : Hello. Sorry I missed your call.
여보세요. 전화를 못 받아서 미안해요.
B : Would you like to leave a message?
메시지를 남기시겠습니까?

정답 ④

05 2018. 12. 22. 경찰(순경) 9번

다음 A, B의 대화 중 가장 적절하지 않은 것은?

① A : Wasn't that last question on the test tough?
B : Yes, it was tricky.

② A : Hi, please transfer me to Ella Jones. This is her husband.
B : I'll put you right through.

③ A : Why is Mina so fed up at her job?
B : She feels overeaten.

④ A : Chanhee? What brings you to London?
B : I just arrived on business.

Vocabulary

- □ tricky
  교활한, 교묘한
- □ fed up
  실증이 난, 지긋지긋한
- □ overeat
  과식하다

advice

correct answer&distracter

» ① A : Wasn't that last question on the test tough?
시험의 마지막 문제가 어렵지 않았니?
B : Yes, it was tricky.
응, 까다로웠어.

② A : Hi, please transfer me to Ella Jones. This is her husband.
안녕하세요. Ella Jones에게 연결해 주세요. 저는 그녀의 남편입니다.
B : I'll put you right through.
바로 연결해 드리겠습니다.

③ A : Why is Mina so fed up at her job?
Mina는 왜 그녀의 일에 싫증을 내?
B : She feels overeaten.
그녀는 과식했다고 느껴.

④ A : Chanhee? What brings you to London?
Chanhee? 런던에는 무슨 일로 왔니?
B : I just arrived on business.
비즈니스 차 지금 막 도착했어.

정답 ③

온라인강의와 함께 공부하자!

공무원 | 자격증 | NCS | 부사관·장교

네이버 검색창과 유튜브에 소정미디어를 검색해보세요.
다양한 강의로 학습에 도움을 받아보세요.